말 통하는 부모, 성장하는 아이
에니어그램 육아

Ann Gadd 지음

윤운성 | 구대만 | 김새한별 | 김희정 | 노서영 | 류도희 | 마경희 | 문형철 | 박진윤 | 박태호 | 배경의 | 소희정 | 윤여진 | 이장미
이종원 | 이희성 | 임연기 | 장정이 | 조윤주 | 조주영 | 주영준 | 지미선 | 차예랑 옮김

BETTER PARENTING WITH THE ENNEAGRAM
Copyright © 2021 by Dorothy Ann Gadd
All rights reserved

Korean translation copyright ⓒ (2023) by Korean Enneagram Education Center
Korean translation rights arranged with Inner Traditions, Bear & Company through EYA Co.,Ltd

이 책의 한국어판 저작권은 EYA Co.,Ltd를 통해 Inner Traditions, Bear & Company사와 독점계약한 '한국에니어그램교육연구소'에 있습니다.

저작권법에 의하여 한국 내에서 보호를 받는 저작물이므로 무단전재 및 복제를 금합니다.

역자 서언

모든 부모는 좋은 부모가 되고 싶어 하며 아이들이 주도적으로 행복하게 살기를 바란다. 그러나 좋은 부모가 되는 길은 쉽지 않다. 많은 사람들의 다양한 방법과 의견은 오히려 혼란을 주기도 한다. 분명한 것은 좋은 부모는 자신의 행복도 가치 있게 여긴다는 것이다.

봄라인드(Baumrind)는 부모의 양육방식과 아동의 사회적 능력 간의 관계를 관찰한 자료를 토대로 부모를 민주적 부모, 권위적 부모, 방임적 부모로 나누었다. 연구에 의하면 민주적 부모의 아이는 사회적 능력을 발휘하며 독립적이고 자율적이고, 권위적 부모의 아이는 충동적이고 독립심이 없고, 방임적 부모의 아이는 가장 책임감이 없고 미성숙한 행동을 보였다.

대부분의 부모는 민주적 부모가 되기를 원한다. 하지만 방법을 잘 모를뿐더러 실천도 어렵다. 부모는 민주적이라고 생각했는데 아이들은 권위적이라고 저항하거나, 방임한다고 불평하기도 한다. '권위적인 부모'가 아닌 '적절한 권위를 가진 민주적인 부모'가 되는 방법은 무엇일까?

답은 에니어그램에 있다. 에니어그램 성격 이론은 말이 통하는 부모가 되는 효과적인 방법과 성장하는 아이를 키우기 위한 실천 가능한 가이드라인을 제공한다. 에니어그램 성격 이론은 타고난 에너지가 9가지의 성격유형으로 발현된다는 데서 출발하며 행동 동기, 집착, 무의식적인 행동 등을 9개의 유형으로 나누어 설명한다. 그리고 몇 가지 점에서 다른 성격 이론보다 더 통합적이고 활용도가 높다.

몇 개의 성격유형으로 80억 명도 넘는 지구상의 인간을 모두 설명한다는 것은 무리다.

그런 측면에서 스트레스 상황에 대처하는 건강 수준, 같은 유형의 미세한 차이를 결정하는 날개, 트라이타입, 점수 분포 등을 통해 변화무쌍한 인간 성격유형을 통합적으로 설명하는 에니어그램은 의미를 갖는다.

희생과 사랑이 없는 행복은 없다. 육아를 통해 느끼는 행복은 더욱 그렇다. 자신과 아이의 성격을 이해하고 본성을 존중하며 건강하게 양육하기 위해서는 부모의 시간과 노력이 필요하다. 좋은 부모로서 느끼는 행복은 저절로 오지 않는다. 시간을 내서 에니어그램을 공부하고 탐구하길 바란다. 아이들의 성장을 지원하는 부모의 길이 보일 것이다.

에니어그램 공부에 앞서 몇 가지를 기억해야 한다. **첫째, 자신의 성격을 제대로 알고 온전히 사랑하라.** 지피지기면 백전백승이다. 나와 아이가 다르다는 것을 인정하고 탐구하는 것은 행복한 관계의 출발이다. **둘째, 아이의 독특하고 타고난 성격을 이해하고 받아들여라.** 받아들이는 것만으로도 아이는 성장할 것이다. **셋째, 모든 성격은 저마다 강점과 약점이 있으며 이것을 인정할 때 성장하고 발달한다는 것을 기억하라.** 모든 성격은 좋으면서 나쁘다. 어떤 상황에서의 강점은 다른 상황에서 약점이 된다. 좋은 면만을 인정하고 나쁜 면을 부정하면 성장은 없다. 약점은 성장의 디딤돌이기 때문이다. 부모와 아이의 통합적인 상호작용을 통해 행복하게 성장하는 것이 에니어그램의 지향점이다.

이 책은 부모와 아이와의 관계의 본질을 규명하고, 육아의 질을 향상할 수 있는 통찰력을 제공한다. 또한 아이가 잠재 능력을 최대한 발휘하여 원하는 진로를 개척하고 행복한 삶을 사는 데도 많은 시사점을 준다. 에니어그램은 자신을 탐험하는 훌륭한 도구다. 하지만 에니어그램의 도형에 자신을 가두지 말고 통합의 여정을 통해 자유롭고 건강한 자기 모습을 확인하기를 소망한다.

이 책은 '식탁 위로 올라온 에니어그램(2022, 한국에니어그램교육연구소)'의 저자 Ann Gadd가 쓴 책 "Better Parenting With Enneagram: 9 Types of Children & 9 Types of Parents"을 번역한 것이다. 전국의 한국에니어그램교육연구소 회원들에게 자발적인 학습의 기회를 공유하고자 역자를 공개 모집하여 20여 명의 번역위원을 위촉하였다. 위촉된 번역위원들과 온라인 오리엔테이션 후에 1차 번역을 완료하였다. 그 후, 교정에 수고해준 가경신 이사님과 탈고와 마케팅 & 기획을 총괄한 윤여진 이사님의 노력이 있었다. 긴 시간 동안 여러 번역위원들과 연구소 사이에서 커뮤니케이션과 스케쥴 관리를 담당해준 김새한별 국장님의 숨은 노고도 감사 드린다. 이 책에는 육아로 힘들어하는 부모들에게 에니어그램의 지혜를 나누고 싶어 하는 번역위원들과 한국에니어그램교육연구소 구성원 모두의 열망이 담겨 있다. 과정은 힘들었지만, 에니어그램의 위대한 정신인 지혜의 나눔과 통합을 다시 한번 확인하는 소중한 기회였다. 수고해준 모두에게 깊은 감사를 드린다.

에니어그램의 지혜는 일상에서 한 줄기 빛이다. 특히 부모와 아이의 관계에서 에니어그램의 지혜는 광명과도 같다. 에니어그램의 도움으로 말이 통하는 부모와 성장하는 아이가 공존하는 세상을 꿈꾼다.

아이들은 하늘이 주신 아름다운 선물이다.

에니어그램의 지혜로 아이들을 온전히 인정하고 양육하여 고귀한 선물을 빛나게 하자. 말 통하는 부모와 성장하는 아이가 만들어 가는 행복한 미래가 여기에 있다.

2023년 12월
한국에니어그램학회장 & 한국에니어그램교육연구소장
역자 대표 윤운성

목 차

역자 서언 _3
들어가며 _8

1부 육아와 에니어그램 _11
- 1장 에니어그램으로 하는 육아 _13
- 2장 에니어그램 용어 설명 _31

2부 에니어그램 유형별 부모와 아이 _45
- 3장 **1유형**
  - 1유형 부모 : 완벽한 양육자 부모 _47
  - 1유형 아이 : 꼬마 선생님 _56
- 4장 **2유형**
  - 2유형의 부모 : 보살피며 칭찬해주는 부모 _65
  - 2유형의 아이 : 꼬마 도우미 _73
- 5장 **3유형**
  - 3유형 부모 : 진취적인 성취 지향 부모 _81
  - 3유형의 아이 : 꼬마 슈퍼스타 _88
- 6장 **4유형**
  - 4유형의 부모 : 자기성찰적인 개인주의자 부모 _97
  - 4유형의 아이 : 꼬마 예술가 _103
- 7장 **5유형**
  - 5유형 부모 : 내향적인 관찰자 부모 _111
  - 5유형 아이 : 꼬마 박사 _119
- 8장 **6유형**
  - 6유형의 부모 : 믿음직하고 충실한 부모 _128
  - 6유형의 아이 : 꼬마 수호자 _136

9장　7유형
　　　　7유형의 부모 : 타고난 사교가 부모 _142
　　　　7유형 아이 : 꼬마 모험가 _149
10장　8유형
　　　　8유형 부모 : 확신에 찬 대장부 부모 _156
　　　　8유형 아이 : 꼬마 골목대장 _163
11장　9유형
　　　　9유형의 부모 : 포용력과 참을성이 있는 부모 _169
　　　　9유형 아이 : 꼬마 평화주의자 _177

3부 에니어그램 유형별 부모와 아이 관계

12장　1유형 부모와 아이 조합 _189
13장　2유형 부모와 아이 조합 _205
14장　3유형 부모와 아이 조합 _222
15장　4유형 부모와 아이 조합 _239
16장　5유형 부모와 아이 조합 _256
17장　6유형 부모와 아이 조합 _274
18장　7유형 부모와 아이 조합 _292
19장　8유형 부모와 아이 조합 _308
20장　9유형 부모와 아이 조합 _326
21장　나오며 _344

부록　에니어그램 유형별 개요 _349
　　　　아이에게 자주 들려줘야 할 말 _350
　　　　에니어그램 유형별 선호 장난감 _352
　　　　참고 문헌 _356
　　　　한국형에니어그램 소개 _359
　　　　저자와 역자 소개 _363

들어가며

내가 아이를 키울 때 이런 책이 있었으면 얼마나 좋았을까? 그랬다면 육아의 고통을 덜 느끼지 않았을까? 세 살짜리 딸아이가 3유형이라는 것을 그때 알았다면 아이가 책상부터 내 인생까지 닥치는대로 정리하고 싶어 할 때 짜증 내지 않고 받아주었을 것이다. 열다섯 살짜리 아들에게 엄격한 규칙을 강요하는 것은 반항만 불러일으킬 뿐이라는 것을 그때 알았다면 더 좋은 관계로 이어졌을 것이다.

내가 에니어그램에 대해 일찍 알았다면 나는 더 행복한 부모가 되었을 것이고 아이들도 더 행복했을 것이다. 물론 우리 아이들은 대체로 행복하게 잘 자랐다. 하지만 내가 더 현명했다면 육아의 기쁨을 더 누리며 아이들과 잘 지내지 않았을까? 아이들도 자신을 소중하게 여기며 더 행복한 유년기를 보내지 않았을까? 그때는 몰라서 미안했고 그럼에도 불구하고 잘 자라서 고맙다.

나는 다른 부모들이 그렇듯 아이들에게 큰 기대를 품고 있었다. 내 아이들은 부모와 좋은 관계를 유지할 것이며, 똑똑하고 흠잡을 데 없이 행동할 것이며, 세상을 이롭게 하는 사람으로 잘 자랄 것이라는 신념에 사로잡혀 있었다. 물론 현실은 전혀 달랐다. 그 와중에 나와 다른 인생을 살며 다른 교육을 받은 남편 역시 자신만의 육아관을 피력했다.

부부도 성격과 성장배경에 따라 육아 방식이 전혀 다르며 아이마다 특별한 강점과 약점들이 있다는 것을 제대로 알았다면 얼마나 많은 에너지와 노력을 절약할 수 있었을까?

아이들의 성격적 특성을 잘 이해하면 더 좋은 부모, 더 나은 사람이 될 수 있다. 부모가 자신과 아이들이 건강할 때와 스트레스 받았을 때의 모습에 대해 통찰력을 가지면 아이들은 더 행복한 가정 안에서 성장할 기회를 얻을 수 있다.

이 책은 아이 한 명 한 명에 대한 맞춤형 육아 지침서다. 무엇보다 부모나 아이가 타고난 성격을 부끄러워 하거나 숨기지 않고 강점을 살려가며 성장하는 방법을 알려주는 책이다. 나와 아이들을 몰아세우는 것은 무엇인지, 두려움은 무엇인지, 기쁨은 무엇인지 그리고 부모와 아이가 어떻게 잘 소통할 수 있는지에 대한 답을 얻을 수 있을 것이다.

이 책을 읽기 전에 아래 내용을 숙지한다면 더 나은 육아의 길을 찾을 수 있을 것이다.

1. 나 자신을 제대로 깊이 이해하기. 나는 나를 잘 이해하고 있다고 생각했다. 심리학이나 육아 관련 교육도 많이 받았고 책도 많이 읽었다. 하지만 에니어그램처럼 심오하고, 성장을 자극하고, 깨달음을 주는 배움은 없었다. 에니어그램을 통해 나 자신을 제대로 깊이 이해하니 나와 아이에게 맞는 육아의 길이 보였다.

2. 내 아이들의 내면에 무슨 일이 일어나는지 이해하기. 나는 같은 부모에게서 태어나 같은 환경에서 자란 두 아이가 너무도 다르다는 것을 이해하기 어려웠다. 우리는 가장 좋은 한 가지의 육아 방법이 있다고 믿는 경향이 있다. 만약 나와 배우자의 육아 방식이 근본적으로 다를 때는 누구의 방법이 옳은 것일까? 어떤 방식이 더 행복하고 정서적으로 건강한 아이를 만들까? 하지만 모든 아이와 부모에게 맞는 단 하나의 육아 방법은 없다. 에니어그램을 통해 같은 부모라도 아이의 성격에 따라 다른 육아 방법이 있다는 것을 발견하게 될 것이다.

성격은 세상을 바라보는 필터 역할을 하여 삶을 이해하는 데 영향을 미친다. 우리는 공감되는 것은 강조하고 그렇지 않은 것은 덜 강조하는 경향이 있다. 만약 아이가 나와 같은 성격유형이 아니라면 아이의 행동 동기를 이해하기 어려울 수 있다. 예를 들어, 7유형 부모는 모험적이며, 새로운 자극을 찾으려 하고 관심의 중심에 서는 것을 주저하지 않는다. 그런 부모에게 피상적인 사교 모임을 좋아하지 않는 조심스럽고 사색적인 5유형 아이가 있다면 어떨까? 나와 다른 아이의 성격유형을 이해하려면 부모는 더 지혜롭고 통찰력이 있어야 한다.

부모가 아이의 성격유형을 결정하지 않는다는 것이 일반적 이론이다. 그러나 같은 성격이라도 마음의 건강과 스트레스 정도에 따라 아이의 행동이 달라질 수 있다. 부모는 아이의 마음에 가장 큰 영향을 끼치는 중요한 환경이다. 어린 시절의 심리적 외상은 아이에게 많은 스트레스를 준다. 스트레스를 많이 받은 아이는 성격의 긍정적인 측면보다는 부정적인 측면을 더 드러낸다. 안정적인 환경에서 사랑을 받으며 성장한 아이는 더 행복하게 삶을 즐길 수 있다. 또한 같은 부모 밑에서 자란다 해도 아이들의 성격, 부모의 성격과의 상호작용, 그리고 가정 밖의 환경적 스트레스에 따라 전혀 다른 육아를 경험할 수 있음을 이해하는 것도 중요하다.

에니어그램은 단순한 성격 유형론은 아니다. 사람들을 특정한 유형으로 정형화시키려는 것은 더욱 아니다. 에니어그램은 자신이 인지하지 못하는 부분에 빛을 비추어 스스로 변화의 주체가 될 수 있도록 도와주는 영적, 심리적 나침반이다. 나는 내 아이들을 더 깊은 수준에서 이해해서 얻을 수 있는 놀라운 이점을 경험했고, 내 육아 방식의 잠재력과 함정도 알게 되었다. 내 아이들과 남편은 에니어그램을 알게 되어 가족 간의 관계가 개선되고 가족 모두 행복하고 건강하게 성장했다고 생각한다.

장담컨대 에니어그램을 배우는 순간 당신은 최고의 부모가 될 수 있으며, 아이들은 타고난 성격에 따라 행복하게 성장할 것이다. 이제 탐험을 시작해 보자.

에니어그램을 통해 말 통하는 부모가 되어 성장하는 아이를 키워보자.

1부
육아와 에니어그램

1장. 에니어그램으로 하는 육아
2장. 에니어그램 용어 설명

1장
에니어그램으로 하는 육아

나에 대한 모든 것을 설명하는 매뉴얼을 받았다고 상상해 보자. 나의 동기는 무엇인지, 나의 숨겨진 집착은 무엇인지, 내가 무의식 중에 하는 행동은 무엇인지, 심지어 내가 스트레스를 받으면 하는 행동까지 설명해 준다. 내가 왜 그렇게 행동하고, 생각하고, 느끼는지 이해할 수 있는 틀을 알고, 더 건강하게 살기 위한 길을 알 수 있다면 더 잘 살 수 있을 것이다. 내가 스스로와 더 나은 관계를 맺는다는 것은 내 아이들이나 가족뿐 아니라 다른 사람들과도 더 나은 관계를 맺는다는 것을 의미한다. 설사 아이의 에니어그램 유형을 몰라도 나의 유형을 아는 것만으로도 부모로서의 여정에 큰 도움이 된다.

에니어그램이 바로 그런 매뉴얼이다.

에니어그램이 뭐지?

에니어그램은 미묘한 차이를 가진 9가지 성격유형으로 구성되어 있다. 9가지의 성격유형은 고유한 특징과 행동 패턴에 따라 분류된다.

머리 중심인 5유형을 예로 들어보자. 이들은 모든 일에 자신감을 가지고, 유능해야 한다고 생각하는 특성이 있다. 그렇지 않을지도 모른다는 두려움은 자신을 서투르고 무능한 사람으로 느끼게 할 수 있다. 5유형의 깊은 욕망은 탐욕이다. 결핍에 대한 두려움이 원인이다. 필요한 것은 절대 충분하지 않다고 느껴 자원을 모으려 한다. 또, 자신의 자원을 빼앗길까 두려워 정보와 물건을 쓰지 않고 비축하려 한다. 그래서 5유형은 정보나 시간을 다른 사람과 나누지 않으려는 경향이 있다. 건강한 5유형은 이런 식으로 행동하지 않지만, 스트레스가 많아지면 이런 경향은 더욱 뚜렷해진다.

에니어그램을 잘 모르면 "나는 틀에 갇히고 싶지 않아! 성격 유형은 필요 없어!"라고 말할 수 있다. 하지만 에니어그램은 누군가를 틀 안에 가두려는 것이 아니라, 이미 틀 속에 있음을 보여주는 것이다.

에니어그램의 좋은 점 중 하나는 스트레스 받았을 때 나타나는 행동을 이해하는 것이다. 그렇게 되면 의식적으로 스트레스를 줄이기 위한 행동을 할 수 있다. 에니어그램은 우리의 상처와 그 상처로 인해 만들어지는 성격적 특성에서 해방되는 특별한 길이다. '틀'을 벗어나서 최대 잠재력을 발휘할 수 있는 방법을 제시해준다.

내 유형은 어떻게 찾을까?

먼저 이 책의 에니어그램 유형에 대한 설명을 읽고 가장 공감 가는 유형을 탐색해 보는 방법이 있다. 그래도 잘 모르겠으면 '안 되고 싶은 유형'을 선택해서 탐구해 보는 것도 하나의 방법이다. 특정 유형에 대한 강한 부정 반응도 단서가 될 수 있다. 나는 결코 9유형이 되고 싶지 않았다. 나는 9유형의 특성을 부정적으로 바라봤다. 그래서 3유형, 7유형, 6유형이 되려고 노력한 후에야 내가 9유형이라는 사실을 알고 충격을 받았다!

다음으로는 검사를 해보는 것이다. 무료든 유료든 활용할 수 있는 자원과 검사가 많이 있다. 특히 공인된 곳에서 실시하는 검사는 온라인상의 무료 검사보다 확실히 도움이 된다.[1] 그러나 성격 검사의 결과가 항상 정확한 것은 아니다. 그러므로 검사를 하고 친구, 가족, 동료 혹은 전문가들에게 물어보길 권한다. 그들은 종종 내가 보지 못하는 나를 보기 때문이다. 시간을 두고 에니어그램을 깊이 공부하다 보면 유형에 대한 감각이 발달하게 된다.

자신이 한 가지 유형에 국한되지 않는 더 커다란 존재라는 것을 깨닫는 것은 매우 중요하다. 각 유형은 핵심 두려움이 있다. 하지만 스트레스를 줄이고 건강해질수록 모든 유형의 강점을 받아들이기 시작한다. 이는 마치 축구 수비수가 오랜 경험이 쌓이면 팀의 모든 포지션을 어느 정도 소화할 수 있는 것과 같다.

내 유형을 찾으려면 얼마나 걸릴까?

어떤 사람들은 자신의 유형을 금방 찾는다. 반면에 어떤 사람들은 여행 하듯 더디게 찾기도 한다. 어떤 것이 더 좋고 나쁘다고 할 수 없다. 여러 유형에 공감해서 어느 유형인지 분명하지 않다면 그 유형들에 자기 성격을 나타내는 측면이 있는 것이다. 이 경우 여러 유형을 탐구하느라 시간을 소비했다 해도 낭비는 아니다. 실제로 자신의 유형을 발견했을 때 자신에 대해 더 깊게 이해할 수 있게 될 것이다.

---

[1] 더 정확한 에니어그램 검사를 하고 싶으면 한국에니어그램교육연구소(www.kenneagram.com)를 방문하면 된다. 연구소에서는 한국형에니어그램성격유형검사(KEPTI)와 전문적인 에니어그램 교육에 관한 정보를 얻을 수 있고 교육을 받을 수 있다. 홈페이지에서 온라인 검사도 가능하다.

내가 어떤 유형인지 헷갈릴 수도 있을까?

실제 자신의 유형이 헷갈릴 수 있다. 일반적으로 사람들은 특정 유형으로 태어나서 그 유형을 유지하면서 살지만, '날개' '긴장과 이완의 방향' 등으로 다른 유형의 일부나 전체를 반영할 수 있다[2]. 에니어그램을 탐구하고 공부하면 더 강하게 와닿는 하나의 유형을 발견하게 될 것이다.

내 유형이 바뀔 수 있을까?

유형은 바뀌지 않는다. 만약에 당신이 7유형이라면 이번 생애 동안은 7유형이다. 상황에 따라 날개가 바뀔 수 있고, 본능 동기도 바꿀 수 있지만 보통 가장 발달한 것을 계속 유지한다. 만약 자신이 7유형이라고 확신한다면 7유형의 근본적 특성은 평생 유지할 것이다.

내 아이의 유형은 몇 살이면 알 수 있을까?

일부 에니어그램 전문가들은 초등 1학년쯤 되면 에니어그램 유형이 드러난다고 말한다. 그렇지만 더 어린 나이에도 에니어그램 유형별 특성이 드러나기도 한다. 아이의 성격이 명확하게 드러날 때까지 유형을 가늠하기 어려울 수 있다. 왜냐하면 아이들은 아직 정체성이 완전히 만들어지지 않아 주위 사람들을 흉내 내기 때문이다.

중요한 것은 아이들의 유형을 찾기 전에 부모가 자신의 유형을 제대로 아는 것이다. 자신의 유형이 헷갈리면 아이의 유형도 착각하기 쉽다.

---

[2] 에니어그램 관련 용어들은 뒤에 나오는 '용어해석'을 참조하면 된다.

좋은 부모가 되는 유형이 따로 있을까?

　모든 유형은 다 좋은 부모가 될 수 있다. 부모와 아이가 어떤 유형인지 상관없이 좋은 부모가 될 수 있다. 각 유형은 고유한 선물, 강점과 미덕이 있으며 일련의 도전과제를 가지고 있다. 어떤 유형도 다른 유형보다 낫지 않다. 단지 다를 뿐이다. 삶을 어떻게 살아가고 무엇을 남기는지는 자신에게 달려 있다. 마찬가지로 좋은 부모가 될지 나쁜 부모가 될지도 자신의 선택에 달려 있다.

　장담컨대 이 책은 어떤 유형의 부모든 좋은 부모가 되는 길을 알려준다. 우리의 사고, 감정, 행동이 더 건강할수록 더 좋은 부모가 될 수 있다. 부모가 더 건강해지면 아이와 더 건강하게 만날 수 있고, 아이 또한 더 건강해질 수 있다.
　중요한 것은 내가 어떤 유형인지가 아니라 얼마나 건강해질지를 선택하는 것이다.

나와 맞는 아이 유형이 따로 있을까?

　어떤 유형이든 아이들은 신이 주신 선물이다. 아이의 유형과 관계없이 부모는 아이에게서 많은 것을 배울 수 있다. 아이들이 세상에 가져온 특별한 선물을 즐기고 격려하며, 아이들이 건강한 성인으로 성장할 수 있도록 부모로서의 역할을 다 해야 한다.

성별, 문화, 종교, 가정교육이 유형에 영향을 미칠까?

　영향을 주지 않는다. 당신이 무엇을 하든, 어디에 있든, 어떤 신념을 가지든 유형의 공통점을 공유한다. 이것이 내가 에니어그램을 좋아하는 이유다.

아이를 유형화할 때 어떤 것을 조심해야 할까?

"내 딸이 5살 때 2유형이라고 확신했다. 딸아이는 친절하고 자상했으며 우리가 원하는 자질을 모두 가지고 있는 것 같았다. 하지만 성장하면서 3유형의 특징들이 나타나기 시작했는데 그것이 실제 그 아이의 모습이었다. 딸아이는 2유형의 날개를 가지고 있었기 때문에 어려서는 그렇게 보인 것이다. 또, 아이가 역유형 3유형이기 때문에 오해할 만했다."(날개는 35쪽, 역유형은 43쪽 참조)

나는 이러한 이유 때문에 이 책을 쓸까 말까 망설였다. 에니어그램은 우리가 더 건강한 의식을 가지고 살 수 있도록 돕는 도구다. 그러나 섣부르게 알게 되면 의식이 있는 부모조차도 아이에게 꼬리표를 붙일 수 있다. 그렇게 되면 아이의 행동을 틀에 넣고 판단하여 잠재력을 제한할 수 있다. 에니어그램으로 아이들을 "틀" 속에 가두는 것은 육아에 방해가 될 뿐 아니라, 에니어그램이 추구하는 진정한 목적이 아니다.

부모는 무의식적으로 자신이 원하는 특정 유형으로 아이들을 밀어붙이려는 유혹에 빠질 수 있다. 그래서 어린 유진이는 시인이 되고 싶어 하는 데도 부모는 "우리 유진이는 의사가 될 것"이라고 말하는 것과 마찬가지다. 특정 유형의 행동이 부모에게 의식적으로 혹은 무의식적으로 환영받거나 불편할 수 있기 때문이다. 부모는 아이를 있는 그대로 받아들이지 않고 특정하게 행동하도록 유도하며 영향을 미치려고 하기도 한다. "나는 우리 시우가 나처럼 운동하기를 원해. 그래서 시우를 농구, 야구, 테니스 학원에 등록시켰어." 사실 시우는 할머니와 함께 빵 굽는 것을 좋아하는 조용한 책벌레일지도 모른다.

어떤 육아 전략도 아이가 특정 에니어그램 유형으로 사는 것을 막거나 권장할 수 없다. 부모가 원하는 대로 만들려는 압박은 아이에게 스트레스로 작용한다. 아이는 고유한 유형으로 태어났고 그대로 살 권리가 있다. 부모가 아이의 유형을 바꿀 수 없다는 것을 받아들여야 한다. 때로 조금 부딪치더라도 부모가 원하는 유형으로 만들려 하지 말고 아이의 모습을 있는 그대로 즐겨라. 그것이 아이도 부모도 건강하고 행복하게 사는 길이다.

우리 안에는 지배적인 유형이 존재하지만 모든 유형의 측면들을 가지고 있다. 아이를 어느 한 유형에 가두기보다는 모든 유형의 잠재력을 활용해 보자. 특히 어릴수록 특정한 유형이라고 섣불리 규정하지 말아야 한다. 부모의 판단이 틀릴 수도 있다는 것을 명심하라.

시간이 걸리는 어려운 길이겠지만 아이들 스스로 자신이 누구인지를 발견하는 과정은 아름답고 놀랍다. 부모가 알려 주는 것이 더 쉬운 일처럼 보일 수 있지만 강력한 잠재력 개발 기회를 놓치는 것이다. 부디 에니어그램을 아이를 가두는 도구가 아니라, 아이가 스스로의 존재를 탐색하고 펼치는 도구로 사용하라.

그렇다면 이 책을 어떻게 활용해야 할까?

다음 장에서는 책 전반에 걸쳐 사용되는 에니어그램 전문 용어에 관해 설명하려 한다. 이런 전문 용어는 골치 아플 수 있지만 에니어그램을 탐구하는데 도움이 된다.

2부에서는 9가지 에니어그램 유형의 부모와 아이 그리고 사춘기 청소년들에 대해 설명한다. 자신이 몇 번 유형인지 알고 있어도 전체 유형을 꼼꼼하게 읽으면 좋겠다. 나와 아이 주변의 많은 사람들 즉 배우자, 조부모, 친척, 선생님 등 다양한 사람들의 성격에 대해 이해하고 아이들의 유형도 "발견"할 수 있기를 희망한다. 이완되었을 때와 긴장되었을 때 무엇을 알아야 하는지도 알려준다 (이완과 긴장에 대해서는 37쪽 참조). 언제 긴장하고 스트레스를 받는지, 어떻게 해야 이완되고 건강하게 행동할 수 있는지를 서술했다. 이러한 깨달음이 에니어그램의 선물이다. 자신이 어떤 상태인지를 알고 나면 의식적으로 스트레스를 줄이고 건강한 상태로 돌아가기 위해 노력할 수 있기 때문이다.

여기서는 각 유형의 부모와 아이를 설명하기 위해 별칭을 썼다. 예를 들어 1유형 부모는 "완벽한 양육자" 1유형 아이는 "꼬마 선생님"로 칭했다. 학자마다 유형을 설명하기 위해 다양한 별칭을 사용하지만[3], 이 책은 육아 매뉴얼이기 때문에 각 유형의 육아방식과 어린 시절 경험에 초점을 맞춘 별칭을 선택했다.

3부에서는 유형별 부모와 아이의 상호관계를 소개할 것이다. 예를 들어, 1유형의 아이를 둔 7유형 부모, 2유형 아이를 둔 7유형 부모, 3유형 아이를 둔 7유형 부모에 관해서 상세히 서술했다. 여기에서 부모와 아이 조합은 기본유형만을 고려했다. 본능 동기와 날개를 포함하여 다른 많은 요소가 부모와 아이의 관계에 영향을 미친다. 이완과 긴장 정도도 관계를 결정하는 중요한 요소다. 부모나 아이가 스트레스를 많이 받고 긴장되어 있을수록 갈등과 불행의 가능성이 더 커진다.

유아기에는 아이의 유형을 정확하게 파악하는 것이 어렵기 때문에 이 시기에는 부모의 유형을 알아가는 것에 초점을 맞추는 것이 좋다. 부모의 유형을

---

3) 한국형에니어그램에서는 1유형을 '개혁가'로 부른다.

아는 것만으로도 아이와의 관계에 큰 도움이 된다. 아이가 초등학생 이상이라면 함께 유형을 탐색하고 검사를 해보는 것도 도움이 될 것이다.

아이들에게 에니어그램을 어떻게 설명할까?

이 책이 아이와의 관계와 육아에 통찰력을 줄 수 있기를 바란다. 그런데 아이들에게는 에니어그램을 어떻게 설명해야 쉽게 이해할 수 있을까?

나는 아이들에게 에니어그램 유형을 설명하고 탐구할 기회를 주는 것이 가치 있다고 믿는다. 아이들 수준에 맞는 정보가 제공된다면, 아이들은 자신들의 성격적 재능을 발견할 뿐 아니라, 부모나 친구, 선생님 등 주변 사람들을 이해하고 감사하는 마음을 가질 수 있게 된다. 아이들에게 남들과 다른 것은 잘못된 것이 아니며, 세상 모든 유형은 저마다의 가치가 있으니 존중해야 한다는 것을 어려서부터 이해시킬 필요가 있다.

아래는 에니어그램 유형에 따른 동화책의 내용이다. 성격의 다양성을 설명하는 동화나 카드 등을 통해 에니어그램 유형에 대해 간단하지만 통찰력 있는 분석을 제시해주면 좋을 것이다.[4]

완벽한 퍼시(Percy Perfect) - 어린이를 위한 에니어그램 1유형

완벽한 퍼시는 집이 완벽하게 정돈되기를 원한다. 그렇지만 털털한 친구들은 퍼시와 생각이 다르다. 완벽해지려고 재미를 놓치는 퍼시가 안타깝다. 퍼시는 자신과 다른 친구들과의 관계를 통해 매순간 완벽하지 않아도 된다는 것을 배운다.

---

4) 위의 동화책들은 한국어로 번역되지 않았다.

조력가 하젤(HAZEL HELPER) - 어린이를 위한 에니어그램 2유형

조력가 하젤은 항상 다른 사람들을 돕느라 바쁘다. 그러던 어느 날 자신에게도 도움이 필요하다는 것을 깨닫게 된다. 하젤은 자신에게 친절한 것도 중요하다는 것을 배운다.

반짝이는 샐리(SALLY STAR) - 어린이를 위한 에니어그램 3유형

반짝이는 샐리는 모든 면에서 최고가 되려 한다. '다른 아이들이 나보다 잘하면 어쩌지?' 걱정이 많다. 하지만 샐리는 최고가 되는 것보다 정직하게 참여하는 것이 진정한 승리라는 것을 배운다.

예술가 아서(ARTHUR ARTSY) - 어린이를 위한 에니어그램 4유형

예술가 아서는 독창적이고 창의적이지만 종종 슬픔과 외로움을 느낀다. 아서는 특별하고 독특해지려고 지나치게 노력할 필요가 없다는 것을 알게 된다. 세상 모든 아이가 그러하듯 아서는 이미 특별하다는 것을 배운다.

공부하는 세바스찬(SEBASTIAN STUDY) - 어린이를 위한 에니어그램 5유형

공부하는 세바스찬은 배우는 것을 좋아하며 때때로 친구들이 방해된다고 생각한다. 하지만 방에 혼자 있으면 놀이터에서 친구들과 노는 재미를 놓친다는 것을 깨닫는다. 세바스찬은 친구들과의 관계도 중요하다는 것을 배운다.

조심스러운 케이티(KATY CAUTIOUS) - 어린이를 위한 에니어그램 6유형

조심스러운 케이티는 충성스럽고 책임감 있는 친구지만, 때때로 두려움 때문에 즐겁게 지내지 못한다. 케이티는 두려움을 이기고 행동할 용기를 찾는 법을 배운다.

유쾌한 펠릭스(FELIX FUN) - 어린이를 위한 에니어그램 7유형

유쾌한 펠릭스는 모험을 좋아하고 언제나 다음 모험을 계획하느라 분주하다. 어느 날 펠릭스는 아파서 침대에 누워 있어야 했다. 지루하게 누워 있는 동안 혼자 생각하는 시간의 중요성을 배운다.

골목대장 벤(BEN BOSS) - 어린이를 위한 에니어그램 8유형

골목대장 벤은 친구들과 잘 어울려 놀지만, 뜻대로 할 수 없을 때 울기 시작한다. 친구들은 벤이 용감하다고 생각한다. 벤은 진정한 힘은 부드러운 데서 온다는 것을 배운다.

평화로운 포지(POSIE PEACE) - 어린이를 위한 에니어그램 9유형

평화로운 포지는 목소리를 높이거나 소란을 피우는 것을 좋아하지 않는다. 그러나 친구들이 싸우기 시작했을 때는 목소리를 내야 한다. 퍼지는 때로는 진정한 평화를 위해서 자신의 목소리를 내는 것이 필요하다는 것을 배운다.

마지막 팁!

에니어그램을 안다는 것은 양날의 검이다. 우리는 자신이 얼마나 대단한지에 대해 듣는 것을 좋아한다. 실제로도 우리는 꽤 대단하다. 하지만 칭찬만 계속되면 자존심이 높아져 고정된 '틀'에 갇힌다. 변화를 만드는 것은 '자각'이다. 에니어그램은 무엇이 우리의 가능성을 막는지, 무엇이 성공의 발목을 잡는지를 알게 해 준다. 에니어그램은 우리가 미처 깨닫지 못한 부분에 대한 특별한 통찰력을 제공한다.

문제는 자기 유형의 긍정적인 측면은 좋아하고 "내가 이렇다고?"라고 생각되는 덜 유쾌하거나 부정적인 측면은 무시한다는 데 있다. 자신을 뛰어넘어 성장하고 싶은 욕구가 있다면 주의해야 한다. 이 책에서 각 유형의 긍정적인 면만을 보여준다면 독자들은 좋아할 것이다. 그러나 더 성장하고 더 나은 부모가 되고 싶다면 불편한 감정을 피하지 말아야 한다. 자신의 긍정적인 면과 마찬가지로 부정적인 측면을 직시해야 성장할 수 있다. 힘든 것을 피하지 말고 극복해야 성공할 수 있다. 나의 약점은 나의 성공의 발판이다. 그래서 실패는 성공의 어머니이다.

에니어그램의 본질은 각 유형의 긍정적인 측면과 부정적인 측면을 모두 보여주는 것이다. 그렇게 하지 않는다면 시소 위에 혼자 앉아 있는 것과 같다. 진정으로 변화하려면 자신의 매력적인 행동뿐 아니라 덜 매력적이고 심지어 감추고 싶은 모습까지도 꺼내서 객관적으로 바라보고 수용해야 한다. 동전의 양면과 같은 양쪽 측면(예를 들어, 1유형이 맡은 일을 완벽하게 하는 것과 완벽하지 않아 보이는 다른 사람을 지나치게 비판하는 것)을 모두 이해할 때 틀에서 벗어날 수 있다.

에니어그램은 우리를 인도하는 아름다운 통찰력의 등대다. 에니어그램을 자각과 성장을 위한 도구로 활용하기 위해서는 자신의 모든 특성에 대한 정직한 성찰과 인정이 필요하다. 자신의 강점과 약점을 대할 때 애정 어린 수용이 필요하다.

사람들의 유형을 탐구할 때 에니어그램은 무기가 아니라 훌륭한 도구다. 에니어그램을 누군가를 판단하거나 비난하는 용도로 사용하지 말라. 배우자나 아이를 바라보며 "빌어먹을 4유형의 전형이야!"라고 말하는 것은 우리가 지향하는 바에 전혀 도움이 되지 않는다. 이는 사랑하는 사람을 멀어지게 하고 화나게 할 뿐이다. 이 책의 목표는 부모들이 아이들을 격려하고, 고양하고, 영감을 주는 도구로 에니어그램을 사용하는 것이다.

간단 에니어그램 검사

다음 검사를 통해 에니어그램 여행을 시작해 보자.

1) 아래의 단어 목록을 처음부터 끝까지 빠르게 읽어라.
2) 이 중에 공감하는 단어나 문구 12개 정도에 ✓표를 하라. 되고 싶은 것이 아닌 공감하는 것을 고르는 것이 중요하다.
3) 단어 목록에서 ✓표시한 단어들을 28쪽부터 나오는 각 유형의 특징에서 다시 한번 ✓표 하라.
4) 9개 유형 중 ✓표시가 가장 많은 유형이 자신의 유형일 가능성이 있다.

- ☐ 갈등을 피하는
- ☐ 감성적인
- ☐ 감수성이 풍부한
- ☐ 감정을 드러내지 않는
- ☐ 강력한
- ☐ 강렬하게 느끼는
- ☐ 강박적인
- ☐ 개성이 강한
- ☐ 거리낌 없는
- ☐ 걱정이 많은
- ☐ 결단력 있는
- ☐ 겸손한
- ☐ 경쟁 하려는
- ☐ 계획을 세우는
- ☐ 공감능력이 뛰어난
- ☐ 공평한
- ☐ 관계지향적인
- ☐ 관찰력이 뛰어난
- ☐ 굴하지 않는
- ☐ 권력지향적인
- ☐ 낙관적인
- ☐ 남의 말을 잘 듣는
- ☐ 낭만적인
- ☐ 논리적인
- ☐ 눈치를 보는
- ☐ 다른 사람을 의식하는
- ☐ 다정한
- ☐ 단정한
- ☐ 당당한
- ☐ 대범한
- ☐ 도덕적인
- ☐ 독립적인
- ☐ 돌보아 주려는
- ☐ 돕고 싶어하는
- ☐ 따뜻한
- ☐ 리더십이 있는
- ☐ 마음이 넓은
- ☐ 매력적인
- ☐ 모험적인
- ☐ 목표지향적인
- ☐ 미래지향적인
- ☐ 미적 감각이 뛰어난
- ☐ 배려하는
- ☐ 분별력 있는

- ☐ 분위기에 빠지는
- ☐ 보호하는
- ☐ 사려깊은
- ☐ 산만한
- ☐ 상상력이 풍부한
- ☐ 성실한
- ☐ 성취지향적인
- ☐ 세련된
- ☐ 속전속결하려는
- ☐ 수다스러운
- ☐ 수용적인
- ☐ 스스로 동기유발되는
- ☐ 시간을 잘 지키는
- ☐ 신뢰로운
- ☐ 심사숙고하는
- ☐ 애정을 표현하는
- ☐ 야망이 있는
- ☐ 양심적인
- ☐ 역동적인
- ☐ 예민한
- ☐ 온화한
- ☐ 완벽주의
- ☐ 외향적인
- ☐ 의무를 다하는
- ☐ 의심이 많은
- ☐ 인기있는
- ☐ 자급자족 하려는
- ☐ 자기 주장이 없는
- ☐ 자발적인
- ☐ 자신을 드러내지 않으려는
- ☐ 자신을 표현하려는
- ☐ 재미있는
- ☐ 적응을 잘 하는
- ☐ 정보가 많은
- ☐ 정열적인
- ☐ 정직한
- ☐ 자기 주장이 강한
- ☐ 조화로운
- ☐ 주의깊은
- ☐ 준비성이 있는
- ☐ 지적인
- ☐ 지지해 주려고 하는
- ☐ 직설적인
- ☐ 진지한
- ☐ 질서정연한
- ☐ 집중력이 높은
- ☐ 참을성 있는
- ☐ 창의적인
- ☐ 책임감이 강한
- ☐ 책임을 지려는
- ☐ 철저한
- ☐ 충성스러운
- ☐ 칭찬받기를 원하는
- ☐ 탐구적인
- ☐ 태평스러운
- ☐ 통찰력있는
- ☐ 편안한
- ☐ 평화로운
- ☐ 혁신적인
- ☐ 호기심이 많은
- ☐ 활동적인
- ☐ 회의적으로 생각하는
- ☐ 효율적인
- ☐ 희생하는

1유형의 특징 : 체크 수 (   )개

- ☐ 강박적인
- ☐ 공평한
- ☐ 단정한
- ☐ 도덕적인
- ☐ 분별력 있는
- ☐ 시간을 잘 지키는
- ☐ 양심적인
- ☐ 완벽주의
- ☐ 정직한
- ☐ 진지한
- ☐ 질서정연한
- ☐ 철저한

2유형의 특징 : 체크 수 (   )개

- ☐ 관계지향적인
- ☐ 남의 말을 잘 듣는
- ☐ 눈치를 보는
- ☐ 다정한
- ☐ 돌보아 주려는
- ☐ 돕고 싶어하는
- ☐ 따뜻한
- ☐ 배려하는
- ☐ 애정을 표현하는
- ☐ 지지해 주려고 하는
- ☐ 칭찬받기를 원하는
- ☐ 희생하는

3유형의 특징 : 체크 수 (   )개

- ☐ 다른 사람을 의식하는
- ☐ 스스로 동기유발되는
- ☐ 매력적인
- ☐ 목표지향적인
- ☐ 성취지향적인
- ☐ 속전속결하려는
- ☐ 야망이 있는
- ☐ 역동적인
- ☐ 인기있는
- ☐ 적응을 잘 하는
- ☐ 집중력이 높은
- ☐ 효율적인

4유형의 특징 : 체크 수 ( )개

- ☐ 감수성이 풍부한
- ☐ 감성적인
- ☐ 강렬하게 느끼는
- ☐ 개성이 강한
- ☐ 낭만적인
- ☐ 분위기에 빠지는
- ☐ 미적 감각이 뛰어난
- ☐ 상상력이 풍부한
- ☐ 예민한
- ☐ 자신을 표현하려는
- ☐ 세련된
- ☐ 창의적인

5유형의 특징 : 체크 수 ( )개

- ☐ 관찰력이 뛰어난
- ☐ 논리적인
- ☐ 심사숙고하는
- ☐ 자급자족 하려는
- ☐ 자신을 드러내지 않는
- ☐ 혁신적인
- ☐ 정보가 많은
- ☐ 지적인
- ☐ 탐구적인
- ☐ 통찰력있는
- ☐ 감정을 드러내지 않는
- ☐ 호기심이 많은

6유형의 특징 : 체크 수 ( )개

- ☐ 걱정이 많은
- ☐ 성실한
- ☐ 신뢰로운
- ☐ 온화한
- ☐ 굴하지 않는
- ☐ 의무를 다하는
- ☐ 의심이 많은
- ☐ 주의 깊은
- ☐ 준비성이 있는
- ☐ 책임감이 강한
- ☐ 충성스러운
- ☐ 회의적으로 생각하는

7유형의 특징 : 체크 수 (　　)개

- ☐ 거리낌 없는
- ☐ 계획을 세우는
- ☐ 낙관적인
- ☐ 모험적인
- ☐ 미래지향적인
- ☐ 산만한
- ☐ 수다스러운
- ☐ 정열적인
- ☐ 외향적인
- ☐ 자발적인
- ☐ 재미있는
- ☐ 활동적인

8유형의 특징 : 체크 수 (　　)개

- ☐ 자기 주장이 강한
- ☐ 강력한
- ☐ 결단력 있는
- ☐ 경쟁 하려는
- ☐ 권력지향적인
- ☐ 당당한
- ☐ 대범한
- ☐ 독립적인
- ☐ 리더십이 있는
- ☐ 보호하는
- ☐ 직설적인
- ☐ 책임을 지려는

9유형의 특징 : 체크 수 (　　)개

- ☐ 갈등을 피하는
- ☐ 겸손한
- ☐ 공감능력이 뛰어난
- ☐ 마음이 넓은
- ☐ 사려깊은
- ☐ 수용적인
- ☐ 자기 주장이 없는
- ☐ 조화로운
- ☐ 참을성 있는
- ☐ 태평스러운
- ☐ 편안한
- ☐ 평화로운

더 정확한 검사는 한국에니어그램교육연구소(www.kenneagram.com)를 방문하면 된다. 한국형에니어그램성격유형검사(KEPTI)와 전문적인 에니어그램 교육에 관한 정보와 교육을 받을 수 있으며 온라인 검사도 가능하다.

2장
에니어그램 용어 설명

에니어그램 용어는 어렵게 느껴질 수 있지만 이 책을 읽고 이해하려면 다음의 용어 정도는 알아두는 것이 좋다. 다만 너무 어려우면 건너 뛰었다가, 유형별 내용을 읽은 후 나중에 읽는 것도 방법이다. 책을 읽다가 용어를 잘 모를 때 다시 돌아와 확인하는 것을 권한다.

에니어그램 도형

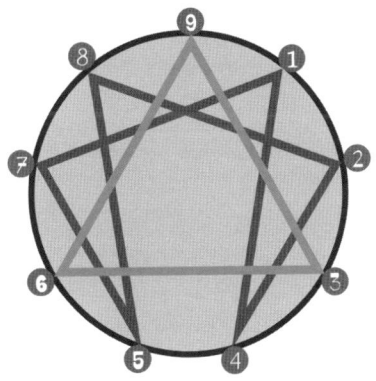

에니어그램 상징은 세 개의 도형으로 이루어져 있다.

원(○) : 원은 완전함, 온전함, 모든 것이 하나 되는 충만함, 시작과 끝이 없는 영원함을 나타낸다.

삼각형(△) : 삼각형의 세 꼭짓점은 능동적인 힘(3유형), 수동적인 힘(9유형),

조화적인 힘(6유형)을 나타낸다. 이 개념을 쉽게 이해하기 위해 테니스를 생각해 보자. 선수는 공을 치기 위해 능동적인 힘을 사용한다. 테니스 선수가 쳐야만 이동하는 공은 수동적인 힘이다. 테니스 라켓은 능동적인 선수와 수동적인 공 사이의 힘을 조화시키거나 중화시킨다.

헥사드(⟨▽⟩) : 헥사드는 6개의 점으로 삼각형의 3개의 점과 함께 에니어그램의 9개의 점을 구성한다. 또한 수피 전통에 기원을 둔 "7의 법칙"과도 관련이 있는데, 너무 복잡해서 여기서 자세히 다루지 않는다.

힘의 중심

에니어그램 도형은 본능, 사고, 감정의 세 가지 중심으로 나눌 수 있다[5]. 3개의 중심은 각 유형의 원초적인 상처를 나타낸다. 장/본능중심은 행동지향형, 머리/사고중심은 사고지향형, 가슴/감정중심은 감정지향형이다.

---

5) 이 용어들은 리소와 허드슨의 저서 "에니어그램의 지혜"에서 설명한 것이다.

장/본능중심 : 8, 9, 1유형. 행동지향적 유형으로, 장에 뿌리를 둔 행동에 초점을 둔다. 현실에 저항하며 자율성을 원한다. 자율성이 침해 당하면 분노가 표출된다.

머리/사고중심 : 5, 6, 7유형. 사고지향적 유형으로, 머리에 뿌리를 둔 사고에 초점을 둔다. 두려움에서 비롯된 불안이 근원이며 보존과 안전을 추구한다.

가슴/감정중심 : 2, 3, 4유형. 감정지향적 유형으로, 가슴에 뿌리를 둔 감정에 초점을 둔다. 자아 이미지 혹은 이상화된 성격에 집중한다. 원하는 이미지와 일치하지 않을 때 수치심이 일어난다.

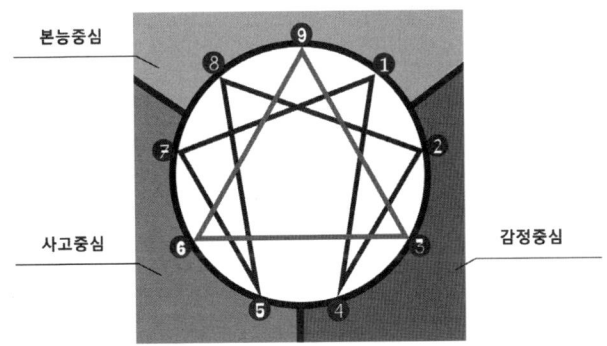

자신의 유형이 어느 중심에 속하는지 알면 행동을 이해하는 데 도움이 된다. 하지만 여기서 주의 해야 할 것은 사고중심 유형이라고 해도 감정이 있다는 것이다. 사고중심은 감정을 표현하기보다는 생각하는 경향이 강하고 감정중심은 머리보다는 감정이 움직이는 대로 행동한다. 장 또는 본능중심은 분노를 과도하게 표현하거나 억제하려 하며, 먼저 행동하고 나중에 생각한다. 그러나 "나는 사고중심이야!"라고 제한하기보다는 세 개의 힘의 중심을 균형 있게 이해하는 것이 중요하다.

> **나는 사고, 감정, 본능 중 어느 중심일까?**
>
> 가장 와닿는 문장이 무엇인지 생각해보자.
> ① 스트레스를 받을 때 문제를 해결하기 위해 즉각적인 조처를 하거나, 의도적으로 행동을 피하려 한다. "나는 …을 할거야."라고 자주 말한다.
> ② 스트레스를 받을 때 무엇을 해야 할지 생각한 다음 행동을 계획한다. "나는…라고 생각해."라고 자주 말한다.
> ③ 스트레스를 받을 때 고통과 불편함을 많이 느낀다. "나는 …라고 느껴."라고 자주 말한다.
> - 여러 상황에 어떻게 접근하는지 며칠간 관찰해보자.
>   ① "장/본능" 중심은 8, 9, 1유형이다.
>   ② "머리/사고" 중심은 5, 6, 7유형이다.
>   ③ "가슴/감정" 중심은 2, 3, 4유형이다.

트라이타입(Tritype)

 1994년 캐서린 포브르(Katherine Fauvre)는 9개의 에니어그램 유형에 3개의 본능중심 차원을 추가하여 트라이타입이라는 삼중유형이론을 연구하기 시작했다. 트라이타입은 9개의 기본 유형 외에 머리/사고, 가슴/감정, 장/본능의 3가지 중심마다 하나의 지배적인 유형을 가지고 있다는 것인데, 9가지 유형과 3개의 중심을 27개의 조합으로 묶어 트라이타입이라는 새로운 유형을 만들어 내는 것이다.
 예를 들어, 사고중심인 6유형 사람이 본능중심에서는 9유형을 지배적으로 사용하고, 감정중심에서는 4유형을 지배적으로 사용한다면 트라이타입은 (6,

9, 4)이다. 여기서 4유형이 후순위이기 때문에 4유형이 자주 활용되지는 않지만 다른 두 유형에 영향을 미친다. 반면에 6유형은 가장 눈에 띄게 나타난다. 트라이타입 안에서 각 유형의 공유된 특성은 향상되고 공유되지 않은 특성은 감소 된다.

예를 들어, 부모는 5유형이고 아이는 2유형이라고 가정해 보자. 부모와 아이가 같은 유형은 아니지만 부모의 트라이타입이 (5, 2, 9)인 경우 아이와 2유형의 공통점을 공유한다. 트라이타입에 대한 이론은 일반적인 연구라기보다 독자적 연구에 가깝지만, 양육 방법을 연구할 때는 고려할 가치가 있다.

날개

날개는 에니어그램을 이해하는 데 매우 중요한 개념이다. 날개라는 말에서 알 수 있듯이 기본 유형 양쪽에 있는 유형을 말한다.

예를 들어, 에니어그램 도형에서 1번 옆에는 9와 2라는 숫자가 있으므로, 1유형의 날개는 9유형, 2유형 중에 하나거나, 둘 다일 수 있고, 없을 수도 있다.[6] 만약 9유형의 날개를 가진 1유형이라면 1유형의 특성을 기본으로 하지만 9유

---

[6] Riso의 연구에 의하면 모든 유형은 자신의 유형과 인접한 두 개의 날개를 가지며 대개 이 중 한 날개가 우세하다.

형의 특성도 일부 가진다. 그러나 9유형의 원초적인 상처는 가지고 있지 않다.

두 개의 균형 잡힌 날개, 더 강하고 약한 날개, 날개가 없는 경우

에니어그램 유형의 기본 특성은 변하지 않는다. 그러나 날개는 강하거나 약하게 변할 수 있다. 또한 상황에 따라 특정 날개를 더 많이 보여줄 수 있다. 예를 들어, 같은 8유형이라도 집에서는 양육적인 9유형의 날개를 더 많이 사용하지만, 직장에서는 역동적인 7유형의 날개를 더 드러낼 수 있다.

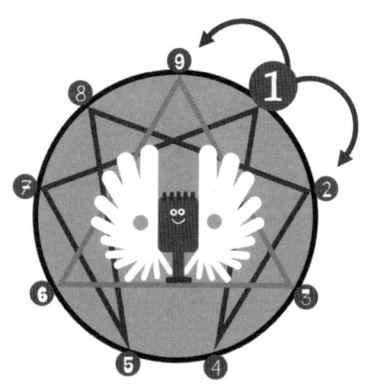

2유형과 9유형의 날개를 가진 1유형

이완과 긴장

이 용어는 우리가 얼마나 정신적으로 건강한지, 얼마나 의식적인지를 설명한다. 이완된 상태에서 긴장된 상태로 이동함에 따라 우리의 행동도 변한다.[7] 건강하지 않고 긴장된 상태에서는 집착이 더 많이 나타나지만, 건강하고 이완된 상태일 때 두려움이나 집착이 줄어들고 자기 유형의 강점을 더 많이 사용할 수 있다. 이완과 긴장의 수준은 같은 유형의 사람들이 왜 다른지를 설명하는 중요한 지표다. 이완된(건강한/의식적인) 8유형은 긴장된(건강하지 않은/의식이 낮은) 8유형과 전혀 다르게 행동한다.

충격적인 사건이 발생했을 때 보통에서 긴장 수준으로 이동하지만 일상생활 중에도 발달 수준이 변할 수 있다. 대부분 사람은 '보통' 수준에서 머무는 경향이 있으며, 10% 미만의 사람들이 '이완' 상태며 '긴장'도 이와 비슷하다. 흥미롭게도 같은 유형이라도 이완과 긴장의 상태에 따라 정반대의 행동을 할 수 있다. 예를 들어 약한 의지의 희생자로 살던 긴장된 사람이 이완되면 약한 의지가 있는 사람들을 도울 수 있다. 또 교만한 사람이 이완되면 겸손해질 수 있다.

리소와 허드슨이 이야기한 9단계의 발달 수준을 이완과 긴장으로 표현하면 다음 그림과 같다.

---

7) 한국형에니어그램에서는 이완과 긴장 대신 '통합'과 '분열'이라는 용어를 사용한다. 즉, 정신적으로 건강하고 의식 수준이 높을 때 '통합,' 정신적으로 불건강하고 의식 수준이 낮을 때 '분열'이라고 칭한다.

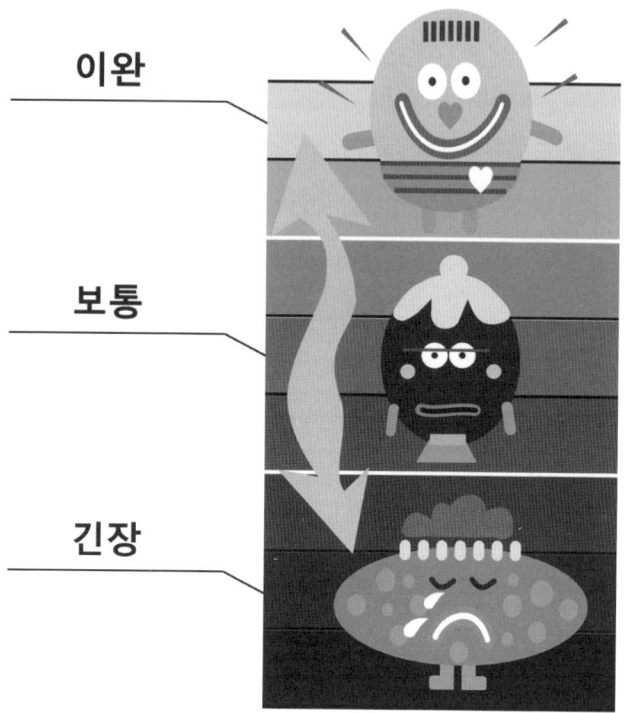

긴장과 이완의 화살표 8)

    에니어그램 도형에서는 한 유형이 다른 유형들과 연결되어 있다. 이를 통해 기본 유형 외의 추가적인 정보를 탐색할 수 있다. 에니어그램에서는 고정된 성격 특성을 규정하지 않고 긴장과 이완 상태에 따라 속성이 다르게 드러나고 자각을 통해 건강한 성격을 회복할 수 있다고 설명한다.

    각 유형은 긴장과 이완의 화살표로 연결되어 있다. 예를 들어 스트레스 상태인 건강하지 않은 4유형은 건강하지 않은 2유형으로 이동한다. 의식적으로 더 높은 수준으로 이동하려고 노력하지 않는 한 긴장의 방향에 가까워진다.

---

8) "긴장(Stretch)과 이완(Release)의 지점"이라는 용어는 'iEQ9 이완 에니어그램 스쿨'에서 처음 사용되었다.

긴장의 화살표 : 스트레스 상태일 때 이동하는 방향을 '긴장의 화살표'라고 한다. 압박이나 스트레스를 받을 때 향하게 되는 유형을 '긴장 지점'이라고 한다. '긴장 지점'은 스트레스 상황일 때 직면하는 도전 과제다. 예를 들어 9유형이 긴장 지점인 6유형의 건강하지 않은 특성을 보인다면 스트레스가 많다는 것을 인지해야 한다.

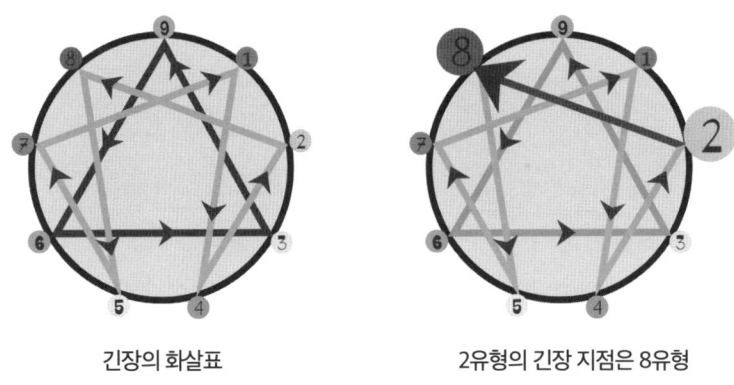

긴장의 화살표   2유형의 긴장 지점은 8유형

이완의 화살표 : 건강할 때 이동하는 방향을 '이완의 화살표'라고 한다. 정서적으로 건강하고 편할 때 향하게 되는 유형을 '이완 지점'이라고 한다. '이완 지점'에서는 자신에게 도움 되지 않는 것들을 놔 버릴 수 있다. 예를 들어 7유형이 이완 지점인 5유형의 건강한 특성들을 보인다면 편안하고 안정적이라는 것을 알 수 있다. 이완된 7유형은 직면한 문제나 내면의 자아에 더 깊이 집중하여 덜 산만해진다. 이완의 화살표를 따라가기 위해서 의식적으로 노력한다면 더 건강한 삶을 살 수 있다.

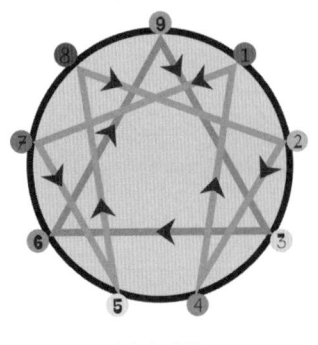
이완의 화살표

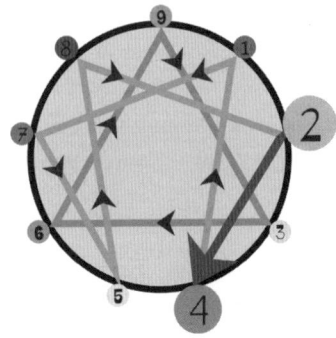
2유형의 이완 지점은 4유형

본능동기

본능동기는 같은 유형의 사람들이 왜 다르게 행동하는지를 설명할 수 있는 또 다른 방법이다. 본능동기[9]는 무의식에 머물지만 감정이나 사고보다 일상의 행동 방식에 훨씬 더 강력한 영향력을 미친다(아래 그림 참조).

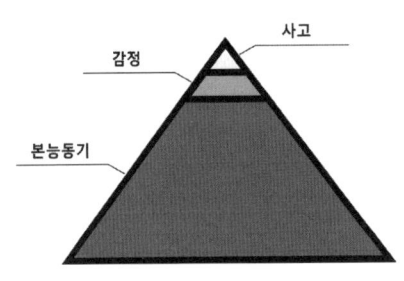
본능 동기의 힘

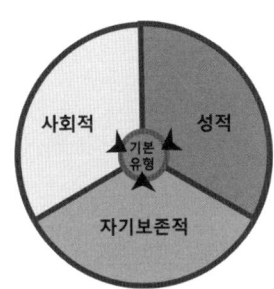
기본 유형과 본능동기의 영향

※ 참고 : 위 두 번째 그림에서는 세 개의 본능동기 하위요소가 같은 크기로 표시되었지만 이런 경우는 거의 없다. 초기 원시사회에서는 본능 동기가 부족의 안전과 생존을 보장했을 것이다. 본능동기는 동물에서도 볼 수 있다.

---

9) 이 용어는 뉴욕 에니어그램(New York Enneagram)의 존 루코비치(John Luckovich)를 참고했다.

자기보존 본능 : 자기 신체에 관한 관심이 높다. 자신을 보호하기 위한 집, 경제력, 안락함, 신체 건강 등을 중시한다. 자기 방임과 같은 형태로 이러한 욕구가 반대로 드러날 수도 있다. 물질의 소유를 통해 안전함과 안정감을 찾는다. 긴장 방향으로 가면 자원을 비축하기 위해 과하게 욕심을 낸다.

사회적 본능 : 사람들을 이끌 수 있는 방법을 고민한다. 내가 속한 집단("부족")의 안전을 중시한다. 말이 무리에서 쫓겨나면 생존 가능성이 크게 줄어드는 것처럼 조직이나 사회적 소속감이 생존과 직결 된다고 믿는다. 이 본능은 사회적 지위, 권력, 명성, 개인이나 집단 간의 상호 연결에 관한 것이다. 이 본능동기가 강한 사람은 모임, 사회적 인식, 다른 사람들과 함께 일하는 것에 중점을 둔다.

성적 본능 : 이성과 교제할 때 들뜬 기분을 즐긴다. 이 본능은 번식을 통해 부족의 안전이 보장된다는 욕망, 매력적으로 보이기 위해 외모나 의상을 돋보이게 하는 법, 이성의 관심을 끄는 법, 관계를 유지하거나 유지하지 못하게 되는 두려움에 관한 것이다. 두 사람이 새로운 과학적 발견에 대해 토론할지, 아니면 침대로 향할지를 결정할 때 일어나는 화학적 감흥을 좋아한다.

자기보존 본능

사회적 본능

성적 본능

자기보존 본능

신체적 욕구를 돌보는 것을 통한 생존

물질적 안정
신체적 안전과 욕구 : 집, 음식 등
몸 : 건강, 피트니스(또는 이를 무시함)
안락함
위험의 감수
자원 비축

사회적 본능

집단의 일원이 되는 것을 통한 생존

구성원을 이끄는 리더십
명성
개인의 사회적 가치
성취
사회적 지위
적응 능력
그룹/커뮤니티
사회적 인식
목적의 공유
우정

성적 본능

생식과 성욕을 통한 생존

인연
두 사람간의 연결
흥분
외모
삶에 대한 열정
타인과의 경계
친밀감
과도한 매력

나의 에니어그램 기본 유형

사람들은 대체로 세 가지 본능을 균형적으로 가지고 있지 않다. 더 지배적인 본능동기가 있는 것이다. 환경이나 상황에 따라 비중이 바뀌기도 한다. 본능동기는 기본 유형이 같은데도 서로 다르게 행동하는 이유를 설명해 준다. 본능동기에 따른 유형 분류를 하위유형이라고 하는데 이에 대해서는 나중에 탐구할 기회가 있을 것이다.

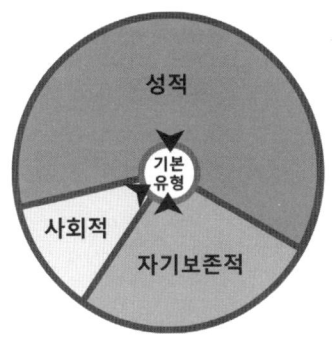

SX. 성적(Sexually) 우세. 다음으로 자기보존. 사회적(Social) 본능을 발달시킬 필요 있음. 이 사람의 본능동기 순서는 SX/SP/SO다

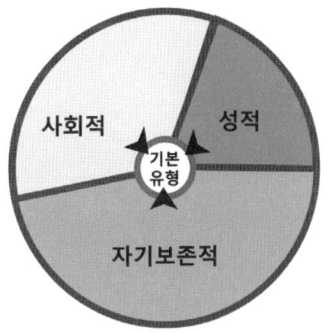

SP. 자기보존(Self-Preservation) 우세. 다음 사회적, 성적본능을 발달시킬 필요 있음. 이 사람의 본능동기 순서는 SP/SO/SX다.

역유형(공포대항 유형)

역유형 또는 공포대항적 유형은 각 유형의 고유한 특징과 반대 방향으로 행동한다. 예를 들어, 6유형은 안전과 안정을 추구하지만 6유형의 역유형은 위험한 활동을 추구한다.

2부
에니어그램 유형별 부모와 아이

3장 1유형
4장 2유형
5장 3유형
6장 4유형
7장 5유형
8장 6유형
9장 7유형
10장 8유형
11장 9유형

3장
1유형 개혁가

1유형 부모 : 완벽한 양육자 부모

개요

　건강한 1유형 부모는 책임감으로 헌신한다. 신뢰할 수 있고, 현명하고, 헌신적이고, 공정하기 때문에 아이들은 이러한 혜택을 받는다. 아이들의 발달을 격려하며, 합리적이고, 균형 잡힌 좋은 기준을 제시하고, 높은 도덕성을 가지고 흠잡을 데 없는 행동의 모범을 보여준다.

　자신과 아이들을 개선하기 위해 열심히 일한다. 핫 핑크나 네온 오렌지색보다는 파스텔이나 네이비색을 좋아하고, 청바지와 티셔츠보다는 정장이나 클래식한 디자인의 깔끔한 의상을 선호한다. 중요한 임무를 수행하는 것처럼 목적의식을 가지고 당당하게 걷는다. 충실한 부모로서 아이들을 강인하고 강직한 시민으로 키우는 것을 목표로 한다.

　많은 1유형 부모들은 어린 시절에 부모가 요구가 많고 가혹했다고 말한다. 제약이 너무 없으면 자신만의 규칙을 만들기도 한다. 이들은 아이들에게 사탕이나 케이크를 먹지 못하게 하거나, 엄격한 식단을 따르게 하거나, 일부 아이들과 놀지 말라고 요구하는 등 특정 규칙을 강요하기도 한다.

1유형 부모는 아이들이 옷차림을 깨끗하게 하고, 방을 깔끔하게 정리정돈하고, 예의 바르게 행동하기를 기대한다. 깔끔함은 1유형에게 무척 중요해서 아이가 아무리 어리더라도 놀고 난 후에는 장난감을 잘 정리해야 한다고 강조할 것이다(이 글을 읽는 순간에도 "모든 부모가 그렇게 하지 않나?"라고 생각할지도 모른다.).

1유형 부모들은 도덕성, 진실함, 올바른 행동, 예의범절, 그리고 옳고 그름을 아는 것 등을 자주 설교한다. 높은 도덕적 기준을 가지고 있기 때문에 기대치에서 약간이라도 벗어나면 스트레스를 받고 자책한다.

내가 학교 다닐 때 치마 길이나 헝클어진 머리를 지적하던 1유형의 선도위원이 있었다. 학교를 졸업한 후 40년 동안 연락이 끊겼는데 최근 그녀로부터 메시지 한 통을 받았다. 출간한 내 책 중에서 한 글자가 틀렸다고 알려주는 문자였다. 이것이 바로 1유형이다!

1유형 부모가 아이에게 원하는 것

> 1유형 부모는 아이가 자제력 있고 합리적이며, 규칙을 잘 지키고, 보상을 기다릴 수 있는 인내심을 가지기를 바란다. 이들은 '꼬마 선생님'을 원한다.

1유형 부모의 강점

모든 유형은 건강하고 이완될 때 타고난 재능을 나눌 수 있다. 1유형 부모의 강점은 다음과 같다.

확고한 기준을 가지고 있다 : 아이들이 1유형 부모를 좋아하는 가장 큰 이유는 옳고 그름을 명확히 알려준다는 것이다. 애매한 영역은 없다. 건강한 1유형 부모는 공감의 한계는 물론 통제와 엄격함의 차이를 알고 있다. 또한 나이에 맞는 몇 가지 규칙(예: 안전을 위한 행동 혹은 다른 사람을 존중하는 것 등)을 제시하고, 아이의 성장에 따라 규칙을 추가하는 것이 시행 불가능한 규칙 목록을 제시하는 것보다 훨씬 낫다는 것을 안다. 이렇게 하는 것이 적응력 높은 아이로 키울 수 있는 더 안전한 방법이라고 믿는다. 1유형 부모는 규칙을 잘 지키면 인생이 나아진다고 믿는다.

시간을 잘 지킨다 : 1유형 부모는 아이들과 약속한 시간을 잘 지키려고 노력한다. 시간을 잘 지키는 것은 1유형의 자부심이다. 물론 아이들에게도 똑같이 요구한다. 아이들이 약속이나 모임에 꼭 제 시간에 갈 필요가 없다고 항의하더라도 소용없다. 심지어 몇 분 일찍 도착하는 게 도리라고 주장한다.

꼼꼼하다 : 꼼꼼하지 않은 것은 나쁜 행동이고, 꼼꼼한 것은 좋은 행동이라고 생각한다. 1유형은 주어진 모든 임무에 집중하는 데 부모 역할도 마찬가지다. 성적표를 꼼꼼하게 살펴보고, 학교 행사에 제때 참석하고, 가정통신문을 확인하고, 과제 알림장을 기한에 맞춰 서명하며 부모의 역할을 꼼꼼하게 수행한다.

열심히 일한다 : 아이들도 자신만큼 열심히 일하기를 바란다. 완벽하지 않을까 두려워 일을 미룰 때도 있지만, 게으름을 피우는 경우는 드물다. 재미있게 노는 것보다 일이 먼저라고 생각한다. 타고난 재능보다 부지런한 노력을 높이 평가한다. 자신의 모든 성과와 성취는 노력의 산물이라고 믿기 때문에 아이들에게도 같은 수준의 인내심과 노력을 기대한다.

공정하다 : 진지하고 공정하게 부모 역할을 한다. 예를 들어 세 명의 아이가 두 개의 햄버거를 나누어 먹어야 한다면 공평하게 분배하기 위해 큰 노력을 기울인다.

책임감 있고 합리적이며 신뢰할 수 있다 : 아이들이 진심으로 의지할 수 있는 부모이다. 학교 일이든 집안일이든 부모로서 해야 할 일들을 효과적으로 해내는 일관적이고 헌신적인 부모다. 위기가 닥쳐도 흥분하지 않고 논리적으로 대응한다. 1유형 부모는 아이들이 삶의 고난을 헤쳐갈 수 있게 인도하는 한 줄기 빛이다.

정직하다 : 아이에게 진실함의 가치를 가르치기 위해 큰 노력을 기울인다. 정직한 대답이 아이에게 적절하지 않다고 생각되면 "선의의 거짓말"을 하기도 하지만 난처한 질문을 받더라도 정직하게 답하려고 노력한다.

지혜가 있다 : 아이에게 편견 없는 조언을 줄 수 있는 지혜롭고 침착한 부모이다. 스트레스를 덜 받고 마음이 건강할수록 더 수용적이다.

자기 수양을 열심히 한다 : 자기 수양을 통해 개선하고 향상하려고 부단히 노력한다. 아이들도 단련하고 수양해서 더 나은 사람이 되기를 기대한다.

탁월함을 위해 노력한다 : 기준에 미치지 못하는 것은 받아들이기 어려워하기 때문에 최선을 다한다. 또 세상이 더 나은 곳이 되기를 원한다. 열대 우림을 살리는 것이든, 가난을 퇴치하는 것이든, 플라스틱 쓰레기를 줄이는 것이든 대의를 위해서 최선을 다해 헌신한다.

도움이 되고자 한다 : 세상에 실제적인 도움이 되고자 하는 욕구가 있다. 아이가 잘 성장하기를 원하기 때문에 부모로서 아이들에게 더 나은 것을 보여주려 노력한다. 나의 어머니는 1유형이었는데 항상 내가 더 잘할 수 있도록 도와주었다. 예를 들면, 어른을 대할 때의 예의범절이나 빨래를 개는 방법 등을 꼼꼼하게 알려주었다. 어머니는 내가 그런 것들을 제대로 할 줄 몰라서 창피당하는 것을 원치 않았다.

1유형이 더 좋은 부모가 되는 방법

만약 당신이 1유형이라면 위의 설명에 공감하는 부분이 많았을 것이다. 또한 마음에 들지 않거나 불편한 부분도 있을 것이다. 후자라면 자아 인식이 떨어져 있거나, 스트레스를 받고 있거나, 긴장된 상태라는 징표다. 이럴 때 1유형의 이상적인 특성들이 오히려 반대의 모습으로 드러날 수 있다. 이것을 깨닫는다면 더 건강해질 수 있다.

아래 제시된 것들을 실천하려 노력하면 더 좋은 부모가 될 수 있다. 현재도 충분할 수 있지만 알아두면 도움이 될 것이다.

풀어주려고 노력하라 : 규칙을 잘 지킨다는 것은 한편으로는 융통성이 없거나 엄격하다는 것을 의미한다. 아이들은 저녁 식사 시간을 변경하는 것조차 부모를 오랫동안 설득해야 한다. "해야 할 것, 지켜야 할 것"이 너무 많으면 반항기가 많은 아이는 부모의 권위적인 규칙에 대항하려 하고, 순응적인 아이들은 지나치게 깍듯해져 주도성을 잃을 수 있다. 부모가 엄격하면 아이들의 나쁜 행동을 통제할 수 있지만, 자기 조절력이나 책임감을 키우는데는 도움이 되지 않을 수 있다. 아무리 옳은 일이라도 강제로 시키면 효과가 없다는 것을 명심하라.

비판을 줄여라 : 1유형은 높은 기준을 가지고 있다. 언젠가 요리 교실에서 겪은 일이다. 딤섬을 만들고 있었는데, 옆에 있던 여성이 크게 한숨을 내쉬더니 내가 만들던 것을 가져가 제대로 된 딤섬을 만들어 주었다! 물론 내가 솜씨가 없는 것은 인정하지만 나는 완벽하지 않은 내 '작품'이 만족스러웠다. 나는 그녀의 무례한 행동에 화가 났다.

1유형은 때때로 기준을 너무 높게 설정하고 아이가 이 기준을 충족하지 못하면 비판한다. 약간 과체중이거나, 얼굴에 뾰루지가 생겼거나, 운동을 하지 않는 것과 같은 아이의 신체적 특성을 받아들이기 어려워하기도 한다. 또한 다른 육아 스타일을 가진 사람들 혹은 배우자를 비판할 수도 있다.

이러한 자신의 성격을 인식하고 다름을 받아들이려고 더 노력해야 한다. 성장은 다름을 이해하는데서 비롯된다는 것을 이해하라.

지나치게 화를 참지 마라 : 분노를 겉으로 표현하는 8유형과 달리 1유형은 화를 억누르려고 한다. 화내는 것은 '완벽한' 사람이 할 행동이 아니라고 생각하기 때문이다. 그러나 화가 곪아 터져 폭발하면 더 큰 일이 생기기도 한다. 할 말은 적절히 하고 사는 것이 좋다.

아이를 "고치려고" 하지 마라 : 1유형은 마음 깊은 곳에서 자신이 본질적으로 결함이 있는 사람이라고 생각하기 때문에 이 결함을 극복해 "완벽한 사람"이 되기 위해 분투한다. 이런 생각은 아이에게까지 확장될 수 있다. 스트레스가 많은 1유형 부모는 아이를 완벽한 계획을 따라야 하는 프로젝트로 생각할 수 있다. 어떻게든 '결점(아이의 말투, 옷 입는 방식, 손톱 물어뜯기 같은 버릇 또는 체중 문제 등)'을 찾아내서 완벽하게 고치려 할 때를 주의하라.

지나치게 지시하지 말라 : "조용히 해!", "똑바로 앉아!", "제대로 걸어!", "냅킨을 한 장만 사용해!"와 같은 명령은 아이의 자발성을 저해한다. 작은 것이라도 아이 스스로 결정을 내릴 수 있게 해주면 아이들은 부모가 자신을 신뢰한다고 생각한다. 아이들이 자신을 신뢰하게 되면 부모 혹은 다른 사람에게도 신뢰를 보낸다. 모든 것을 부모가 원하는 방식(또는 "올바른" 방식으로)에 따라 지시하면 아이는 아무것도 스스로 하려 하지 않을 것이다. 아이들의 창의력과 자신감은 실수하더라도 새로운 것을 시도하고 탐색하는 데서 키워진다. 지시와 허용 사이의 균형점을 찾아라.

사소한 것에 힘 빼지 마라 : 1유형 부모는 완벽주의자다. 그래서 아이들에게도 똑같은 완벽주의를 기대한다. '완벽'하지 않을 때 스트레스를 받는다. 방을 어지럽힌다든지, 옷을 지저분하게 입는 것과 같은 아이들의 흔한 행동에 대해 지나치게 가혹한 질책과 판단을 하려 한다. 자신이 정한 높은 기준이 아이 혹은 다른 사람들에게 똑같이 적용될 수는 없다는 것을 인정하라. '사람마다 제각각이라는 것'을 기억하라.

탐험을 권하고 실패에 대해 열린 마음을 가져라 : 1유형 부모의 좌우명 중 하나는 "낭비하지 않으면 부족함도 없다"이다. 이러한 좌우명은 환경을 보호하고 과도한 낭비를 피하는 데는 좋지만, 자칫하면 극단으로 치달을 수 있다. 예를 들어, 아이가 쿠키를 만들 때 소금을 한 티스푼이 아닌 한 컵을 부어 쿠키 반죽을 망쳤다고 생각해 보자. 어린아이의 작은 실수지만 1유형 부모에게는 대참사로 인식될 수 있다. 소금이나 반죽을 낭비한 것도 화가 나지만 계획된 쿠키 굽기에 실패했다고 느낀다. 아이들이 놀이터에서 진흙 파이를 만들거나, 옷을 버려가며 미술 활동을 하는 것도 깔끔한 1유형에게는 탐탁지 않을 수 있다. 하지만 아이들에게는 모험과 탐험이 필요하다. 실수는 과정의 일부다. 실패와 성공에 대해 열린 마음을 가져라. 아이에게 당신의 인간적인 면을 보여주어라.

더 즐겁게 살아라 : 1유형은 내려놓고 즐기기가 어려울 수 있다. 완벽해지는 과정에서 해야 할 일과 하지 말아야 할 일들이 너무 많아서 즐거움을 잊어버린다. 그래서 배우자가 아이들과 어울려 즐겁게 놀면 화를 내기도 한다. 그들이 형편없다고 느껴지기 때문이다. 1유형의 이완방향은 7유형(37~40쪽 참조)이기 때문에 7유형의 재미와 즐거움을 찾는 모습을 닮으려고 노력해야 한다. 내면에 있는 즐거움과 장난기 넘치는 모습을 찾아 자녀들에게 기꺼이 표현하라.

자신의 신념을 지나치게 주장하지 말라 : 1유형 중에는 희망과 개혁을 원하는 교육자나 종교 지도자가 많다. 명상이나 채식을 하고 특정 종교에 참여하는 것이 자신에게는 위대한 신념일지 몰라도 아이에게까지 강요하는 것은 독재에 가깝다. 아이들을 하나의 인격체로 존중하고 누구를 믿을지, 어떤 신념으로 살아갈지 스스로 탐색하고 선택할 수 있게 기다려라.

인내심을 가져라 : 자신이 일을 처리하는 방법을 잘 알고 있다고 믿기 때문에 아이가 조금만 느려도 조바심을 낼 수 있다. 선 안에 색칠만 하는 간단한 것도 못 하는 아이를 보면 답답해서 대신 그려주려 한다. 아이가 과제 수행에 어려움을 겪고 있다면 대신해 주고 싶어진다. 이렇게 개입하면 아이에게 '너는 충분히 노력하고 있지 않아'라고 말하는 것과 같다. 아이들은 나이에 맞는 발달과업이 있고 나이에 따른 행동을 한다. 조금 늦어도 괜찮다. 심호흡을 크게 하고 아이의 노력을 인정하라. 간섭하지 않는 것을 선택하라

경직된 감독자 역할을 하지 말라 : 1유형 부모는 무엇이든 열심히 하고 아이도 그러기를 바란다. "넌 피아노를 더 잘 칠 수 있어. 그러려면 연습을 더 해야 해." "과제를 이렇게 하면 안 되지! 더 노력해야 해." 이 말이 익숙하게 들리는가? 아이는 훈련생이 아니다. 억지로 의도를 주입하려 하지 마라.

1유형의 예시

J. K. Rowling의 책 『해리포터』:
- 알버스 덤블도어는 현명한 멘토이자 교사이며 선량함의 전형을 보여준다.

J. R. R. Tolkien의 책 『반지 원정대』:
- 간달프는 현명한 교사의 역할을 한다.

Roger Hargreaves의 책 『EQ의 천재들』:
- 까다로워씨, 모든 것이 깔끔하고 단정하기를 원한다.
- 착해씨, 항상 침대를 정리하고 양치와 발 닦기를 열심히 닦는다.
- 완벽씨, 모든 것에서 완벽을 추구한다.
- 깔끔양, 당연히 깔끔하다!
- 바빠양, 항상 집 청소, 쇼핑, 요리를 하며 바쁘다.
- 지혜양, 현명하고 분별력이 있다.

1유형 아이 : 꼬마 선생님

개요

마제리 민웰은 1765년 출판된 동화책 '두 짝 신발의 착한 아이(The History of Little Goody Two-Shoes)'에 나오는 인물이다. 이 책은 무엇이든 잘하려고 애쓰는 가난한 고아인 '도덕군자' 소녀 이야기다. 훗날 마제리는 교사가 되어 부자와 결혼한다. 마제리의 성인 민웰(Meanwell: 선의를 베풀다)은 어린 1유형의 전형적인 모습을 뜻한다.

1유형 아이들은 선의를 가지고 친구, 형제자매 그리고 부모를 변화시키며 착하게 살려고 노력한다. 다른 사람의 모범이 되려 하고 거기에 존재 의미를 부여한다. 모든 사람이 규칙을 준수하면서 도덕적으로 살면 세상이 더 나아질 것이라고 믿는다.

1유형 아이들은 부모에게 칭찬 받으려면 착하게 굴고, 책임감 있게 행동해야 한다는 것을 일찌감치 깨닫는다. 자기 절제력이 뛰어나고, 다른 사람들은 물론 부모까지 가르치려 한다.

1유형 아이들은 게으르고, 어수선하고, 시끄럽고, 신뢰할 수 없는 친구들 때문에 좌절하기도 한다. 놀이터에서 놀 때도 규칙을 정해서 지키며 노는 아이들을 떠올려 보라. 재미있다는 이유만으로 규칙을 어기고 함부로 모래를 던지고, 장난감 뱀을 들이대며 도망치는 아이 때문에 열 받지 않겠는가? 규칙을 지키기 위해 최선을 다하는 책임감 넘치는 꼬마 선생님이 이런 아이들 때문에 분해서 우는 모습은 너무 당연하지 않은가?

또 1유형 아이들은 아래의 사례에서처럼 형제나 자매의 보호자를 자처하기도 한다. 때에 따라서는 부모가 제대로 규칙을 정해주지 않았다고 생각하고 자신들의 신념을 억지로 주입하려 한다.

"나의 1유형 형제는 나를 인정사정없이 훈육하려 했다. 내가 팔꿈치를 괴고 밥을 먹으면 팔꿈치를 탁 쳐서 내리게 했고, 먹은 그릇을 즉시 씻지 않으면 더러운 접시를 내 침대 위에 올려놓으며 잔소리했다. 물론 나를 위해 그렇게 한다는 것을 알고는 있었지만, 어릴 때는 정말 싫었고 항상 싸움의 빌미가 되었다. 어떨 때는 부모보다 더 부모 같아서 짜증이 났다."

1유형 아이들은 비판을 흔쾌히 받아들이지 않기 때문에, 다른 아이들 앞에서 부적절한 행동을 지적하면 참지 못하고 화를 낼 수 있다.

많은 1유형 아이들은 부모가 제대로 훈육하지 못한다고 느끼거나 조언을 구할 수 없는 상대로 여긴다. 그 결과 아이들은 자신만의 규칙을 정해 지키려 노력한다. 반대로 일부 1유형 아이들은 부모가 너무 엄격하거나 가혹하다고 느낄 수 있다. 이런 아이들은 자신의 결함 때문에 부모가 지나치게 엄격하다고 생각하고 완벽해지려 노력한다. 하지만 이런 노력을 드러내지 않고 속으로만 생각한다.

1유형 아이는 부모를 기쁘게 하기 위해 부모가 기대하는 것과 옳다고 생각하는 것을 하려고 최선을 다한다. 이 아이들의 교복이나 옷은 항상 단정하고 깨끗하다. 심지어 옷을 더럽히며 거칠게 노는 아이들을 한심하게 생각할지 모른다.

이 아이들은 반장이나 선도부원이 되어 합법적으로 다른 아이들이 규칙을 준수하도록 지시하는 것을 좋아한다. 이런 역할이 더 좋은 세상을 만든다고 생각하기 때문에 목적의식을 갖는다. 예를 들면, 선생님이 교실에 안 계실 때 반

아이들을 조용히 시키거나, 프린트물을 나눠주는 것과 같은 일들을 좋아한다.

항상 올바르게 행동하려고 노력하는 완벽주의자들에게도 삶은 힘들 수 있다. 그래서 이 아이들은 때로 지나치게 심각해 보이거나 실제보다 더 나이 들어 보일 수 있다. 1유형 아이들은 다른 사람들을 비판하는 만큼 자신에게도 비판적이고 심지어 더 엄격할 수 있다는 것을 이해해야 한다.

1유형 아이의 긍정적 특성

어른과 마찬가지로 아이들도 건강하고 이완되어 있을수록 각 유형의 타고난 재능을 더 많이 나타낸다. 편안하고 행복한 아이는 스트레스가 많고 불행한 아이보다 자신의 긍정적인 특성을 더 잘 표현한다.

책임감이 있다 : 삶을 진지하게 받아들이며 책임감 있고 성실하다. 고양이에게 먹이를 주든, 숙제를 하든 모든 일들을 책임감 있게 해낸다. 무엇이든 믿고 맡길 수 있다.

최선을 다한다 : 1유형 아이들은 최고가 되기를 원한다. 3유형은 남을 이겨야 직성이 풀리는데 반해 1유형은 그저 모든 일에 최선을 다한다. 자신이 선택했든 혹은 누가 맡겼든 간에 최선을 다하고, 열심히 노력하고, 시간을 투자한다. 대체로 1유형 아이들은 학교에서 돌아오면 밖에 나가 놀기 전에 숙제를 먼저 한다. 보상은 노력한 자만이 받을 수 있다고 생각한다.

시간을 잘 지킨다 : 1유형 아이들은 시간을 잘 지키는 것을 좋아한다. 늦으면 스트레스를 받기 때문에 아이를 어딘가 데려다 줄 때 시간을 맞춰가는 것이 중요하다.

공평하다 : 1유형 아이들은 자신뿐 아니라 다른 사람들도 공평하게 대우받지 못하는 것을 견디지 못한다. 만약 그런 대우를 받는다면, 다른 아이들 심지어 부모나 선생님에게도 심하게 저항할 수 있다. 1유형 아이들은 과자 한 봉지도 공평하게 나누어 먹으려고 애쓴다. 귀한 것도 기꺼이 나누는 사람이 되려 한다.

정직하다 : 진실을 말하려고 노력한다. 그들의 말은 신뢰할 수 있다. 때때로 진실을 말하는 것이 고자질이 되기도 하므로 다른 아이들에게 핀잔을 들을 때도 있다.

끈기가 있다 : 친구들이 이미 오래전에 포기했더라도 1유형 아이들은 과제를 완성하기 위해 끝까지 노력한다.

정리 정돈을 잘한다 : 대체로 모든 것이 제자리에 있는 깔끔한 상태를 좋아한다. 어떤 아이들은 장난감이나 인형을 일정한 순서로 정렬시키는 것에 집착하기도 한다. 정리 정돈을 제대로 안 하는 형제와 같은 방을 쓰는 것이 스트레스가 될 수 있다.

규칙을 잘 지킨다 : 1유형 아이들은 놀이 시간이나 TV 시청 제한 시간을 지키려 노력한다. 친구들과 놀 때도 규칙을 지키려고 한다. 올바르게 행동하려는 1유형 아이들은 다른 사람이 기대하는 대로 예의 바르게 행동하려는 경향이 있다.

1유형 아이의 도전과제

어른들과 마찬가지로 아이들도 긍정적인 특성이 극단적인 반대의 모습으로 나타나기도 한다. 이러한 잠재적 함정을 이해하고 아이와 함께 노력한다면 아이가 건강한 방향으로 나아가게끔 도와줄 수 있다. 다음에 제시된 부정적인 특성이 1유형 아이에게 모두 나타나지 않을지 모른다. 그러나 이런 경향이 나타날 수 있다는 것을 아는 것은 아이가 스트레스 상황에 대처할 때 유용하다.

고자질한다 : 1유형 아이에게는 진실이 중요하기 때문에 고자질하는 경향이 있다. 물론 다른 아이들이 별로 좋아하지 않을 수 있다. 어울려 노는 아이들의 생각이 같지 않으면 화를 내면서 고지식하고 냉담하게 대하기도 한다.

잘난척한다 : 1유형 아이는 다른 아이들보다 더 올바르게 행동한다고 믿기 때문에 높은 도덕적 기준으로 다른 아이들을 가르치려 든다. 가끔은 부모가 올바르게 행동하지 않는다고 생각하고 부모도 가르치려 든다.

비판을 싫어한다 : 1유형 아이를 동급생이나 형제들 앞에 불러내 야단치는 것은 좋은 훈육 방법이 아니다. 옳은 일을 해야 한다고 입버릇처럼 말하다가 남 앞에서 틀렸다는 말을 들으면 수치심을 크게 느낀다.

비난이나 책임을 받아들이지 않으려 한다 : 일이 잘못되었을 때 비난을 받아들이지 못한다. 완벽주의적인 1유형 아이들은 자신이 잘못했다는 것을 인정하려 하지 않는다. 언제나 올바르게 행동해야 한다는 강박관념 때문에 다른 아이들에게 잘못을 떠넘기려고 할 수 있다. "내가 때린 것은 맞지만, 걔가 먼저 게임의 규칙을 어겼어요.", "쟤가 부정행위를 해서 내가 그렇게 말한 거예요.", "저 친구가 먼저 내 기차를 가져가 버렸기 때문에 일부러 망가뜨린 거예요."라고 말할 수 있다.

통제하려 든다 : 친구들에게 독선적인 행동이나 강한 주장을 보인다. 문제는 다른 아이들, 특히 8유형 아이들은 그런 주장을 잘 듣지 않는다는 것이다. 이런 상황에서 1유형 아이들은 최선을 다해 도우려 했던 아이와 적이 되기도 한다.

너그럽지 못하다 : 1유형 아이들은 모래성을 쌓든, 공놀이하든 올바른 방법을 자신만 알고 있다고 생각한다. 그래서 다른 아이들을 '개선'하거나 프로젝트를 '개선'하기 위해서 자신이 꼭 필요하다고 믿는다. 다른 아이들이 제시하는 접근법이나 처리 방법을 쉽게 받아들이려 하지 않는다.

식성이 까다롭다 : 1유형 아이들은 좋아하는 것과 싫어하는 것이 분명하다. 일상생활에서 보이는 편협함은 음식 선택에도 나타난다. "나는 묽은 소스는 싫어요.", "아이스크림 위에 견과류 뿌려져 있는 것은 안 먹어요." 까탈스러운 아이의 부모로서 아이의 기호를 존중하는 것과 욕망대로 살게 하는 것 사이에서 균형을 잡아야 한다.

사춘기 1유형

사춘기는 성인으로 독립하고 싶은 욕구와 어린 시절의 안락함으로 돌아가고 싶은 욕구가 충돌하기 때문에 유형을 막론하고 힘든 시기다. 예상치 못한 발기, 여드름, 급격한 성장, 월경, 갑작스러운 충동으로 인해 당황스러운 상황이 자주 생긴다. 특히 사춘기 아이들에게는 충동을 억누르고 육체를 조절하는 것이 불가능한 일처럼 느껴질 수 있다. 사춘기 1유형에게는 신체가 부끄럽거나 실망스러운 대상이 되기도 한다. 일부 1유형은 극단적인 섭식장애로 결함 있다고 생각하는 신체를 바로잡으려 할 수도 있다.

도덕적이고 올바르게 살려고 노력하는 사춘기 1유형은 반항기 있는 유형들의 표적이 될 수 있다. '좋은' 아이와 '나쁜' 아이가 뒤엉킨 집단 속에서 또래들과 어울리고 싶어 하지만, 스스로의 규칙을 지키려 하므로 쉽지 않을 수 있다. 1유형은 거절에 익숙하지 않기 때문에 일반적인 사회적 요구(특정 형태의 외모, 몸매, 옷차림)에 인내심을 가지고 따르려고 노력하면서도 자신의 신념과 맞지 않는다고 생각할 수 있다. 정해진 귀가 시간이나 화장이나 피어싱 금지 같은 부모가 정한 규율을 지키다 보면 또래 집단에서 소외당하기도 한다. 이럴 때 사춘기 1유형은 어려움을 겪는다. SNS는 이러한 혼란을 증폭시킨다.

사춘기 1유형은 거리낌 없이 태평하게 행동하는 형제자매나 친구를 싫어할 수 있고, 부모조차도 규칙을 따르지 않는 것처럼 보이면 분노를 느끼기도 한다. "너는 아직 어려서 술 마시면 안 돼."라고 하면서 매일 저녁 식사와 함께 반주를 곁들이는 부모에게 반항심을 느낄지도 모른다. 분노의 호르몬이 쌓이면 빈정거리며 쏘아붙일 수 있다. 그러고는 이내 반성과 자책이 휩싸인다. 자기비판은 부모를 향한 날카로운 비판으로 바뀌기도 한다. "도대체 왜 나를 이 모양으로 키웠냐구요!"

1유형 아이의 강점 끌어내기

부모 유형과 관계없이 1유형 아이들이 건강하게 자랄 수 있도록 도와주는 몇 가지 방법이 있다. 부모가 다음 내용들을 잘 실천하면 아이들은 더 건강하고 행복하게 성장할 것이다.

수용력을 가르쳐라 : 세상과 다른 사람들이 쉽게 고쳐지거나 바로잡을 수 있는 대상이 아니라는 것을 이해하도록 도와주어라. 1유형 아이들에게 서로 다른 것은 잘못된 것이 아니며, 자신이 모든 답을 가지고 있는 것은 아니라는 점을 이해시켜라.

노는 것도 중요하다는 것을 알게 하라 : 편안하게 마음먹고, 긴장을 풀고, 흘러가는 대로 맡기고, 결과를 내야 한다는 강박관념을 버리는 것이 스트레스를 줄이는 방법이다. 아이에게도 걱정을 내려놓고, 유머를 즐기고, 즐겁게 지내는 것이 궁극적으로 좋다는 것을 알게 하라.

지나친 책임을 주지 마라 : 아이에게 항상 규칙 집행자가 될 필요는 없으며 보호자나 부모의 역할을 하지 않아도 된다는 것을 알려주어라.

유연성을 가지게 하라 : 세상에는 흑백이 분명한 것도 있지만, 애매모호한 회색지대도 있다는 것을 이해할 수 있게 도와주어라. 회색도 하나의 색깔이다.

긍정적인 시각을 가질 수 있도록 도와라 : 나쁘고 잘못된 것, 고칠 것에 집착하기보다 좋은 것, 옳은 것, 발전적인 것에 초점을 맞출 수 있도록 도와라.

완벽해야 한다는 생각에서 벗어나게 하라 : 실패는 성공으로 가는 과정이지 재앙이 아니다. 절반 정도만 성공할 수 있는 과제를 주어 완벽해야 한다는 강박에서 벗어날 수 있는 기회를 제공하는 것도 방법이다. "성공하지 못했어도 새로운 것을 시도했다는 것만으로도 매우 기뻐!"라고 기꺼이 자주 표현하라. 시도하는 것 자체가 이미 성공이다.

자신과 타인에 대한 연민과 사랑을 가지게 하라 : 부모가 스스로와 타인에게 연민이나 사랑을 보여주고 아이도 그런 마음을 가지게 하라. 또 자신을 비판적으로 보기보다 있는 그대로 받아들이게 하라. 아이들은 있는 그대로 사랑받을 가치가 있다. 자신을 인정하고 사랑해야 남들에게도 따뜻하다.

4장
2유형 조력가

2유형의 부모 : 보살피며 칭찬해주는 부모

개요

　건강한 2유형의 부모는 따뜻하게 보살펴 주고, 사랑해 주고, 베푸는 사람이다. 아이를 위해서 흔쾌히 자신의 시간, 에너지, 자원을 내준다. 지지해 주고, 칭찬해주며, 아이가 원하는 것이 무엇이든 공감해 준다. 2유형은 자신과 타인에 대한 사랑으로 가득 차 있다.

　2유형의 부모는 아이의 어려운 숙제나 프로젝트를 돕기 위한 시간을 기꺼이 마련한다. 가족이 우선이기 때문이다. 2유형들은 모든 에니어그램 유형 중 가장 인간 중심적이기 때문에 아이와의 놀이 약속을 잘 지킨다.

　학교에서 자원봉사자가 필요할 때 2유형의 부모는 망설임 없이 신청한다. 건강한 2유형 부모는 아이의 말을 잘 받아들이고, 아이를 긍정적으로 보고 더 잘할 수 있도록 격려한다. 아이가 실패하거나 실수했을 때도 금방 용서한다.

　2유형은 아이들을 따뜻한 사랑의 품으로 감싸는 전형적인 어머니형이다. 사랑이 충만해서 아이의 친구들에게도 진심을 다한다. 가정적으로 혹은 물질적으로 어려운 아이들이 있다면 모금 활동이라도 할 것이다. 다른 아이들도 부모가 2유형 같은 부모이기를 원한다. 언제 아이를 칭찬하고 언제 스스로의 길을 찾도록 허용해야 하는지 잘 알기 때문에 난해한 수학 문제를 가르쳐주거나 보드게임을 할 때도 참을성 있게 대한다.

2유형 부모는 아이와 잘 놀아주기 때문에 그렇지 못하는 다른 엄마들의 원망을 유발할 수 있다. 2유형의 부모는 '사랑은 도움이 되는 행동을 해 줄 때 얻는 것'이라고 믿는다. 그래서 속으로는 아이의 행동을 인정하기 어렵더라도 아이의 고통을 해결해주기 위해 참고 노력한다.

이들은 자신의 아이뿐 아니라 다른 사람과도 깊은 관계를 맺고 싶어 한다. 하지만 스트레스를 받으면 성격 특성의 어두운 측면이 나타나기 시작한다. 지나치게 소유하려 하고, 준 만큼 되돌려 받으려는 보상심리가 생겨서 속으로는 좋아하지도 않으면서 다른 사람에게 관심, 선물 등을 주고는 보답이 없다고 투덜댈 수 있다.

2유형 부모가 아이에게 원하는 것

2유형의 부모는 아이가 관대하고, 사려 깊고, 잘 도와주고, 세심하게 배려하기를 바란다. 이들은 '꼬마 도우미'를 원한다.

2유형 부모의 강점

모든 유형은 건강하고 이완될 때 타고난 재능을 나눌 수 있다. 2유형 부모의 강점은 다음과 같다.

칭찬을 잘 한다 : 2유형 부모들은 아이에게 칭찬을 아주 많이 한다. 내 아이만큼 멋지고 대단한 아이는 없다고 생각한다. 이런 행동은 아이에게 힘이

된다. 특히 아이가 수줍거나 자신감이 부족할 경우 매우 긍정적인 영향을 준다.

잘 들어준다 : 2유형의 부모들은 아이의 말을 잘 들어주고, 공감 어린 의견을 제시해 준다. 이런 태도는 아이들이 성인이 되어서 조언을 구할 때도 큰 의지가 된다.

관계를 중요시 한다 : 이들에게는 관계가 매우 중요해서 부모 자식 간의 좋은 관계를 가치 있게 여긴다. 자신이 사랑받고 싶은 만큼 아이에게 사랑을 쏟아붓는다.

아이를 최우선에 둔다 : 아이를 위해 많은 것을 희생한다. 아이가 참여하는 학교 행사에 빠지는 일이 거의 없고, 아이가 학예회에서 나무 역할로 서 있기만 해도 제일 앞자리에서 박수를 쳐 준다.

사려 깊다 : 사랑하는 사람들이 무엇을 필요로 하는지 생각한다. "우리 아이가 제일 좋아하는 음식이 뭐지?", "아이가 시험을 마치고 오면 피곤할텐데 따뜻한 목욕물을 받아주어야겠다." 이들은 다른 사람들과 함께 협력하는 일에서도 기꺼이 더 많은 일을 맡는다. 부모가 다른 사람들을 돕고 보살피기 때문에 아이들도 그런 사려 깊은 행동을 배우게 된다.

사회성이 뛰어나다 : 일반적으로 사람들과 함께 있는 것을 즐긴다. 그래서 다른 부모들과 아이들 놀이 약속을 잡고, 다른 부모들과 즐겁게 어울리는 것을 좋아한다. 자신의 집을 기쁜 마음으로 동네 아이들의 놀이터로 내준다.

독립심을 가르쳐 준다 : 2유형은 자신이 원하면 행동하는 유형이기 때문에 아이들에게 독립적이고 능력 있는 사람이 되는 법을 잘 가르쳐 줄 수 있다.

2유형이 더 좋은 부모가 되는 방법

만약 당신이 2유형이라면 위의 설명에 공감하는 부분이 많았을 것이다. 또한 마음에 들지 않거나 불편한 부분도 있을 것이다. 후자라면 자아 인식이 떨어져 있거나, 스트레스를 받고 있거나, 긴장된 상태라는 징표다. 이럴 때 2유형의 이상적인 특성들이 오히려 반대의 모습으로 드러날 수 있다. 이것을 깨닫는다면 더 건강해질 수 있다.

아래 제시된 것들을 실천하려 노력하면 더 좋은 부모가 될 수 있다. 현재도 충분할 수 있지만 알아두면 도움이 될 것이다.

지나칠 정도로 칭찬하지 마라 : 칭찬은 좋은 것이지만 지나치면 아첨 같고 진정성이 없어 보인다. 아이들도 이를 알고 2유형 부모의 칭찬을 불신할 수 있다. 아이는 "내가 하는 모든 일이 그렇게 놀랍다면 내가 천재야?"라고 비아냥거릴 수 있다. 잘못하면 칭찬으로 타인을 조종하려는 것으로 보일 수 있다. "내가 아이에게 칭찬을 많이 해주면, 아이가 별로 좋아하지 않는 발레 수업을 계속 듣겠지?" 아이의 성취를 자신의 것으로 누리기 위한 용도로 칭찬을 남발하지 말라.

받기 위해서 주려고 할 때를 조심하라 : 2유형들은 스트레스 받을수록 대가를 원하기 시작하며 사랑에 조건을 붙인다. "내가 너를 위해 그렇게 노력했는데, 나를 겨우 이렇게 대한단 말이야?" 또 2유형들은 "사회적 사다리를 오르기 위해" 아이들을 이용할 수 있다. "노아가 주말에 시간을 같이 보낼 친구가 필요하면 우리 유리를 데려가면 어때요? 우리 유리가 호텔 수영장에 가면 아주 좋아할 거예요." 기부 나눔 행사에 케이크를 한 개 가져오라고 하면 세 개를 가져가서 교사들과 다른 부모들에게 인정받는 도구로 사용할 수도 있다.

내가 없으면 안 된다는 교만에 빠지지 마라 : 아이가 어릴 때는 부모가 없으면 안 될 때도 있다. 하지만 아이가 크면서 부모가 낳아주었다는 이유만으로 사사건건 억압하고 통제하는 것을 원하지 않는다.

사랑은 구걸하는 것이 아님을 깨달아라 : 건강한 2유형은 아무런 조건 없이 사랑을 주고 배려하지만 스트레스를 받으면 무언가를 해주어야 사랑을 받을 수 있다는 잘못된 신념에 빠지기도 한다. 부모가 아이를 위해 하는 행동들이 신체적 혹은 정신적 보상이나 대가를 요구하는 것처럼 보여 아이가 왜곡된 메시지를 받을 수 있다. "엄마가 나를 사랑하는 이유는 내가 공부를 잘하기 때문이야."

구원자가 되려 하지 마라 : 부모로서 아이가 어려운 상황을 경험하는 것을 지켜보는 일은 고통스럽다. 하지만 아이를 지나치게 보호하면 아이는 자립하지 못하고 인생의 고난에 대처하는 방법을 찾지 못한다. 그 결과 아이들이 언제나 부모에게 의존하게 된다. 아이들이 도전과제를 피하지 않도록 격려하고 실패하더라도 과정을 기꺼이 인정해 주어라.

내려놓는 법을 배우라 : 2유형 부모는 아이를 소유하려는 경향이 있는데, 아이가 성장하면서 자신의 삶을 개척하려 할 때 문제가 될 수 있다. 아이는 숨 막혀 하면서 부모가 자신의 인생에 간섭한다고 느끼게 된다. 아이가 부모에게 너무 의존하게 되면 건강하지 않은 상호관계로 이어질 수 있다. 아이들 스스로 삶의 전투를 직접 치르게 두라.

자신만의 관심사를 개발하라 : 삶 전체를 아이나 배우자에 관한 것으로 채우려는 함정에 빠지지 않도록 조심하라. 그저 함께 있기 위해서 관심이 있는 척 꾸미지 마라. "아들에게 자전거를 선물했는데, 아이가 자전거를 타러 나가고 혼자 있으면 외롭더라고. 그래서 2인승 자전거를 사서 같이 타자고 했더니 아이가 자전거 타기를 포기했어." 자신만의 관심사, 운동, 취미를 개발하라. 항상 같이 있어야만 좋은 관계가 아니다.

혼자 있는 시간을 즐기는 법을 배워라 : 사람들을 좋아하기 때문에 사람들과 함께 있는 것을 즐긴다. 지나칠 정도로 혼자 있는 시간을 견디지 못할 수도 있다. 그저 소리를 위해 TV를 틀어 놓거나, 자신을 없어서는 안 될 존재로 만들어 다른 사람이 자신과 시간을 보낼 수밖에 없도록 조종할 수 있다. 2유형 부모는 아이들이 자신을 의지할 때 안도감을 느낀다. 혼자 있는 것을 힘들어 하기에 아이가 집을 떠나는 것을 두려워한다.

조언하려 하지 말고 그저 경청하라 : 잘 듣는다는 것은 충고를 덜 하는 것이다. 특히 아이가 나이가 들면서 답을 스스로 찾아야 한다는 것을 명심하라. 자신의 의견을 제시하기 전에 "이 문제의 최선의 방법이 뭐 같아?"라고 묻고 아이의 의견을 먼저 듣는 것이 좋다. 이렇게 하면 아이가 자신의 직관과 행위에 대한 자신감을 기르는 데 도움이 된다. 혹시 의견을 제시해야 하는 경우라도 먼저 허락을 구하라. "이 문제에 대해 떠오르는 생각이 있는데 말해도 될까?"

뒷담화하지 마라 : 다른 사람에 대해 알고 있는 비밀을 "너만 알아!", "희원이 큰일났어. 어떻게 도와주면 좋을까?" 등과 같이 퍼뜨리지 마라. 이런 뒷

담화는 '도움을 준다'는 착각에서 비롯된 잘못된 친밀감이다. 나누는 것이 언제나 좋은 일은 아니라는 것을 기억하라.

경계를 설정하라 : 2유형 부모는 아이의 사랑을 잃게 될까봐 제멋대로 구는 아이를 통제하지 않고 지나치게 관대한 경향이 있다. 아이와의 관계에서 경계가 불분명해지면 아이가 안정감을 느끼기 어려울 수 있다. 지나친 관용은 사랑이 아니다. 경계를 설정한다고 해서 아이가 부모를 덜 사랑하는 것이 아님을 기억하라. 경계를 설정하지 않으면 아이에게 이용당하고 있다는 느낌을 가질 수도 있다.

자기 것은 스스로 채우라 : "나 신경 쓰지 말고 가서 놀아. 나 혼자 청소/육아/집안일/일을 다 할 테니까!"라고 할 때 상대의 기분을 생각해 보라. 첫 번째 문장은 도움을 주는 것 같지만, 두 번째 문장은 죄책감을 준다. 순교자가 되지 마라. 자신의 가치를 인식하라.

2유형의 예시

고전동화 『백설공주』:
- 백설공주는 난쟁이들을 돌보며, 따뜻하고, 친절하게 배려한다.

아드만 애니메이션 사의 애니메이션 『치킨 런』:
- 진저는 로키를 도와주면서 다른 닭들이 치킨파이가 되는 것을 막아주고 싶어 한다.

JM Barrie의 책 『피터팬』:
- 웬디 달링은 피터의 "엄마"가 되어 피터와 길 잃은 아이들을 돌본다.

Shel Silverstein의 책 『아낌없이 주는 나무』:
- 나무는 자신의 모든 것을 소년에게 바친다.

Roger Hargreaves의 책 『EQ의 천재들』시리즈:
- 도움양, 언제나 도움이 되고자 한다.
- 포옹양, 모두를 안아주고 싶어한다.
- 발렌타인양, 모두에게 사랑과 우정을 준다.

2유형의 아이 : 꼬마 도우미

개요

2유형의 아이들은 부모나 다른 사람들을 기쁘게 해주고 싶어 한다. 이들은 사회적 상호작용을 즐기며, 친구 집을 방문하거나 여럿이 함께 놀기 좋아한다. 이 아이들은 혼자 있는 것을 좋아하지 않는다. 주변에 아무도 없다면 '꼬마 도우미' 역할을 어떻게 수행하겠는가? 2유형의 아이들은 다른 사람들에게 자신이 필요하길 바라기 때문에 선생님의 말씀을 잘 듣고, 친구에게 친절하고, 형제자매를 보살펴 주는 역할을 맡으려 한다. 1유형 아이들이 자신이 중요하다고 느껴지는 과제를 맡는 것을 좋아한다면 2유형 아이들은 도움을 요청 받고 자신이 필요한 존재라고 느껴지는 것을 좋아한다. 도움을 줄 수 있을 때 사랑받고 있다고 느낀다. 어려서도 감자를 몇 개 골라오라거나 쿠키 반죽을 섞어 달라고 하면 목표 의식을 가지고 돕는다.

2유형 아이들은 인정을 바라기 때문에 누군가에게 도움이 되고 싶어 한다. 그러나 대가를 바라고 있는 경우가 많은데, 이 사실을 인정하기 어려워한다. "내 단짝 친구가 되면 내 인형을 너에게 줄게." 이들은 친구들도 보호자처럼 돌보고 참견하려 하므로 사회적 불안감이 있는 아이들과 좋은 친구가 될 수 있다.

2유형 아이들은 도움을 주되 많은 것을 요구하지 않으면 인정받고 보상받게 된다고 믿는다. 이들은 요구하는 것은 좋은 행동이 아니며 이기적이라고까지 생각하는 경향이 있다. 자신이 좋아하는 대로 행동하면 처벌받을 수 있고, 다른 사람들을 기쁘게 해주어야 보상받는다고 믿는다. 이들은 다른 아이들처럼 자기가 좋아하는 일만 하지 않고 남을 배려하는데 자부심을 갖는다. 그래서 자신이 더 우월하고 더 많은 사랑을 받는다고 믿는다. 사랑은 도움을 주는 대가로 얻어지는 것이라고 생각한다.

이들은 존재 자체로 사랑받지 못한다고 생각한다. 그래서 다른 사람의 환심을 사고 사랑받기 위해 친절하게 행동하려 한다. 다른 아이들이나 부모가 친절하다고 칭찬해주지 않으면 혼란을 느끼고 거절당했다는 느낌이 든다. "내가 뭘 어떻게 더 해줘야 해?!"라며 실망감을 드러내기도 한다. 특히 형제자매와의 관계에서 더 어려울 수 있다. "내 동생은 아무것도 안 하는데 엄마는 동생을 더 좋아해."

2유형의 아이들은 사람들에게 집착하는 경향이 있다. 친구들과의 관계에 필사적으로 매달리고 도움을 주면서 마음대로 조종하려고 할 수 있다.

흥미롭게도 인생의 달콤함을 찾는 2유형들은 달콤한 것을 좋아하는 경우가 많은데 달콤한 간식이나 음식으로 자신을 위로하려 한다. 성적본능의 2유형은 (본능동기는 40~43쪽 참조) 애교를 떨거나 귀여운 목소리로 말하는데 익숙할 수 있다. 이들은 '아빠의 작은 공주'가 되어서 부모와 친구들의 마음을 파고들려 한다.

2유형 아이가 예쁨을 못 받거나, 거절당하거나, 배신당했다고 느끼면 긴장지점인(37쪽 참조) 8유형 아이처럼 행동하는 경우가 있다. 소리치고, 비난하고, 한때 친구였던 '적'에게 복수할 계획을 세운다. 그러나 숨어있는 분노에 대해 말해주면 "내가? 화났다고?"라며 충격받을 수 있다. 이들은 숨어있는 분노를 인정하지 않기 때문에 자신에게 유리한 것만 받아들이려 한다. "아니! 나는 개 얼굴에 모래를 던지지 않았어. 내 손에 모래가 있었는데 바람이 분 거야."

2유형 아이의 긍정적 특성

어른과 마찬가지로 아이들도 건강하고 이완되어 있을수록 각 유형의 타고난 재능을 더 많이 나타낸다. 편안하고 행복한 아이는 스트레스가 많고 불행한 아이보다 자신의 긍정적인 특성을 더 잘 표현한다.

도움을 준다 : 2유형 어른과 마찬가지로, 2유형 아이는 모두에게 도움이 되려한다. 전학 온 아이에게 친절하게 대하고, 주방일을 도우며 '작은 도우미' 역할을 자처한다.

표현을 잘한다 : 매우 다정하고 표현을 잘한다. 2유형 아이를 양육할 때 중요한 것은 아이가 원하면 언제든지 포옹해 주어야 한다는 것이다. 남들도 자기처럼 잘 표현하는 줄 알기 때문에 그렇게 해주지 않으면 거절당한 것으로 느낄 수 있다.

사교적이다 : 다른 사람들과 함께 있는 것을 좋아하고 혼자 있는 것은 별로 좋아하지 않는다. 이들에게는 학교나 스포츠 경기에서 좋은 성과를 거두는 것보다 특별한 친구와 함께하는 것이 훨씬 더 중요할 수 있다. 이들은 다른 아이들에게도 보호자 노릇을 하려 한다.

외향적이고 행복하다 : 7유형과 9유형처럼, 2유형은 쾌활하고 낙천적이며 긍정적인 삶의 태도를 보이는 경우가 많다.

다른 사람들을 지지해 준다 : 남을 보살펴 주고 배려하는 따뜻한 마음을 가졌다. 다른 사람들이 자기를 좋아해 주길 바라기 때문에 다른 사람들도 지지해 준다.

관대하다 : 친구에게 간식이나 장난감을 기쁜 마음으로 나눠준다. 이렇게 행동하는 것이 가치 있다고 느끼기 때문이다. 이들은 자신의 관대함을 자랑스럽게 여긴다.

공감 능력이 뛰어나다 : 다른 아이들이 작은 물고기를 잡는 일에 흠뻑 빠져있을 때, 2유형 아이들은 이 물고기가 엄마와 다시 만날 수 있도록 놓아주자고 강하게 주장할지 모른다. 어릴 때부터 2유형 아이들은 친구, 가족, 동물에게 진심 어린 공감을 보인다.

2유형 아이의 도전과제

어른들과 마찬가지로 아이들도 긍정적인 특성이 극단적인 반대의 모습으로 나타나기도 한다. 이러한 잠재적 함정을 이해하고 아이와 함께 노력한다면 아이가 건강한 방향으로 나아가게끔 도와줄 수 있다. 다음에 제시된 부정적인 특성이 2유형 아이에게 모두 나타나지 않을지 모른다. 그러나 이런 경향이 나타날 수 있다는 것을 아는 것은 아이가 스트레스 상황에 대처할 때 유용하다.

자신의 욕구를 억누른다 : 2유형 아이들은 없어서는 안 될 필요한 존재가 되고 싶어 한다. 그래서 남을 도와주는 것을 자랑스럽게 여기지만 정작 자신이 필요로 하는 것은 무시하려 한다. 자신에게 이익이 되는 모든 것들을 이기적이고 '나쁜 것'이라고 생각할 수 있다. 이들은 친절하게 보이고 싶은 욕구 때문에 원하는 것을 하지 못하고 좌절감을 느끼기도 한다. 이럴 때 나타나는 자연스러운 복수심, 질투심과 같은 감정을 억누르다 보면 때로 가식적으로 보일 수 있다.

소유욕이 강하다 : 부모, 형제자매, 친구에 대해 소유욕이 매우 강할 수 있다. 사람들이 자신 외의 다른 사람에게 관심이나 애정을 보이면 좋아하지 않는다.

다른 사람들을 기쁘게 하려고 비위를 맞춘다 : 칭찬받으려고 다른 사람이 듣고 싶은 말을 해서 가끔 진정성 없어 보이기도 한다. "그 옷 잘 어울리네!", "헤어스타일 좋다.", "내가 제일 좋아하는 친구는 너야!" 같은 인사치레를 이용한다. 2유형 아이들은 정보를 전달하는 과정에서 사실과 달라도 상대방이 듣기 원하는 말을 해 줄 수 있다. 마찬가지로 부모가 싸울 때 2유형 아이가 중립을 지키는 것은 불가능하다. 2유형 아이는 양측 모두를 지지해 주고 싶어 하는데 잘못하면 이중 배신으로 비칠 수 있다.

다른 사람의 소문을 퍼트린다 : 2유형 아이들은 비밀을 교환하는 것이 더 끈끈한 우정을 만드는 방법이라는 것을 빠르게 배운다. "사라가 아무한테도 말하지 말라고 했거든. 그렇지만 너는 특별한 친구니까…"라고 말하며 상대의 환심을 사려 할 수 있다.

권위적이다 : 1유형과 마찬가지로, 2유형은 (특히 1유형 날개를 가진 경우 '날개'는 35쪽 참조) 친구들 사이에서 우두머리 행세를 하고 원하는 결과를 얻기 위해 친구들을 통제하고 조종하려 할 수 있다.

사춘기 2유형

사춘기 2유형들은 모든 사람이 행복한지 확인하고, 타인의 상처를 보듬어주며, 누가 누구를 좋아한다는 등의 정보를 제공하는 경우가 많다. 이들은 사람들의 속마음을 아는 것을 좋아하며 우정을 중시한다. 비밀을 털어놓을 수 있는 가까운 친구의 역할을 자처하지만 그 비밀을 지킨다고 보장 할 수는 없다. 다른 사람과 '친밀함'을 유지하기 위해 비밀을 이용하기도 한다.

이들은 사람들이 자신을 의지하게 만들려고 집단 역학을 휘저어 놓기도 한다. "난 미애가 너무 걱정돼. 미애는 형태를 좋아하는데 형태는 관심이 없어. 만약 내가 형태의 마음을 바꿔 놓을 수 있다면 미애는 내가 얼마나 좋은 친구인지 알게 될 텐데…."라며 남을 걱정하는척 하지만 사실은 사람들이 자신을 좋아하도록 만들려는 전략일 수 있다. 사춘기 2유형들은 거절을 받아들이지 않는다. "실제로는 나하고 사귀고 싶으면서 괜히 비싼 척하는 거야."라고 애써 부정할 수 있다.

2유형은 친구들의 보호자 노릇을 하려고 해서 선을 넘는 경우가 있다. 그들은 인정을 얻기 위해 추파를 던지기도 하고, 친구 관계를 유지하기 위해 아첨하기도 한다. 사춘기 2유형들은 더 많은 '사랑'을 받기 위해 건강하지 않은 관계에 쉽게 빠져들 수 있다. 심지어 그 과정에서 성적인 행위까지 할 수 있다. 이들의 순수한 표현이 다른 사람들에게는 유혹으로 오인되어 원치 않는 성적 접근을 당할 수도 있다. 사춘기 2유형들은 상대방이 "싫다"고 해도 실제로는 "좋아"라는 뜻으로 해석하고 혼자 만족할 수도 있다.

공통점을 찾기 위해 친구나 애인 등 가까운 사람들의 관심사를 추측하는 경향이 있다. "우리가 가진 공통점을 봐. 우리는 천생연분이 틀림없어." 거절당하면 자신은 사랑받을 가치가 없다는 신념이 강화된다. 친구 관계가 안 좋아지면 오히려 애꿎은 부모에게 화풀이를 할 수도 있다. "엄마는 날 진심으로 사랑한 적이 없어!"

2유형 아이의 강점 끌어내기

부모 유형과 관계없이 2유형 아이들이 건강하게 자랄 수 있도록 도와주는 몇 가지 방법이 있다. 부모가 다음 내용들을 잘 실천하면 아이들은 더 건강하고 행복하게 성장할 것이다.

받는 것도 주는 것만큼 중요하다는 것을 알게 하라 : 2유형들은 받는 것을 어려워하기 때문에 다른 사람들이 느끼는 주는 기쁨을 방해하기도 한다. 도움 주는 것에서 얻는 만족을 다른 사람들도 누려야 한다는 것을 이해하도록 도와라. 기꺼이 받고 행복하게 즐기는 것도 배려의 방법이라는 것을 알게 하라.

자신의 요구가 무엇인지 질문하게 하라 : 다른 사람을 돌보는 것은 자신을 돌보는 데서 시작된다는 것을 이해시켜라. 자신의 컵이 가득 차 있을 때만이 다른 사람들에게 조건 없이 줄 수 있다. 관계와 상관없이 자신이 진정으로 원하는 것들을 찾아보게 하라. 필요한 것을 가지고 싶어 하는 것은 죄가 아니라 인간 경험의 일부라는 것을 이해할 수 있도록 도와라.

진심을 표현하도록 권하라 : 자신의 필요와 욕구를 희생시키는 대가로 다른 사람들의 애정과 관심을 받을 필요는 없다. 부모나 다른 사람을 위해서가 아니라 자신을 위해 무엇을 하고 싶은지 매일 질문하게 권하라.

가끔은 홀로 있는 시간을 통해 자신과 친해지도록 도와라 : 창의적인 활동을 하고, 자연을 탐색하고, 재미있는 프로젝트를 하면서 혼자만의 시간을 보내도록 격려하라.

경계를 가르쳐라 : 사람간의 경계가 있다는 것을 이해 시켜라. 자신의 경계를 지키고, 다른 사람의 경계를 존중할 필요가 있다는 것을 가르쳐라.

조건 없는 사랑을 보여줘라 : 사랑은 얻어내는 것이 아니며 존재 자체만으로도 받을 권리가 있다는 것을 경험하게 할 필요가 있다. 무조건적인 사랑을 보여주고, 태어나줘서 감사하다는 것을 자주 표현하라. 아무런 도움을 주지 않을 때도 안아줘라.

5장
3유형 성취자

3유형 부모 : 진취적인 성취 지향 부모

> 개요

건강한 3유형은 눈부시게 멋진 부모 유형 중의 하나다. 이들은 매우 조직적이고 열정적이며 유쾌하고 실용적이다. 또한 의욕적으로 활동하는 아이를 지원할 수 있는 열정도 지니고 있다. 매사에 성취 지향적이어서 목표를 정하고 이루는 것을 즐긴다. 자신이나 아이를 위해 항상 최선을 다하려 하고, 세상에 얼마나 의미 있게 이바지하는가로 자신의 존재 가치를 평가한다.

3유형 부모들은 행복해지려면 반드시 성공해야 한다고 생각한다. 대체로 자신의 분야에서 성공한 사람들이 많은데 아이 역시 성공적인 삶을 살기를 원한다. 이들은 아이들이 최고의 자리에 오를 수 있도록 돕는 것을 부모의 존재 이유로 생각한다. 자신들이 열심히 노력한 결과 어느 정도 확고한 위치에 오른 것처럼 아이들 역시 비슷한 방식으로 살아가기를 원한다. 이러한 이유로 음악, 미술, 수영, 영어 등등 아이들의 방과 후 활동을 적극적으로 지원한다. 또한 아이들이 두각을 나타낼 수 있는 분야라면 무엇이든 가리지 않고 후원한다. "우리 아이는 바이올린에 천재성이 있다."라며 주변 사람들에게 자랑해서 아이를 당황스럽게 할 수도 있다.

과업 지향적인 3유형 부모들은 프로젝트를 수행할 때 효율성을 중시한다. 이들은 아이가 어려운 과제를 수행할 때 더욱 효율적으로 하기를 바란다. 또한 효율성을 추구하는 자신들의 과제 해결방식이 아이들에게 본보기가 되기를 원한다. 타고난 치어리더형인 3유형 부모는 아이가 축구를 하다 골을 넣으면 운동장이 떠나가라 환호하면서 적극적으로 격려한다. 3유형은 감정중심에 속하지만 흥분하지 않으려고 노력한다는 점에서 정서적으로는 냉정한 편이다. 직장이나 모임에서 상처가 되는 말을 들어도 당황하지 않고 침착하게 대처하며 감정을 표현하기보다는 속으로 삭이는 편이다.

3유형 부모들은 바쁜 일과 중에도 여건만 허락되면 아이를 위한 추가 활동에 기쁜 마음으로 참여한다. 학교 발전기금을 모금하는 행사에서 케이크 만드는 역할을 맡았는데 시간이 없다면 돈을 주고라도 케이크를 산다(물론 집에서 만든 것처럼 약간 손을 볼 것이다). 3유형 부모들은 자신감이 넘치고 주변에 있는 누구와도 쉽고 편안하게 대화한다. 이들은 카멜레온처럼 직장이나 동호회 모임에서 상황에 맞게 변화 할 수 있다. 이런 적응력은 자신이 바라는 이상적인 모습을 닮기 위한 노력이다. 이들의 선택지에 '실패'라는 단어는 없다. 따라서 이들은 야망이 부족한 사람, 자기 일을 깔끔하게 마무리하지 못하는 사람, 핵심 개념을 금방 이해하지 못하는 사람들을 만나면 힘들어한다.

3유형들은 종종 자기 삶이 거짓이고 제대로 살고 있지 못하는 것 같다고 고백한다. 이 말은 세 권의 베스트셀러를 쓴 유명 작가가 글쓰기 능력이 떨어진다고 자책하는 것과 유사하다. 겉은 빛나고 화려하지만 속은 텅 비어 공허하다고 느끼기도 한다.

3유형의 부모들은 가정보다는 일을 더 중요하게 생각한다. 가정에서는 주로 부양자의 역할에 머무르는 경우가 많다. 3유형의 부모들은 타인에게 자신의 존재를 드러낼 수 없는 일, 즉 혼자서 하는 일은 별로 좋아하지 않는다. 그보다는 성과를 타인에게 잘 드러낼 수 있는 조직 생활을 선호한다. 물론 성공한 유튜버나 온라인 사업가는 예외다.

3유형 부모가 아이에게 원하는 것

3유형 부모는 아이가 부모의 기대를 충족시키면서 완벽한 외모나 신체 조건으로 친구들의 인기를 한 몸에 받기를 바란다. 이들은 "꼬마 슈퍼스타"를 원한다.

3유형 부모의 강점

모든 유형은 건강하고 이완될 때 타고난 재능을 나눌 수 있다. 3유형 부모의 강점은 다음과 같다.

조직력이 뛰어나다 : 일을 매끄럽게 처리하는 방법을 잘 알고 업무 처리와 과외 활동을 동시에 수행할 수 있는 멀티플레이어다. 아이들도 부모가 모금 행사를 위해 빵을 굽거나 학교 프로젝트를 추진하면 얼마나 일을 깔끔하게 잘 처리하는지 안다. 또한 약속 시간을 철저하게 지키고 원하는 일은 반드시 성취한다는 것도 잘 알고 있다.

팀 플레이어이다 : 온 가족이 함께 즐길 수 있는 멋진 휴가를 위해 돈을 모으거나, 가족이 시간을 함께 보내기 위해 해야 하는 잡다한 일들을 마다하지 않는다.

타고난 동기 부여자이다 : 아이가 과제에 대한 열정이 부족하면 그 과제를 완수해서 성취감을 맛볼 수 있도록 여러 가지 도움을 주고 격려한다. 자신이 맡은 분야에서 최고의 전문가가 되기를 원했고 또 그것을 성취하였기에 아이들 역시 그렇게 살도록 지원한다.

활기차고 열정적이다 : 기쁨과 헌신으로 맡은 일을 잘 처리하고, 아이들에게는 어떤 일도 성공할 수 있다는 확신을 심어준다.

실제적인 방법을 안내한다 : 지나치게 감정적이지 않아서 아이가 어떤 어려운 일을 당해도 잘 처리할 수 있도록 능숙하게 돕는다. 설사 문제가 생기더라도 효과적으로 해결한다.

적응력이 뛰어나다 : 아이들에게 새로운 상황에 잘 적응하고 새로운 사람들을 잘 사귀도록 가르친다. 이러한 유연성은 부모와 아이 모두에게 도움이 된다.

매력이 넘친다 : 3유형 부모들은 무대에서나, 프레젠테이션 때나, 업무를 처리할 때나 뛰어난 사회성을 발휘한다. 사람들을 열광시키는 방법을 잘 안다. 주변 사람들은 이들이 지닌 스타일, 매력, 외모, 취향 등에 푹 빠진다. 아이들이 자랑스러워할 만한 멋진 부모 유형이다.

3유형이 더 좋은 부모가 되는 방법

만약 당신이 3유형이라면 위의 설명에 공감하는 부분이 많았을 것이다. 또한 마음에 들지 않거나 불편한 부분도 있을 것이다. 후자라면 자아 인식이 떨어져 있거나, 스트레스를 받고 있거나, 긴장된 상태라는 징표다. 이럴 때 3유형의 이상적인 특성들이 오히려 반대의 모습으로 드러날 수 있다. 이것을 깨닫는다면 더 건강해질 수 있다.

아래 제시된 것들을 실천하려 노력하면 더 좋은 부모가 될 수 있다. 현재도 충분할 수 있지만 알아두면 도움이 될 것이다.

너무 몰아붙이지 마라 : 3유형 부모는 자신과 다른 방식으로 일을 처리하는 아이들에게 "그따위 태도로 어떻게 성공할 수 있겠어?"와 같은 말을 하기도 한다. 아이들은 부모와 같은 방식의 성공을 갈망하지 않을 수 있기 때문에 당황스러울 수 있다. 부모가 세워준 목표와 아이가 스스로 세운 목표를 혼동하지 마라.

또한 아이들이 지나치게 바쁜 일정과 너무 많은 과외 활동으로 부담을 느끼지 않게 해야 한다. 만약에 아이들이 과외 활동에서 즐거움보다 부담을 더 느낀다면 이러한 활동을 더 이상 요구해서는 안 된다. 수영장을 싫어하면 절대로 훌륭한 수영 선수가 될 수 없다.

실패가 두려워 아이의 도전을 막지 마라 : 부모는 아이의 거울이다. 아이들은 종종 부모의 행동을 따라 한다. 그러므로 아이 앞에서 실패에 대해서 지나치게 고민하는 모습이나 성공을 과장해서 말하는 모습을 보이지 않도록 조심해야 한다. 3유형의 부모들은 종종 자신의 실패를 다른 사람의 탓으로 돌리거나 감추기도 한다. 이런 부모 때문에 실패에 대한 두려움이 커진다면 아이들은 성공할 확률이 떨어지는 일은 시도조차 하지 않게 될 것이다.

좀 더 인내하라 : 3유형의 부모는 아이가 성공하기를 원한다. 이 때문에 아이가 학습 내용을 파악하거나 과제를 해결할 때 어려움을 겪으면 조급해 하

거나 짜증을 내기도 한다. 이럴 때는 아이의 또래에 비해 너무 높은 기대를 하는 것은 아닌지 점검해야 한다. 과제를 포기하지 않고 반드시 마무리하기를 원하는 조바심도 주의해야 한다. 일부 3유형 부모 중에는 아이가 어려움을 겪는 과정을 시간 낭비로 착각하기도 한다.

일중독에 빠지지 마라 : 3유형 부모들은 성공에 대한 욕망이 강하기 때문에 아이보다 일이 더 중요하다는 생각을 갖지 않게끔 주의해야 한다. 회사는 당신이 없어도 잘 돌아가지만, 아이는 당신이 없으면 잘 자랄 수 없다. 아이들이 부모를 돈 벌어오는 기계로 인식하지 않도록 조심해야 한다.

외면만을 강조하지 말라 : 외모와 성공도 중요하지만, 내면의 세계를 간과해서는 안 된다. 아이들의 마음가짐을 가꾸는 것은 중요한 일이다. 아이가 외적으로는 매력적이지만 내적으로는 감정을 억누르는 공허한 사람이 되는 것을 경계해야 한다. 가장 중요한 것은 사람 그 자체이다.

아이를 홍보 대상으로 삼지 마라 : 대체로 3유형 부모들은 아이가 최고의 학교에 진학하기를 원한다. 그래서 업적이나 상품을 홍보하는 것처럼 아이를 홍보하려 한다. 그런데 잘못된 기대감을 심어줬다가 실체가 드러나면 크게 실망하거나 망신당할 수 있다. 만약에 아이는 수학을 못 하는데 남에게 수학에 탁월하다고 자랑한다면 불쌍한 아이는 힘들고 불편한 삶을 살게 될 것이다.

진실하라 : 3유형 부모들은 아이가 남들에게 멋지게 보이기를 원한다. 이 때문에 겉으로 드러난 아이의 취약점이나 실패 등을 솔직하게 인정하지 않고 얼버무리기도 한다. 아이들은 부모의 이런 모습을 보면서 점차 부모를 신뢰하지 않고 자기혐오에 빠질 수 있다.

3유형의 예시

Roald Dahl의 책 『마틸다』:
- 선생님의 귀염둥이인 마틸다는 "사실이라 보이엔 믿기 어려울 만큼" 많은 업적을 남겼다.

DR. Seuss의 책 『Gertrude McFuzz』:
- 거투르드는 외모에 대한 허영심을 품고 있다.

Roger Hargreaves의 책 『EQ의 천재들』:
- 멋져 양은 가장 아름다운 것을 즐긴다.
- 공주 양은 왕실의 물건과 상류층을 좋아한다.
- 자랑 군은 멋진 곳에 살면서 자랑하는 것을 즐긴다.
- 반짝 군은 사람들 사이에서 춤추고 빛나는 것을 좋아한다.

3유형의 아이 : 꼬마 슈퍼스타

개요

활력이 넘치는 3유형 아이들은 주인공인 동시에 '꼬마 슈퍼스타'다. 이들은 학교 연극, 과제, 체육 활동 외에도 자신들을 드러낼 수 있는 활동이라면 그 어떤 것도 마다하지 않고 참여한다. 이런 활동들을 통해 반짝반짝 빛나고 싶어 한다. 부모가 3유형인 아이에 대해서 "내 딸은 학생회장을 했고 태권도 검은 띠이며 대학을 최우등으로 졸업했어. 그 외에도 너무 많은 것을 해냈지."라고 자랑스럽게 말할 수 있다. 얼핏 들으면 경쟁 상대가 없는 엄친딸 같지만, 사실 남들보다 앞서 달리기 위해 죽을힘을 다하고 있는지도 모른다.

3유형 아이들은 '존재'보다 '성취'를 더 중요하게 생각한다. 성취가 가치를 올려준다고 믿는다. "내가 가치 있는 존재가 되기 위해서는 무엇인가를 성취하거나 만들어야 한다." "나 자신만으로는 부족하다." "나는 칭찬 받을 때 사랑받는 느낌이 든다." 등과 같은 말들을 자주 한다.

3유형의 아이들은 종종 자신의 관심 분야와 상관없이 부모가 관심을 가지는 분야에서 성공하기를 원한다. 예를 들면, 자신은 피아노 연주를 좋아하는데 부모가 스포츠 활동을 좋아하면 스포츠 활동에 관심을 보이면서 적극적으로 참여하고 좋은 결과를 내려 한다. 그러다가 정말로 하고 싶었던 일은 아련한 추억 속에만 남고 원하지 않는 일에 매달려 사는 처량한 어른이 되기도 한다.

3유형 아이들은 바쁜 활동이나 프로젝트를 즐긴다. 자신이 인정받을 수 있는 유일한 길이라고 생각하기 때문이다. 3유형 아이들은 2유형 아이들과 마찬가지로 교사나 부모에게 인정받기 위해 모범생처럼 행동한다. 착한 행동을 하면 보상받을 수 있다고 생각한다. 특히 교사나 부모가 "네가 정말 자랑스럽다."고 칭찬하고 인정해주는 것을 즐긴다. 이러한 일들이 반복되면 지나치게 최선을 다해서 소진될 수 있다. 결국 완전히 탈진한 상태로 며칠 동안 꼼짝도 하지 않거나 아무 일도 하지 않으려는 상황이 발생한다.

3유형 아이들은 관심의 중심에 있고 싶어 한다. 따라서 자신이 출연하는 연극 무대에 부모나 친구들을 기꺼이 초대한다. 이들은 자신을 빛낼 기회를 끊임없이 찾는 존재다.

3유형 아이의 긍정적 특성

어른과 마찬가지로 아이들도 건강하고 이완되어 있을수록 각 유형의 타고난 재능을 더 많이 나타낸다. 편안하고 행복한 아이는 스트레스가 많고 불행한 아이보다 자신의 긍정적인 특성을 더 잘 표현한다.

조직력이 뛰어나다 : 조직력이 탁월하다. 맡겨진 프로젝트를 주어진 시간 내에 문제없이 완성한다.

다양한 분야에 흥미를 보인다 : 자신을 계발하기 위해 끊임없이 노력하며 다양한 분야에 흥미를 보인다. 이들은 수영에서부터 그림에 이르기까지 여러 분야에서 성취를 이루어낸다.

자신감이 넘친다 : 말과 행동을 할 때 매사에 자신감이 넘친다. 좋아하지 않는 상황에 억지로 끌려 들어갔을 때조차 여러 사람의 관심이 집중되는 것을 즐긴다.

스스로 즐긴다 : 3유형의 아이들은 "나는 지루하다."라는 말은 하지 않는다. 항상 바쁘게 끊임없이 활동한다. 또한 자립심이 강해서 어려도 빨래를 직접 하기도 한다. 피곤한 부모를 기쁘게 해주기 위해 기꺼이 이런 일들을 해낸다.

적응력이 뛰어나다 : 새로운 놀이에 참여할 때, 새로운 학교에 전학을 갔을 때, 새로운 모임에 들어갔을 때 다른 유형의 아이들이 수줍게 뒤로 물러선다면 3유형 아이들은 적극적으로 친구를 사귄다. 이들에게 친구는 매우 중요한 존재다. 친구와의 우정을 위해서 말과 행동 또는 옷 입는 방식을 바꾸어야 한다면 망설이지 않고 친구들이 원하는 방식으로 신속하게 바꾼다.

실용적이다 : 실용적이고 실천 가능한 문제 해결 방안을 생각해 내고 함께 의논하는 것을 즐긴다. 이들은 비록 감정중심이지만, 과제 수행을 위해 감정을 억누를 줄 안다.

열정적이다 : 원하는 결과를 얻기 위해서는 어떤 일도 마다하지 않는다. 노는 것보다는 일을 우선하기 때문에 필요하다면 노는 시간을 줄여서 맡은 바 책임을 완수한다.

인기가 있다 : 공동체의 일원이 되는 것을 아주 중요하게 생각한다. 구성원들의 호감을 얻기 위해 최선을 다한다.

3유형 아이의 도전과제

어른들과 마찬가지로 아이들도 긍정적인 특성이 극단적인 반대의 모습으로 나타나기도 한다. 이러한 잠재적 함정을 이해하고 아이와 함께 노력한다면 아이가 건강한 방향으로 나아가게끔 도와줄 수 있다. 다음에 제시된 부정적인 특성이 3유형 아이에게 모두 나타나지 않을지 모른다. 그러나 이런 경향이 나타날 수 있다는 것을 아는 것은 아이가 스트레스 상황에 대처할 때 유용하다.

지나치게 경쟁심을 보인다 : 3유형 아이들은 경쟁에서 이기는 것을 즐긴다. 이러한 삶의 방식을 가치 있다고 생각하기 때문이다. 자신의 존재를 잘 드러낼 수 있는 스포츠 활동이나 결과가 나타나는 학습 활동에 적극적으로 참여한다. "무슨 수를 써서라도 반드시 이겨야 한다."라는 생각으로 임하기 때문에 쉽게 지치기도 한다.

지나치게 높은 목표를 설정한다 : 3유형 아이가 지닌 긍정적 특성 중의 하나가 목표를 설정하고 성취하는 것이다. 그러나 가끔은 능력에 비해 지나치게 높은 목표를 설정해서 목표 도달에 실패하는 경우가 있다. 이럴 때 3유형 아이들은 자신을 가치 없는 존재로 인식하여 몹시 슬퍼하거나 기가 죽기도 한다.

주의력이 부족하다 : 목표를 꼭 이루어야 한다는 조급증이 있다. 목표에 빨리 도달하기 위해서 과제를 성급하게 제출하며 마무리를 잘 못하기도 한다. 이것이 실패의 원인이 되기도 한다. 과제를 최초로 제출한 영광은 얻지만, 철저하게 점검하지 않았기에 오자와 탈자, 비문 등으로 감점당하는 수모를 겪기도 한다.

거만해 보일 수 있다 : 자신을 계발하고 발전시키기 위해 끊임없이 노력한다. 그러나 이러한 특성은 가끔 친구를 사귈 때 방해가 된다. "나는 이번 시험에서 100점을 받았어. 너는 몇 점이니?"와 같은 대화는 친구들의 오해를 살 수 있다. 높은 점수를 받았다고 자랑하면 친구들에게는 거만하게 보일 수 있기 때문이다.

외모에 지나치게 신경을 쓴다 : 3유형 아이들은 외모보다 내면이 더 중요하다는 것을 알아야 한다. 이들은 명품 운동화를 사고 싶어 하고, 최신 유행하는 패션 브랜드를 입지 못하거나 유행하는 장난감을 갖지 못할 때 기분이 상한다. 이때 부모는 아이가 진심으로 원하는 것인지 그저 유행을 따르려는 것인지 파악해야 한다. 아이가 요구하는 모든 것을 들어줄 필요는 없다는 말이다. 3유형 아이의 외모 중심적 성향은 자칫하면 외모나 사회의 지위에 따라 친구를 사귀는 것으로 나타날 수 있다.

실패를 인정하려 하지 않는다 : 사람은 누구나 실패한다. 실패는 성공에 이르는 길이다. 그러나 3유형의 아이들은 실패를 인정하려 하지 않는다. 때론 실패 자체를 부인하거나 그 원인을 부모나 친구의 탓으로 돌리기도 한다.

진정한 친구를 사귀기가 쉽지 않다 : 친구를 사귈 때 우정보다 필요성을 선택의 기준으로 삼기도 한다. 자신을 꽁꽁 감싸고 있는 보호막을 풀고 원래의 모습(성공한 사람이라는 대외적 이미지와는 상반되는 모습)을 친구에게 보여주었다면 엄청난 진전이다. 3유형 아이들에게 친구 관계의 단절은 큰 상처가 된다.

진정한 욕구를 억누른다 : 3유형 아이들은 9유형 아이들과 마찬가지로 친구의 호의를 얻기 위해 자신의 욕구를 억누르면서 주변 사람들을 기쁘게 하려 한다.

감정을 혼자 처리한다 : 3유형의 아이들은 어떤 나쁜 말에도 흔들리지 않는다. 어떤 상황이든 감정에 휘둘리면 안 된다고 생각하기 때문이다. 예를 들면, 3유형 아이는 친구들의 놀림을 받을 때 겉으로는 멀쩡한 것처럼 보이지만 혼자 있을 때 울음을 터트릴 수 있다.

사춘기 3유형

사춘기 3유형은 학급 회장, 팀장, 토론 책임자, 연극부장처럼 다른 사람들에게 성공한 모습을 보일 수 있는 위치에서 존재감을 드러낸다. 사춘기 3유형은 마음속으로는 경쟁에서 이기기를 원하면서도 친구들에게는 승리를 갈망하는 본모습을 보여주지 않고 은밀히 목표를 이룬다(본능 동기는 40~43쪽 참조). 대부분의 사춘기 3유형은 공개적으로 업적을 인정받을 기회를 얻고 싶어 한다. 만약 성공하지 못하면, 성공을 가능하게 하는 권력자와 애인이 되거나 친구라도 되려고 할 것이다. 원하는 목표를 이루지 못했거나 친구가 그 자리를 차지하고 있을 때 반전을 꿈꾼다.

사춘기 3유형들과 관계를 잘 형성하려면 창의적이면서 목표가 분명한 일들을 함께 해보자. 예를 들면, 휴가지에서 할 일을 정하거나, 흥미로운 주제로 토의하거나, 같이 마트에 가서 물건을 사 오거나, 장애물을 넘는 경기를 하거나, 함께 서바이벌 게임 하는 등 결과가 분명한 것들이 좋다.

어떤 사춘기 3유형은 이성에게 잘 보이기 위해 축구팀 주장이나 10대 모델 제안을 받아들일 수도 있다. 반면, 어떤 아이들은 목표 달성에 방해가 된다며 모든 제안을 거절할지도 모른다. 이들의 마음 깊은 곳에는 다른 사람과 가까워지는 것에 대한 두려움이 있다. 따라서 나중에 거절당하는 굴욕을 겪느니 미리 거절하려고 할 때도 많다.

3유형 아이의 강점 끌어내기

부모 유형과 관계없이 3유형 아이들이 건강하게 자랄 수 있도록 도와주는 몇 가지 방법이 있다. 부모가 다음 내용들을 잘 실천하면 아이들은 더 건강하고 행복하게 성장할 것이다.

무엇이 중요한지 질문하라 : 칭찬을 받기 위해 자신이 가치 있다고 여기는 것들을 무시하려는 경향이 강하다. 이럴 때 아이의 선택을 판단하거나 비판하지 말고 일단 수용해야 한다. 그리고 아이의 진심이 무엇인지 알아가기 위해 천천히 질문해 보라.

마땅히 받을 만한 칭찬은 하되 지나친 칭찬은 삼가라 : 3유형 아이에게 무엇을 잘해서가 아니라 존재 자체로 사랑한다고 말해주어라. 지나친 칭찬은 3유형 아이의 기분을 안 좋게 할 수 있다. 3유형 아이를 키우는 부모의 이 말을 꼭 기억하자. "저는 3유형인 우리 아이가 어렸을 때 지나칠 정도로 칭찬했어요. 우리 아이가 성인이 되어서 나에게 이렇게 말하더군요. '능력에 비해 지나치게 칭찬 받은 것이 도움이 될 때도 있었지만, 대부분은 그렇지 않았다'라고요."

평가받지 않는 안전한 공간을 만들어 주어라 : 감정을 편안하게 표현할 수 있는 기회를 자주 만들어 주어라.

실패는 성공을 위한 필수 과정이라는 것을 가르쳐라 : 3유형 아이에게는 '도전이 곧 성공'이라는 것을 알려주어야 한다. 도전을 위해서는 용기가 필요하다. 도전하면서 겪었던 좌절이나 실패가 성공에 어떤 도움이 되는지 이야기해 주는 것도 좋은 방법이다. 진정한 배움은 시행착오를 겪는 과정에서 얻어지는 것이지 원하는 순간 바로 얻을 수 있는 것이 아니라는 것을 가르쳐 주어라.

현실을 깨닫게 하라 : 외적인 이미지는 오래 가지 못한다는 것을 알게 해야 한다. 현실을 직시하고 진실하게 행동하도록 가르쳐라.

비경쟁적인 활동을 권장하라 : 빵을 굽거나, 꽃을 가꾸는 등의 비경쟁적 활동에 참여시켜라. 상대를 이겨야 하는 경쟁 상황보다는 창의적인 과정을 통해 성취감을 느끼게 하라.

있는 그대로를 즐기게 하라 : 3유형 아이가 열심히 노력했다면 결과에 상관없이 공감하고 격려하라. 진정한 달인이 되려면 일의 노예가 아닌 일을 즐기는 사람이 되어야 한다는 것을 알려주어야 한다.

자존감을 높여 주어라 : 외적인 성공도 중요하지만 내면의 자아를 믿어야 진정한 성취를 이룰 수 있다는 것을 가르쳐야 한다. 진정한 승리는 외적인 성공을 좇는 것이 아닌 자신과 타인을 배려해야 이룰 수 있다.

자신을 위한 이상을 가지게 하라 : 자신이 가진 많은 재능을 더 좋은 세상, 더 살기 좋은 세상을 만들기 위해 어떻게 사용하고 싶은지 스스로 질문하게 하라.

사랑한다는 것을 자주 알려 주어라 : 3유형 아이를 둔 부모는 사랑한다는 말을 자주 해야 한다. "네가 어떤 일을 하든, 무엇을 이루든 또 어떤 사람이든 우리는 너를 사랑한다!"라고 자주 말해주어라. 그래서 아이가 사랑받기 위해 억지로 노력할 필요가 없다는 믿음을 심어주어야 한다.

6장
4유형 예술가

4유형의 부모 : 자기성찰적인 개인주의자 부모

개요

    4유형은 환상적인 부모가 될 수 있는 많은 특성이 있다. 이들은 창의적이며 공감하고, 배려하고, 품위 있고, 표현력이 풍부한 부모다. 자기성찰적이며 감정을 잘 살피고, 아이도 똑같이 되도록 격려한다. 또 아이의 감정에 민감하다. 별다른 말 없이도 아이의 내면에서 무슨 일이 일어나고 있는지 직감할 수 있다. '엄마랑 아이'의 관계가 아닌 아이와 동등한 일대일 관계를 즐긴다.

    4유형 부모들은 창의력, 상상력, 그리고 예술적 감성을 권장한다. 자신의 관심사를 아이와 공유하며 즐기는 것을 좋아한다. 자신의 개성을 표현하고 싶어 하고 아이도 그러길 바란다. 독특한 개성을 표현하기 위해 자신의 이미지를 탐구하고 어떻게 드러낼지 안다. 지루하고 평범한 것은 통하지 않는다! 아이들의 독특한 자기 표현법도 기꺼이 허용한다.

    4유형은 감정중심이다. 이들은 감정을 내면화하고, 감정에 집중하고, 감정을 곱씹는데 많은 시간을 보낸다. 4유형은 우울감을 통해 감정을 심화시키기 때문에 아이가 지나칠 정도로 행복해 보이면 가볍다고 얕잡아 보거나 일부러 행복한 척한다고 의심하기도 한다. 이들은 과거에 초점을 맞추고 과거의 경험을 토대로 현재를 산다.

4유형은 다른 사람을 부러워하고 종종 삶이 무의미하다고 느낀다. "왜 다른 사람들은 더 행복해 보이고, 더 좋은 관계를 유지하고, 더 성공하고, 더 나은 자녀들을 가졌지?" 이들은 갖지 못했다고 느끼는 것을 갈망한다.

또 자유로운 표현에 가치를 두기 때문에, 세상이 자신을 '틀'에 가두고 개성을 지우려 한다고 느낀다.

4유형 부모가 아이에게 원하는 것

4유형 부모는 아이가 세심하고, 예술적이고, 창의적이며, 감정을 깊이 있게 이해하기를 바란다. 이들은 '꼬마 예술가'를 원한다.

4유형 부모의 강점

모든 유형은 건강하고 이완될 때 타고난 재능을 나눌 수 있다. 4유형 부모의 강점은 다음과 같다.

아이의 요구에 세심하게 반응한다 : 직관적이고, 공감력이 풍부한 4유형 부모는 아이들의 기분을 재빠르게 파악한다. 아이는 보살핌과 인정을 받는 느낌을 갖는다. 이들은 아이의 슬픔이나 감정적 고통에 깊이 공감할 수 있다.

창의적이다 : 창의적인 것을 즐기기 때문에 아이들에게도 같은 자유를 허락한다. 아이들과 창의적인 프로젝트를 같이한다면 좋은 결과를 낼 수 있을 것이다.

예술을 즐긴다 : 4유형 부모는 세련되고 아름다운 것들을 사랑하기 때문에 예술 애호가다. 이들은 아이가 시를 쓰든, 그림을 그리든, 악기를 연주하든 아이의 자기표현을 진심으로 즐긴다.

몰두한다 : 건강할 때 4유형 부모는 부모 역할에 온 마음을 다한다. 많은 경우 부모와의 관계가 좋지 않았기 때문에 아이들과의 관계에서 그 경험을 반복하고 싶어 하지 않는다.

독창성을 중요시한다 : 4유형 부모는 아이들의 독창적이고 개성있는 자기 표현을 장려한다. 다른 유형의 부모들이 순응하기를 바랄 때 4유형 부모는 그 반대다. 이런 부모의 성격은 창의적인 아이들에게 선물과 같다.

진실하고 정서가 풍부하다 : 자신을 잘 알고 자신의 감정을 잘 다스리는 4유형 부모는 아이들에게 여유를 준다. 이러한 부모는 자신에게 진실하고 아이들도 정직할 수 있도록 용기를 준다. 이들은 자신뿐 아니라 아이에게도 연민을 보여준다.

회복시키는 힘이 있다: 이완된 4유형 부모는 아이들이 어려운 일도 즐겁게 도전하도록 영감을 준다. 가장 고통스러운 순간에도 영적 성장이 있다는 것을 알고 있다. 잿더미에서도 불사조처럼 되살아날 수 있다.

4유형이 더 좋은 부모가 되는 방법

만약 당신이 4유형이라면 위의 설명에 공감하는 부분이 많았을 것이다. 또한 마음에 들지 않거나 불편한 부분도 있을 것이다. 후자라면 자아 인식이 떨어져 있거나, 스트레스를 받고 있거나, 긴장된 상태라는 징표다. 이럴 때 4유형의 이상적인 특성들이 오히려 반대의 모습으로 드러날 수 있다. 이것을 깨닫는다면 더 건강해질 수 있다.

아래 제시된 것들을 실천하려 노력하면 더 좋은 부모가 될 수 있다. 현재도 충분할 수 있지만 알아두면 도움이 될 것이다.

자기중심적으로 행동하지 말라 : 우울해지면 지나치게 자기중심적이 될 수 있다. 욕구를 조절하기 힘들어지면 아이를 돌보는 것조차 압박감으로 느껴질 수 있다. 이런 때는 감정에 빠지는 시간을 줄여야 한다. 몸을 움직이고 행동하라. 관심을 밖으로 돌리면 치유될 수 있다.

지나치게 예민해지지 마라 : 이들은 쉽게 상처받는다. 상대가 일부러 상처를 주려는 것도 아닌 데 상처받는다. 예를 들어, 아이가 아무 생각 없이 친구와 나가 놀겠다고 해도 4유형 부모는 아이가 자신을 거부하는 것이라고 느낄 수 있다.

아이의 '평범함'을 응원하라 : 평범한 것은 지루하다고 생각하고 좋아하지 않는다. 4유형 부모는 아이가 '특별'하길 바라며 친구들이 하는 대로 따라가면 깊이나 독창성이 부족하다고 생각한다. 아이들은 의도치 않게 부모의 감수성을 따라가지 못해서 부모보다 부족하다고 느낄 수 있다.

질투심이 많다는 것을 기억하라 : 다른 사람들이 아이들을 더 잘 키운다고 느끼거나 다른 가족의 부모·자식 관계가 더 낫다고 느낄 수 있다. 이들은 가진 것보다 못 가진 것에 초점을 맞추어 이상 속의 관계를 갈망한다. 그러나 세상 사람들은 대부분 비슷한 문제로 비슷하게 고민하고, 비슷한 일로 비슷하게 행복하다.

지나치게 극적일 수 있다는 것을 알라 : 건강하지 못한 4유형 부모는 극도로 긴장할 수 있으며 말도 안 되는 이야기를 꾸며 낼 수 있다. 공주/왕자처럼 행동하면서 관심을 끌려고 하기도 한다. 이러면 아이들은 부모의 강한 감정에 압도되거나 부모와 비교하여 보잘것없다고 느낄 수 있다.

변덕스럽게 굴지 마라 : 4유형 부모는 어떤 날은 아이들을 지나칠 정도로 끼고 돌다가 어떤 날은 밀쳐낸다. 아이의 같은 행동에 대해 이상적이라고 했다가 갑자기 평가절하하기도 한다. 이러한 반응은 부모와 일관적인 관계를 원하는 아이에게 엄청난 혼란을 준다.

독특함에 대한 욕구가 고상한 척하는 것처럼 보일 수 있음을 인식하라 : 이들은 자신들의 감수성과 취향이 고급스럽다고 생각하며 다른 이들보다 우월하다고 믿는다. 특별해지고 싶은 부모의 욕망은 아이에게 전이되기도 한다. 이렇게 되면 아이는 친구들 사이에서 오만한 엘리트주의자로 취급받을 수 있다. "누가 걔와 친구가 되고 싶겠어? 걔는 정말 특이해."

격렬한 감정을 아이들에게 떠넘기지 마라 : 아이들에게 자신의 기분을 진심으로 얘기하는 것은 좋다. 하지만 아이들이 그 감정에 압도당하지 않도록 해야 한다. 감정을 쏟아내고 물러서면 아이에게 똑같이 하라고 은연중에 가르치는 것임을 명심하라.

4유형의 예시

LM Montgomery의 책 『빨간 머리 앤』:
- 앤 셜리는 상상력이 풍부하고, 섬세하고, 친절하고, 사려 깊고 자신이 다른 아이들과 다르다고 느낀다.

Disney의 애니메이션 『릴로 & 스티치』:
- 릴로는 나이보다 어른스럽고 괴짜 같은 면이 있어 친구들로부터 외면당한다.

Pixar의 애니메이션 『라따뚜이』:
- 레미는 짓밟혔다는 기분을 느끼며 거부당한 아웃사이라는 생각을 한다.

Disney의 애니메이션 『아리스토캣』:
- 아름답고 고상한 어미 고양이 더치스는 음악을 사랑하며 아이들에게 노래와 피아노 연주를 가르친다.

Roger Hargreaves의 책 『EQ의 천재들』:
- 부끄럼 양은 너무 부끄러워서 집 밖으로 나갈 용기가 없다.

4유형의 아이 : 꼬마 예술가

개요

　4유형 아이는 창의적이고 섬세하고 극적이다. 자신의 느낌과 감정을 과장되고 장황하게 설명한다. 이 감정을 귀담아들어 주지 않으면 화를 낼 수 있다. 부모가 4유형이 아니라면 4유형 아이가 지나치게 감정적이라고 느껴지기도 한다. "왜 저렇게 화를 내는 거야? 별일 아닌데."라며 아이를 이해하기 어려워 할 수 있다. 그러나 4유형이 가슴으로 세상을 받아들인다는 것을 알면 이해하기 쉬워진다.

　4유형 아이는 종종 외톨이 같다고 느낀다. 엄마나 아빠, 형제자매와는 전혀 다른 존재로 느껴진다. 이 가정에 잘못 태어난 것은 아닌가 하는 소외감에 빠지기도 한다. 자신에게 본질적인 결함이 있다고 느끼기 때문에 부끄러워할 수 있다. 독특하고 특별해져서 이를 극복하려 한다.

　"내가 어떻게 이런 무례하고 거친 가족의 일원이야? 내 진짜 가족은 다른 데서 살고 있을지도 몰라!"라며 방황할 수 있다. 그들은 방황에서 벗어나 사랑받는 느낌을 회복하고 싶어 한다.

　4유형 아이들은 개성을 표현할 수 있게 해주는 부모와 가장 친밀하게 애착을 형성할 것이다. 머리를 보라색으로 염색하거나, 빈티지한 옷을 입거나, 예술적인 활동에 참여하는 등 자신을 표현할 수 있을 때 창의력과 행복감이 최고조가 된다. 4유형은 프로젝트나 사람에게 열정적으로 몰입해서 다른 것을 잊어버리는 경향도 있다.

4유형은 자신을 드러내고 다른 사람들이 의미 있다고 느끼는 것을 하고 싶어 한다. 아이는 '해적처럼 입어 보면 어떨까?'라는 생각을 자주 하며 다양한 역할의 캐릭터 옷 입기 놀이를 좋아한다.

4유형 아이는 행복은 멀리 있다고 느낀다. 추억을 회상하면서 과거에 경험했던 좋은 일이나 사람들을 그리워할 수 있다. 행복이 가까이 있다는 것을 알려주기 위해서 부모나 주변 사람들이 그들을 많이 사랑하고 아껴줘야 한다. 4유형 아이에게는 안정감이 필요한데 규칙적으로 생활하는 것과 같은 평온한 환경이 특히 중요하다.

4유형 아이의 긍정적 특성

어른과 마찬가지로 아이들도 건강하고 이완되어 있을수록 각 유형의 타고난 재능을 더 많이 나타낸다. 편안하고 행복한 아이는 스트레스가 많고 불행한 아이보다 자신의 긍정적인 특성을 더 잘 표현한다.

창의적이다 : 피아노 연주든, 연극 연습이든, 블록 쌓기든 4유형 아이는 창의성을 표현할 수 있을 때 행복하다. 4유형 아이들이 창의적인 활동을 즐기고 행복해 하며 혼자 몇 시간씩 보낼 수 있다는 것은 부모에게도 축복이다.

지루해하지 않는다 : 7유형 아이들은 쉽게 지루해하지만 4유형 아이들은 지루한 상태로 있지 않으려 할 뿐 아니라 지루해하지도 않는다. 또한, 외모에 변화를 주기 위해 많은 시간을 쏟는다. 남들에게 새롭고 흥미로운 인물로 보이고 싶기 때문이다.

기분을 맞춰주고 싶어 한다 : 4유형 아이는 대개 부모나 친구의 기분을 맞춰주고 싶어 한다. 그래서 종종 수줍음을 타지만 즐거운 친구가 될 수 있다.

진실하고 개방적이다 : 진실하고 개방적으로 되기 위해 노력하며 다른 사람들도 그러길 기대한다.

동정심이 많다 : 내면의 세계를 보기 때문에 동물이나 다른 사람들에게 잘 공감하고 동정심을 발휘한다.

독창적이다 : 평범함을 비범함으로 바꾸고 싶어 한다. 따라서 모든 면에서 독창적일 수 있다. 그들은 부모에게 주는 생일 카드 한 장을 만들어도 금가루를 뿌리거나, 예쁜 꽃을 붙이는 등 그들만의 독창적인 표현력을 발휘하려 할 것이다.

세심하다 : 다른 사람들의 감정을 잘 헤아린다.

아름다움에 가치를 둔다 : 4유형 어른이 그렇듯 4유형 아이들도 아름다운 것에 반응하는 선천적인 능력을 갖추고 있다. 다른 아이는 예쁜 꽃을 지나칠 수 있지만 4유형 아이는 꽃을 감상하며 진심으로 즐긴다.

4유형 아이의 도전과제

어른들과 마찬가지로 아이들도 긍정적인 특성이 극단적인 반대의 모습으로 나타나기도 한다. 이러한 잠재적 함정을 이해하고 아이와 함께 노력한다면 아이가 건강한 방향으로 나아가게끔 도와줄 수 있다. 다음에 제시된 부정적인 특성이 4유형 아이에게 모두 나타나지 않을지 모른다. 그러나 이런 경향이 나타날 수 있다는 것을 아는 것은 아이가 스트레스 상황에 대처할 때 유용하다.

다른 아이들이 가진 것을 가지고 싶어 한다 : 자신이 원하는 장난감이나 옷을 다른 아이가 가지고 있을 때 질투한다. 아무리 좋은 것을 가지고 있어도 만족하지 않는다.

감정적이다 : 예민하기 때문에 사소한 일에 눈물을 흘리거나 변덕을 부리는 등 민감하게 반응할 수 있다. 4유형 아이의 부모는 이런 감정 기복을 이해하고 아이의 감정이 가라앉을 동안 여유를 두고 기다려야 한다. 4유형 아이는 감정적인 격변 동안 다른 사람에게 상처를 주는 말이나 행동을 할 수 있지만 곧 후회한다.

외로움을 잘 탄다 : 친구들이 자신을 오해하거나 따돌리고 있다고 느낄 수 있다. 자신을 진정으로 이해해줄 특별한 친구, 즉 단짝 친구를 찾는다.

쉽게 상처받는다 : 세심하다는 것을 달리 말하면 감정에 쉽게 빠진다는 것이다. 현재를 살면서도 과거를 소환해 감정 속에서 길을 잃을 수 있다는 의미기도 하다. 상처받으면 편안함을 느낄 수 있는 자신만의 환상의 세계로 도피하려 든다.

주관이 뚜렷하다 : 4유형은 1유형과 연결되어 있어 호불호가 분명하다(37~40쪽 참조). 아이가 다른 아이와 놀지 않겠다고 결정했다면 그러지 말라고 설득하기는 거의 불가능하다. 이런 강한 호불호는 음식이나 옷 그리고 학교생활에서도 나타난다.

감정이 신체에 나타난다 : 심리적 질병과 육체적 질병 사이의 연관성은 4유형에서 가장 확실하게 나타난다. 만약 아이가 학교 가는 것이 불편하다고 느끼면 복통과 같은 육체적 증상으로 나타날 수 있다.

수줍고 내향적이다 : 4유형 아이들이 외향적으로 행동할 때도 있지만 (특히 예술적인 활동을 할 때) 대체로 다른 유형들보다 더 수줍어하고 움츠러드는 경향이 있다. 외향적으로 행동하라고 압박한다면 눈물을 보일 수도 있다.

승부욕이 있다 : 3유형 날개가 강할수록 경쟁심이 강하다(날개는 35쪽 참조). 승부욕이 나쁜 것은 아니지만 뜻대로 되지 않으면 부정적 감정에 휩싸일 수 있다.

슬퍼지거나 우울해질 수 있다 : 낙관적인 부모는 4유형 아이가 가진 슬픔을 이해하기 어려울 수 있다. 일반적인 부모라면 아이가 더 행복하도록 노력할 것이다. 4유형 아이가 기질적으로 우울함을 가지고 있다는 것을 알면 유용하다. 아이의 여린 감성을 이해하고 인정하면 양육에 많은 도움이 된다.

관심받고 싶어 한다 : 특별하거나 다르게 보이기를 원하면서 관심을 끌 방법을 찾는다. 과장하거나, 꾸며내거나, 불평하거나, 호전적이거나, 이상한 옷을 입거나, 충격적인 행동을 해서 관심을 끌려 할 수 있다.

사춘기 4유형

사춘기 4유형은 개성을 표현할 방법을 찾는다. '나는 다른 아이들과 다르다.'고 생각하기 때문이다. 완벽한 몸을 만들기 위한 운동, 문신, 독특한 의상, 이상한 머리 스타일이나 일반적이지 않은 음악 취향 등으로 이상적인 이미지를 만들려고 노력한다. 또한 극적이고 기이한 행동을 통해 지루함에 대한 두려움을 없애려고 한다.

문을 쾅 닫는 것과 같은 극적인 반응은 상처받았거나, 부끄럽거나, 인정받지 못했을 때 일어난다. 호르몬이 폭발했을 때도 극적인 반응을 보일 수 있다. 이럴 때는 직접적으로 갈등에 반응하기보다 아이의 감정에 공감하는 것이 가장 좋다. "이게 너를 화나게 했다는 걸 잘 알겠어. 이런 감정을 느낀다는 건 고통일 거야. 이 상황을 벗어나려면 어떻게 해야 하는지 생각해 보자." 4유형은 의미 있고 특별한 취미나 활동을 좋아한다. 특별하고 독창적으로 보이기 위해 노력할 필요가 없다는 것을 알게 하라. 존재 자체로 이미 특별하고 독창적이라는 것을 알게 하는 것이 중요하다.

4유형 아이들은 부모가 자신의 감정을 깊이 이해했다는 것을 알고 싶어 한다. 아이가 무엇을 말하고 싶어 하는지 충분히 시간을 내서 들어라. 소소한 일상생활과 친구 문제를 귀담아들으면서 감정을 받아들이고 공감해 주는 것만으로도 아이와의 관계는 오랫동안 단단하게 유지될 것이다.

4유형 아이의 강점 끌어내기

부모 유형과 관계없이 4유형 아이들이 건강하게 자랄 수 있도록 도와주는 몇 가지 방법이 있다. 부모가 다음 내용들을 잘 실천하면 아이들은 더 건강하고 행복하게 성장할 것이다.

창의성을 독려하라 : 창의성은 4유형이 개성을 표현하는 방법이다. 창조적인 추진력을 억압하면 적대감과 가식적인 언행으로 이어진다. 아이들이 예술, 연극, 음악, 시, 요리, 글쓰기를 탐험하도록 해줘야 한다. 창의성을 마음껏 표현하도록 격려하라.

감정을 자유롭게 표현할 수 있도록 허락하라 : 성질을 부리며 흥분한 2살 아이와 젊은 아빠의 영상을 본 적이 있다. 아빠는 떼를 쓰는 아이 곁에서 수용적인 자세로 조용히 지켜보며 기다려 주었다. 결국 아이는 제풀에 꺾였고 분노는 눈물로 녹아내려 진정되었다. 아빠의 기다림은 아이에게 너무나 아름답고 특별한 배려의 선물이었다. 감정을 다 표현할 때까지 인내심을 가지고 기다려 주는 것은 4유형 아이를 지지해 주는 가장 좋은 방법이다.

중간중간 쉬어야 한다는 것을 이해하라 : 4유형 아이는 혼자 회복하고 재생할 시간이 필요하다. 아침에 친구들과 놀이터에서 신나게 놀 수 있지만 그 후에는 혼자만의 시간이 필요하다. 이들은 끊임없이 계속 활동하는 것을 힘들어한다.

감정의 깊이를 인정하라 : 감정을 무시하는 것은 4유형 아이를 움츠러들게 한다. 아이가 감정과 타협할 수 있는 공간과 시간을 주어라. 감정에 대해 깊이 생각하는 것은 내면의 목소리를 듣는데 도움이 된다. 아이가 격렬한 감정이나 걱정 그리고 생각을 안전하게 표현할 공간을 만들어 주어라. 선입견 없이 아이의 깊이 있는 감정을 즐기고 귀를 기울여라.

자신을 사랑하게 하라 : 아이는 이미 특별하니 특별해 보이려고 애쓸 필요가 없다는 것을 알게 도와라. '이상적인' 사람 말고 자기 자신이 되기 위해 노력하게 하라. "너는 있는 그대로 이미 특별하다."라고 자주 말해 주어라.

다른 사람을 돌보는 자연스러운 욕구를 지지하라 : 애완동물을 돌보거나, 조부모와 시간을 보내거나, 지역 사회에 봉사하는 것 등은 4유형 아이의 자존감 향상에 도움을 준다.

7장
5유형 사색가

5유형 부모 : 내향적인 관찰자 부모

개요

　5유형에게 부모가 되는 것은 어려운 도전이다. 탐색, 발견, 그리고 학습이 행복의 가장 중요한 요소들이므로 자신만의 공간과 시간, 자원을 소중하게 생각하기 때문이다. 우는 아이를 옆에 두고 일하는 것은 5유형 부모에게 고통이다. 그렇다고 해서 5유형이 훌륭한 부모가 될 수 없다는 것은 아니다. 배우자가 아이를 원할 때 "와우! 좋고말고."라고 흔쾌히 답하지 않을 뿐이다. 창의적이고 혁신적인 5유형이 아이를 갖기로 했다는 사실만으로도 아이를 위해 얼마나 많은 것을 포기할 준비가 되어 있는지 알 수 있다. 이들이 아이를 가진다면 그 아이는 새로운 것을 배우고 흥미로운 장소를 찾아가서 탐험하고 다양한 취미와 장비로 많은 실험을 할 수 있는 기회를 얻게 될 것이다.

　5유형은 조사하고, 질문하고, 배우고, 다양한 개념과 발견 사이의 접점을 연결하고 흥미로운 곳으로 여행하는 것을 즐기며 아이도 똑같이 하도록 장려한다. 에니어그램 유형 중 가장 감정을 절제하는 사색가로서, "나 지금 엄청 화가 나요!"라는 즉각적 표현보다는 "그렇게 하면 내가 화가 날 것 같아요."라는 간접적 표현을 사용한다.

"아는 것이 힘이다."라는 좌우명처럼 알면 알수록 더 안전하고 자신감이 생긴다고 믿는다. 더 많이 알수록 무지에 대한 두려움을 잠재울 수 있지만, 정보를 찾는 과정에서 몸과 마음이 힘들 수도 있다.

대부분의 부모는 아이들의 끊임없는 질문을 성가시게 생각하지만, 5유형 부모는 절대로 귀찮아하지 않는다. 얼음이 뜨는 이유, 닭이 알을 낳는 방법, 소시지가 나무에서 자라지 않는 이유 등을 알아내서 기꺼이 설명해 준다. 유아기 때는 이런 설명이 지루할 수 있지만, 아이가 고학년이 되면 빛을 발한다. 그러나 정답을 모른다는 것을 용납할 수 없어서 모른다고 인정하기보다 정답인 양 꾸며내기도 한다.

5유형은 특히 아이들의 학습을 도와주는 것을 좋아한다. 공룡 실사 모형을 만들거나 타임머신을 제작하는 것 같이 연구가 필요한 과제는 더 신난다. 그러나 아이보다 부모가 더 몰입하는 것은 조심할 필요가 있다. 아직 돌봄이 필요하고 감정적으로 부모에게 매여있는 아이들은 5유형 부모처럼 몰입할 수 없기 때문이다. 5유형의 사고방식은 독특하고 기발하다. 피상적인 잡담에는 관심이 없어서 공통 관심사가 없는 사교 모임에 참석하면 불편하고 고통스럽다.

다른 유형에게 지루하고 사소한 것들이 5유형에게는 오히려 매력적이다. 이 세상에 존재하는 모든 것들에 호기심이 많다. 하지만 누군가 애정과 관심으로 다가오면 "다가오지 마! 선 넘지 마!"라는 반응을 드러내며 은신처로 도망치려 할 것이다.

5유형 부모가 아이에게 원하는 것

5유형 부모는 아이가 독립적이고, 학구적이며, 지적이고 호기심이 많기를 바란다. 이들은 '꼬마 박사'를 원한다.

5유형 부모의 강점

모든 유형은 건강하고 이완될 때 타고난 재능을 나눌 수 있다. 5유형 부모의 강점은 다음과 같다.

과제에 능숙하다 : 아이들과 취미와 관심사를 공유하는 것을 좋아한다. 조류 관찰, 사진 촬영, 개미 농장에 대한 면밀한 기록, 중세의 성을 짓는 방법에 대한 연구 등은 아이와 유대감을 형성할 수 있는 좋은 방법이다.

인내심이 있다 : 아이에게 친절하고 참을성 있는 선생님과 같다.

관찰력이 있다 : 아이가 삶에 호기심을 갖고 탐구하고, 관심을 가지고 관찰하며, 모든 상황의 흐름을 살피고, 복잡한 문제에 대한 해결책을 찾도록 가르친다. 지식을 사랑하고 세상에 대한 호기심을 갖도록 해 준다.

영리하다 : 지적인 5유형 부모는 사물의 본질을 꿰뚫어 볼 수 있는 통찰력과 좋은 머리를 자식에게 전수해 준다. 덕분에 아이들은 다양한 분야에서 능력을 나타낸다.

아이 스스로 성장할 수 있도록 여유를 준다 : 5유형 부모는 대체로 헬리콥터 부모, 즉 아이에게 지대한 관심을 기울이며 모든 일에 관여하는 극성 부모가 아니다. 아이의 일에 간섭하지 않고 아이가 새로운 시도를 하면서 자신만의 해결책을 찾아 순조롭게 독립하도록 돕는다.

재치가 있다 : 아이들은 기발하고 독특하고 재미난 것을 좋아한다. 5유형 부모는 아이들이 좋아하는 말재간이 있고, 장난기가 많고, 엉뚱하고 썰렁한 유머로 아이들을 즐겁게 한다. 아이들은 그들이 이야기나 재미있게 읽

어주는 책을 좋아할 것이다. 이런 유머 감각은 육아의 힘들고 어려운 순간을 극복하는 데 도움이 된다. 5유형 남편을 둔 아내가 "우리 아기가 밤새워 설사해서 잠결에 기저귀를 갈아주다 이마에 변이 묻었거든요. 이런 상황에서 5유형인 제 남편이 능청스럽게 '감사하게도 우리 아기 때문에 황금 팩을 다 해보네!'라고 해서 우리 부부는 한바탕 웃었지요!"라고 말하는 것을 들은 적이 있다.

걸어 다니는 백과사전이다 : 잡학 다식한 만물박사다. 아이들은 질문에 대한 정답을 찾기 위해 구글을 검색할 필요가 없다!

5유형이 더 좋은 부모가 되는 방법

만약 당신이 5유형이라면 위의 설명에 공감하는 부분이 많았을 것이다. 또한 마음에 들지 않거나 불편한 부분도 있을 것이다. 후자라면 자아 인식이 떨어져 있거나, 스트레스를 받고 있거나, 긴장된 상태라는 징표다. 이럴 때 5유형의 이상적인 특성들이 오히려 반대의 모습으로 드러날 수 있다. 이것을 깨닫는다면 더 건강해질 수 있다.

아래 제시된 것들을 실천하려 노력하면 더 좋은 부모가 될 수 있다. 현재도 충분할 수 있지만 알아두면 도움이 될 것이다.

일에 과몰입하지 말라 : 일에 너무 몰두해서 점심 준비를 잊거나, 아이의 학교 행사를 놓치거나, 일상생활에서 해야 할 일을 잊어버릴 수 있다. "퇴근해 집에 와보니 아이들이 점심을 굶었대요. 5유형 아내가 일에 너무 몰두한 나머지 아이들에게 점심 차려주는 것을 잊었다는군요." 일정을 사전 알람으로 설정하는 것도 큰 도움이 될 수 있다. 또한 아이들을 돌보느라 자기 일을 못 할 때 짜증을 낼 수 있으며 그런 불편한 기분이 주변 사람들에게 전달되기도 한다.

아이가 말이 통하는 나이가 될 때까지 기다리지 마라 : 아이가 다양한 개념을 이해할 수 있게 되면 5유형 부모는 아이를 가르치고 상호작용하는 것을 즐긴다. 하지만 아이가 자란 후에 친밀한 관계를 갖기 위해서는 어릴 때부터 소통이 필요하다. 어릴 때는 귀찮아하다가 말이 통하는 나이가 될 때 갑자기 놀아주겠다고 하면 그때는 아이가 거부할 수도 있다. 아이와의 관계에서 부모가 투자한 시간은 정직하다.

내향적이라는 것을 알라 : 내향적인 5유형 부모는 학교 행사나 아이들 또는 다른 가족들과의 활동에서 에너지를 소모한다. 이런 사교적 만남을 싫어해도 아이에게는 사교적 활동이 필요하다는 사실을 명심해야 한다. "우리 아이들은 '어릴 때 엄마가 친구들과 우정을 쌓고 즐거운 추억을 만들 수 있는 기회를 주지 않았다'고 아쉬워했어."라고 나의 5유형 친구는 말했다. 5유형 부모는 자신의 이러한 내향성을 이해하고 움츠러들려는 자신의 욕구와 참여하려는 가족의 욕구 사이에서 타협점을 찾아야 한다. 아이들과 잘 놀아줄 수 있는 보모나 아기 돌보미를 고용하는 것도 도움이 될 수 있다.

감정에 잘 반응하라 : 머리중심(사고형) 5유형 부모는 아이들의 격렬한 감정표현에 잘 대처하지 못할 수 있다. 5유형 부모는 감정을 말로 잘 표현하지 못하거나 시간이 걸린다. 그래서 아이는 부모가 둔감하고 자신에게 관심이 없다고 느낄 수 있다. 아이들에게 얼마나 사랑하는지 말로 표현해 주고 신체접촉을 할 수 있는 신체 놀이도 자주 하라. 말과 몸은 애정을 표현하는 좋은 도구이다.

현실감각을 가져라 : 각종 청구서를 제때 내거나, 식사 준비나 기념일과 같이 일상에서 해야 할 일들을 놓칠 수 있다. 또 간단한 문제를 복잡하게 해결하려 할 수도 있다. "나는 아이의 학교 과제를 도울 때 불필요할 정도로 복잡하게 해결하거나 필요하지 않은 물건을 산다는 것을 알고 있어요. 내가 심사숙고했다는 것을 뽐내고 사람들이 내 독창성을 인정해 주길 바래서 그런다는 것을 알게 되었지요. 나는 내 아이의 과제가 다른 아이들 것보다 눈에 띄기를 원하거든요." 배우자가 배려하는 유형이라면 청소기 수리라든지 아이의 수학 숙제 지도와 같은 것들을 더 간단하고 현실적으로 할 수 있도록 도움을 줄 것이다.

우선순위를 정하라 : 현재 관심 있는 일에 집중하려는 욕구 때문에 마감 기한 내 청구서를 납부 하는 것, 아이와 더 많은 시간을 보내는 것 등의 덜 중요해 보이는 일을 잊을 수 있다. 아이나 배우자에게서 멀어지지 않기 위해서는 지적 생활이나 취미 생활, 그리고 계획한 프로젝트를 때에 따라서는 희생하거나 포기할 수 있어야 한다. 시간을 내지 않으려 하면서도 아이들이 배우자와 더 많은 시간을 보내고 친하게 지내면 상처받을 수 있다. 가족들도 보살핌과 관심을 받을 수 있도록 상황에 맞는 전략을 세워라!

아이 연령이나 성장 정도에 따른 적절한 학습이 무엇인지를 알라 : 무엇이 아이의 나이에 맞는 학습 활동인지를 생각할 필요가 있다. 어떤 5유형 부모는 "나는 아이와 공차기를 하려고 했는데 아이가 공을 넣지 못하더라고요. 아이와 노는 것은 완전히 시간 낭비였어요."라고 네 살배기 아이에 대해 말했다. 우주 생물학은 당신에게는 매혹적일 수 있지만 다섯 살 아이에게는 너무 복잡하며, 80년대의 록 밴드에 대한 당신의 애착이 아홉 살 아이에게는 악몽 같을 수도 있다. 아이들에게는 단순한 것이 더 효과적인데 세세하고 복잡한 것을 즐기는 5유형이 아이들의 학습을 돕는 일은 쉽지 않다.

권위적으로 대하지 말라 : 5유형은 특정 주제의 권위자가 되는 것을 좋아한다. 그러나 긴장 지점에 있는 권위적인 8유형(38쪽 참조)으로 이동하는 것을 조심해야 한다. 권위자가 되는 것과 권위적인 것의 차이를 구별하라. 아이의 관심사가 자신과 다르더라도 수용하고 친절하게 관심을 기울여라.

논쟁적일 수 있다는 것을 명심하라 : 5유형은 자신의 관점을 받아들이지 않는 사람들을 경멸하면서 논쟁하려 할 수 있다. 따라서 자신의 의견에 이의를 제기하는 사춘기 자녀나 다른 관점을 제안하는 배우자와 끝없는 논쟁을 할 수 있다. 자신에게 이런 점이 있다는 것을 안다면 논쟁거리가 있을 때 상대를 조롱하고 깔아뭉개기 보다는 한 걸음 물러서서 경청할 수 있을 것이다.

몰라도 괜찮다고 생각하라 : 5유형은 모든 것을 다 알고 싶어 한다. 아이가 "눈은 어떻게 만들어져요?"라고 질문하면 자세하게 대답하는 것을 좋아한다. 하지만 정답을 모르면 그 사실을 수용하는 것이 힘들 수 있다. 모든 것을 다 알 수는 없다는 것을 열린 마음으로 받아들여라. 모르는 것은 아이와 함께 답을 찾아 나갈 기회다. 잘못하면 정직하지 못한 부모로 낙인찍힐 수 있다.

육아는 특히 어려운 일이라는 것을 인정하라 : 부모가 시간과 돈을 투자하고 헌신하면서 육아의 중요한 의무와 책임을 다해야 하는 것은 당연하다. 아이들은 천성적으로 시끌벅적 야단법석이기 때문에 5유형 부모는 에너지 고갈을 경험할 수 있다. 그러면 자신을 보호하는 하나의 방법으로 아이들을 통제하며 긴장 지점인 8유형으로 이동할 수 있다(38쪽 참조). 이럴 때 효과적인 방법을 생각하라. 아이와 일대일로 상호작용하는 것이 여러 아이와 상호 작용하는 것보다 덜 부담스러울 수 있다. 부모가 아이와 반드시 무언가를 함께 해야만 놀아주는 것은 아니다. 책을 읽는 아이의 곁에서 지켜보는 것도 아이와 시간을 보내는 방법이다.

5유형의 예시

JK Rowling의 책 『해리포터』:
- 헤르미온느 그레인저는 도서관을 사랑하고, 정답을 맞춰서 선생님께 강한 인상을 남기고 싶어 하며, 다소 은둔적이고, 가능한 한 더 많은 과목을 공부하고 싶어 하는 인물이다.

Arthur Conan Doyle의 책 『셜록 홈스』:
- 셜록 홈스는 타의 추종을 불허하는 관찰력을 소유한 탐정이다.

Aardman Animations의 책 『월레스와 그로밋』:
- 월레스는 치즈를 광적으로 사랑하는 발명가이다.

Roger Hargreaves의 책 『EQ의 천재들』:
- 영리 씨는 각종 도구를 좋아하고 우수한 지능을 가지고 있다.
- 발명 양은 물건을 발명하고 안경을 썼다.
- 똑똑 양은 항상 영리한 말을 한다.
- 호기심 양은 모든 것을 알고 싶어 하고 질문을 좋아한다.

5유형 아이 : 꼬마 박사

개요

'꼬마 박사'라는 별칭에서 알 수 있듯이 호기심이 많고 지적인 5유형 아이는 학습에 관심이 많다. 5유형은 관찰하고 정보를 수집하는 것을 좋아한다. 이들은 발명가, 과학자, 엔지니어, IT 전문가들이고 이들 없이 우리가 사는 세상은 작동하지 않을지도 모른다.

5유형 아이는 사물의 작동 방식과 원리를 알고 싶어 한다. 이들은 경주용 자동차에서 공룡, 애니메이션, 바위에 이르기까지 모든 것에 엄청난 호기심을 품고 있다. 세상 모든 것을 궁금해하기 때문에 종종 괴짜 소리를 듣는다. 시대를 잘 만난 괴짜들로 빌 게이츠, 스티브 잡스, 마크 저커버그 등 최고의 지위를 차지한 수많은 IT업계 종사자들이 있다. 외향적인 부모가 보기에는 5유형 아이가 걱정스러울 수 있지만 5유형 아이는 혼자 노는 것이 즐겁다. 5유형 아이는 자신이 인정하는 범위의 인간관계에서만 상호 교류를 즐긴다. 그렇지 않으면 사회적으로 고립되는 것을 기꺼이 선택하려 한다.

5유형 아이는 사실관계를 빨리 파악하는 우등생이지만 신체적 혹은 정서적으로는 뒤처져 있을 수도 있다. 경기 기록이나 타율과 순위를 분석하는 것이 아니라면 5유형 아이는 스포츠에 관심이 없다.

이들은 상당히 괴상하거나 기발할 수 있으며, 다른 사람들의 요구나 기대에 부응하려는 욕구가 거의 없다. 붐비는 장소나 억척스럽게 설쳐대는 사람들, 그리고 시끄러운 소리로 인한 감각 과부하는 5유형 아이들에게 상당히 불편할 수 있다. 일반적으로 한 번에 한 명의 친구와 노는 것을 선호하며, 다른 사람들이 알지 못하는 신비하고 불가사의한 것들에 끌린다.

5유형 아이가 부모와 정서적으로 공감하고 이를 표현한다는 것은 부모를 전적으로 믿게 되었다는 것이다. 그렇다면 있는 힘을 다해 아이를 존중하고 비밀을 지켜주어라.

5유형 아이의 긍정적 특성

어른과 마찬가지로 아이들도 건강하고 이완되어 있을수록 각 유형의 타고난 재능을 더 많이 나타낸다. 편안하고 행복한 아이는 스트레스가 많고 불행한 아이보다 자신의 긍정적인 특성을 더 잘 표현한다.

학업 성적이 우수하다 : 대체로 성적이 우수하다. 다양한 관심사에 정신이 팔려 능력 이하의 성적을 거둘 때도 있지만 관심 있는 과목의 성적은 매우 우수할 가능성이 크다.

혁신적이다 : 또래보다 뛰어난 아이디어를 생각해 낼 수 있다. 다양한 아이디어 사이의 접점을 찾아 연결하는 능력이 탁월하다. 예를 들어 개미의 움직임을 관찰하고 수업 주제와 성공적으로 결합 시킨다. 5유형 아이는 명석해서 통찰력이 있고 창조적이며 독창적이다.

재치 있다 : 장난기 많고 예리하며 엉뚱한 유머 감각을 지니고 있다. 재미난 말장난을 즐긴다.

호기심이 많고 독립적이다 : 혼자서 탐구하는 것을 즐긴다. 부모가 재택근무 하는 직업이라면 큰 도움이 될 수 있다.

집중력이 뛰어나다 : 다른 아이들이 여기저기 뛰어다니는 시끄러운 곳에서도 5유형 아이는 한 가지 작업에 몰두할 수 있다. 이런 아이에게 이런저런 일을 동시에 하라고 한다면 효과가 없을 뿐 아니라 스트레스를 준다.

주관이 뚜렷하다 : 다른 아이들은 또래 집단의 요구나 부모의 기대에 따라 움직일 수 있지만 5유형 아이는 자기만의 길을 가겠다고 단호하게 결심할 수 있다.

친절하다 : 도움이 필요한 사람이 있으면 마음을 다해 친절을 베푼다. 자신이 쓸모없고, 무능하고, 무기력해지는 것을 두려워하므로 자기보다 연약한 아이에게 공감하고 도우려 한다.

5유형 아이의 도전과제

어른들과 마찬가지로 아이들도 긍정적인 특성이 극단적인 반대의 모습으로 나타나기도 한다. 이러한 잠재적 함정을 이해하고 아이와 함께 노력한다면 아이가 건강한 방향으로 나아가게끔 도와줄 수 있다. 다음에 제시된 부정적인 특성이 5유형 아이에게 모두 나타나지 않을지 모른다. 그러나 이런 경향이 나타날 수 있다는 것을 아는 것은 아이가 스트레스 상황에 대처할 때 유용하다.

모든 것을 알려 한다 : 다른 아이들은 5유형 아이가 많이 알고 있다는 것을 건방지고 오만하게 볼 수 있다. 5유형은 '공포' 유형이라는 것을 이해해야 한다. 5유형의 지적인 오만함 이면에는 충분히 알지 못하거나 답을 몰라서 무능하다고 질책받는 무의식적인 두려움이 있다.

익숙한 것을 선호한다 : 일반적으로 5유형은 검증된 것을 더 안전하다고 느낀다. 기존 방식대로 하면 머리를 덜 쓰게 되고 잘못될 가능성이 줄어든다. 그런 이유로 5유형 아이는 매일 똑같은 음식을 먹고 싶다고 할 수 있다. 습관적인 것은 편안하게 느껴진다.

소유욕이 강하다 : 자신이 가진 것이 충분하지 않다고 생각한다. 장난감, 과자 혹은 소중하게 여기는 것은 절대 나누거나 뺏기지 않으려 한다.

다른 사람들에게서 숨는다 : 다른 사람들과 어울리기보다는 숨어서 관찰하는 것을 즐긴다. 그래서 다른 아이들은 그들을 멀게 느낄 수 있다.

나누기를 어려워한다 : 5유형 아이는 생각, 과자, 장난감, 사랑 등을 나누면 충분하지 않을까 봐 두려워한다. 그래서 최대한 많이 가지려 하고 가진 것을 유지하려는 강한 소유욕을 보인다. 누군가 자기 아이디어를 비판하거나 '훔치지' 못하도록 자기 생각을 다른 사람과 공유하지 않는다. 자신이 생각을 다른 사람에게 말해 주는 것은 "돼지 목에 진주 목걸이"라고 생각한다. 사람들은 자신의 의도나 생각의 가치를 잘 이해하지 못한다고 믿는다.

계획이 갑자기 바뀌면 대처하지 못하다 : 5유형 아이는 계획된 행사에는 즐겁게 참여하지만, 영화가 만석이거나 박물관이 문을 닫거나 아이스크림이 매진되었을 때처럼 계획이 어그러지면 잘 받아들이지 못한다.

사춘기 5유형

　사춘기 5유형은 다른 유형보다 더 어려움을 겪을 확률이 높다. 그들은 10대만의 규칙을 지키려는 또래의 요구에 냉소적일 수 있다. 5유형 남학생은 또래들의 집단행동이 꼭 필요한지에 의문을 제기하며 동급생들의 장난에 겁을 먹을 수 있다. 5유형 여학생은 남학생보다는 잘 어울리려고 노력하는 편이지만 화장법이나 아이돌 같은 10대들의 잡담 주제를 어색해하고 흥미 없어 할 수 있다. 사춘기 5유형들은 또래 집단의 규범을 지키거나 다른 사람들에게 좋은 인상을 심어주는 것 등에는 거의 신경을 쓰지 않는다. 어떤 조직의 일부가 되는 것을 경멸하기까지 한다. 친구들은 그들을 외부인 또는 '이상한 괴짜'로 볼 수 있다. 5유형 아이들은 지적으로 오만함을 느낀다. 명석한데다 이미 많은 것을 알고 있으므로 수업 시간이 지루할 수 있다.

　다른 유형들은 유대감이나 동질감을 중요하게 생각하지만, 사춘기 5유형들은 또래 집단과의 연대를 거부한다. 그러면서 자신을 부적응자나 외톨이라고 느끼기도 한다. 자신이 먼저 타인을 멀리하고 불편해했으면서도 "난 혼자서 더 잘 지내!"라며 정당화한다.

　그들의 IT 지식은 친구들에게 깊은 인상을 줄 수 있다. 최근 여러 매체에서 모범생이자 괴짜인 너드(nerd)가 많이 등장하면서 사춘기 5유형들이 실패자 혹은 외톨이가 아닌 승리자로 부상하기 시작했다. "5유형인 내 딸은 또래 동급생이 아닌 훨씬 지적이고 뛰어난 오빠들과 사귀었다." 최근에는 환경 운동, 양성평등, 정치에 관한 다양한 개념들이 쉽게 접근할 수 있게 되면서 사춘기 5유형이 지적 능력을 발휘할 수 있는 영역이 많아졌다. 그들은 컴퓨터 게임을 좋아하고 잘하므로 학교에서는 친구가 많지 않더라도 온라인상에서는 많은 친구를 사귀기도 한다.

　자기 확신이 부족한 사춘기 5유형은 대결을 즐기지 않지만, 때에 따라서 행패 부리며 따지려 들기도 한다. 내면에 소유욕과 지배욕이 강한 8유형이 숨어 있다는 것을 기억하라. 부모나 선생님을 비꼬면서 자신이 지적으로 우월하다고 생각할 수 있다.

반항은 모든 10대의 특징이다. 사춘기 5유형이 사회적 규범에 반항할 수 있는 한 가지 방법은 개인위생을 소홀히 하는 것이다. "머리는 감지 않아도 저절로 정화되는 거예요. 정화기능이 작동하거든요."라는 식의 이론을 들이댈 수 있다.

사춘기 5유형도 어른 5유형처럼 세세하게 관리받는 것을 좋아하지 않는다. 그래서 부모의 관심이 불편하며 부모의 감정표현을 잔소리나 압박으로 느낄 수 있다. 자신만의 세상으로 빠져드는 것은 사춘기 5유형들이 도피하는 방법이다.

5유형 아이는 비밀을 중시하기에 부모가 휴대전화 메시지나 일기장을 보려고 하면 매우 불쾌하게 느낄 것이다. 그들은 불면증을 앓고 있는 경우가 많으므로 새벽까지 깨어 있는 경우가 많다. 개인위생, 식사 등의 자기 관리는 모든 사춘기 5유형에게 문제가 될 수 있다. 그들이 술 담배 등 몸에 안 좋은 것을 즐기는지, 탄산음료, 감자튀김, 초콜릿 등을 지나치게 많이 먹는지, 프로젝트나 게임에 빠져 식사를 거르지는 않는지 유심히 살펴볼 필요가 있다.

5유형 아이의 강점 끌어내기

부모 유형과 관계없이 5유형 아이들이 건강하게 자랄 수 있도록 도와주는 몇 가지 방법이 있다. 부모가 다음 내용들을 잘 실천하면 아이들은 더 건강하고 행복하게 성장할 것이다.

이유를 설명하라 : 어떤 것을 금지했을 때 이유를 알고 싶어 한다. 적절한 설명과 타당한 이유 없이 질문을 무시하거나 무조건 금지하는 것은 아이들

을 좌절 시킨다.

돌려 말하지 말라 : 지시는 명확하고 구체적이어야 한다. 5유형 아이는 종종 언어의 미세한 차이를 이해하지 못한다. "우리 혜영이 침실이 깔끔하면 얼마나 좋을까…."라고 말하는 것은 효과가 없다. 오히려 단호하게 "침대에 널려 있는 레고 조각을 상자에 다시 넣으렴. 안 그러면 이따 침대에서 동화책을 읽어줄 수 없을 테니까."라고 말하는 것이 좋다.

내성적 성격을 수용하라 : 5유형 아이를 외향적으로 만들려고 하면 오히려 역효과가 나타난다. 아이의 원래 모습 그대로 충분하다는 것을 받아들여라. "수년간 아들을 더 외향적으로 만들려고 엄청나게 노력해 왔는데 소용없었어요. 그런데 지금은 성공한 소프트웨어 개발자가 되었어요. 그간의 걱정이 다 부질없었다는 것을 이제야 깨달았죠."

제한적인 인간관계라도 아이가 즐긴다면 격려하라 : 5유형 아이는 최소한의 상호 교류만을 원하므로 한 명 혹은 마음이 맞는 몇몇 친구들하고 놀 계획을 짜는 것이 좋을 수 있다. 가족과는 매일 최소한의 일정 시간이라도 함께 보내도록 권장해라. 5유형 아이는 참여하는 것보다 관찰하는 것이 더 편하지만, 지식이든 물건이든 나눌 것이 많으며 함께 어울리기를 좋아하는 면도 있다. 그러니 5유형 아이에게 어울리는 사회화 방법을 탐색하라.

대답을 재촉하지 말라 : 5유형 아이들은 결정을 내리거나 감정을 처리하는 데 시간이 걸리므로, 즉시 반응하도록 강요하면 두려움과 저항으로 이어진다.

성취를 인정해 주어라 : 모든 유형의 아이에게 필요하지만 5유형에게는 특히 중요하다. 내향적인 5유형 아이의 성취가 다른 유형 아이들보다 눈에 띄지 않을 수 있다. 공룡 50마리의 이름을 대는 것이 부모에게는 대단해 보이지 않아도 진심으로 칭찬해주면 5유형 아이의 자신감을 키우는 데 도움이 된다.

아이와 보조를 맞춰라 : 어떤 5유형 아이가 처음 만난 친구가 마주 보고 말을 거는 것보다 옆에서 말을 거는 것이 더 편하다고 말한 적이 있다. 앞에 서는 것보다 옆에 서는 것을 덜 위협적으로 느끼기 때문이라고 했다. 이런 것들을 부모와 아이의 관계에도 적용해 볼 수 있다. 5유형 아이 앞에 여러 가지 선택지를 주기보다는 나란히 앉아 즐길 수 있는 활동을 찾아보는 것은 어떨까? 이렇게 접근하면 아이와의 관계를 구축하고 강화하는 데 도움이 될 것이다.

자신의 감정과 만나게 하라 : 5유형 아이는 깊은 감정을 느끼지 않는 것이 아니라 이러한 감정을 표현하고 전달하기가 어려울 뿐이다. 다음과 같이 감정 언어를 통해 도움을 줄 수 있다. "누나가 탑을 부숴버려서 화가 났지? 그렇게 느꼈다면 화를 내도 괜찮아! 이제 괜찮아졌어? 그러면 엄마하고 같이 부서진 탑을 고쳐볼까?"

자기 신체와 가까워지게 하라 : 5유형 아이는 신체에 관한 지식은 많지만 자기 신체에 집중하지 못하고 감각 경험을 거세게 거부할 수도 있다. 일에 몰두하면 식사, 양치 등의 신체적인 욕구를 무시하기도 한다. 마사지를 받거나, 맨발로 풀밭을 걷거나, 태권도를 하거나, 모래 놀이를 하거나, 따뜻한 곳에서 거품 목욕을 하는 등 자기 신체를 느낄 수 있는 활동들을 권하라.

대자연의 풍요로움을 보여주어라 : 5유형 아이는 물건이 충분하지 않을 것을 두려워하여 물건을 쌓아둔다. 이는 나누는 것을 더 어렵게 만든다. 이 두려움의 균형을 잡기 위해 자연 속 풍요의 개념을 보여주는 것도 한 방법이다. 예를 들어 꽃에 수많은 벌이 날아드는 모습이나 해변에 있는 헤아릴 수 없는 모래를 보여줄 수 있다. 비우고 나면 채워질 수 있다는 것을 천천히 알려주어라.

자신감을 키워주어라 : 자신이 무능하다고 느끼는 감정을 벗어나기 위해 오만할 정도로 과시하는 것과 극도로 위축되는 것 사이의 양극단을 오간다. 자신이 무엇을 하거나 못하는 것과 상관없이 그 자체로 이미 대단하다는 것을 이해하도록 도와라.

개성을 인정하라 : 5유형 아이는 조금 독특하지만 그런 독특함과 집중력은 사회에 큰 도움이 될 수 있다. 5유형 아이에게 가장 힘든 것은 자신들의 '다름'이 '틀리게' 받아들여질 때다. 세상을 다르게 보는 독특함을 강점으로 받아들일 수 있도록 도와주어라.

8장
6유형 충성가

6유형 부모 : 믿음직하고 충실한 부모

개요

　충직함, 신뢰, 책임감, 성실함이 가득한 6유형은 훌륭한 부모의 자질이 있다. 충직하고 믿음직스럽고 책임감 있고 성실하다는 것은 6유형을 훌륭한 부모로 만들어 준다. 이들의 온정과 신뢰감 그리고 적절한 유머 감각은 안전한 가정환경을 만드는 데 큰 자산이다.

　6유형은 많은 잠재적 위해나 위험에 노출되어 있다고 생각한다. 이런 위험 요인들 때문에 만일의 사태를 예상하고 준비하려고 한다. 예를 들어 아이와 비행기에 탄다면 6유형 부모는 비행기가 이륙하기 전에 탈출하는 방법을 가르칠 것이다. 잔디 운동장에서 다치지 않기 위해서는 어떻게 속도를 조절해야 하는지 미리 가르치는 부모이다.

　두려움은 걱정과(나나 내 아이에게 안 좋은 일이 일어날 수 있겠지?) 불안으로(어떻게 이렇게 안 좋은 일들이 일어난 거지?) 표출된다. 본래 신중한 성격이기에 아이들이 새로운 환경에서 놀겠다고 하면 쉽게 허락하지 않는다. 아이가 낯선 곳으로 떠나있을 때 잘못되지 않을까 걱정한다. 누구도 부모인 나처럼 아이를 잘 돌볼 수 없다고 생각하기 때문에 다른 사람에게 아이를 맡기는 것을 좋아하지 않는다. 어려워도 모든 것을 직접 하려고 한다. 사람들을 못 믿고 불안해하는 사람으로 보일 수 있다. 하지만 이렇게 하는 것이 6유형이 생각하는 책임감 있는 부모의 모습이다.

근심과 걱정에 사로잡힌 모습이 다른 사람들 눈에는 벼랑 끝에 서 있는 것처럼 보일 수 있다. 항상 걱정하고, 최악의 시나리오를 생각하고, 파국으로 치닫기 때문에 쉽게 발끈한다. 그러나 건강한 6유형은 두려움을 유머로 조절한다.

6유형 부모는 재미있는 성격의 소유자이다. 이들의 유머 감각은 "안녕! 나를 믿어도 돼! 나는 위협적인 존재가 아니야."라고 말해 준다. 6유형 부모가 9유형 방향의(38쪽 참조) 이완지점으로 가면 더 활달하고 수용적이다.

이들에게는 신뢰가 중요하다. 다른 부모들을 정말 신뢰할 수 있는지 시험하려 한다. "그녀에게 내 아이들을 믿고 맡길 수 있을까? 그녀가 어떻게 행동하는지 지켜보자." 이들은 타인을 신뢰하지 못하는 만큼 자신도 믿기 어려워한다. "나는 부모로서 역할을 충실히 수행했나? 이토록 소중한 내 아이에게 신뢰를 줄 수 있을까?"

때때로 힘 있는 사람을 두려워하면서도 그들에게 반기를 들고 반항하려 하기도 한다. 공포대항형 6유형은(공포대항형에 대한 설명은 43쪽 참조) 스스로 두렵지 않다는 것을 증명하기 위해 두려움에 정면 대항한다. 같은 맥락으로 번지 점프, 서핑이나 모험적인 스포츠를 즐길 수도 있다('도피'는 '투쟁'으로 대치된다.). 6유형은 자연스러운 매력, 분별력 있는 태도, 삶에 대한 열정적 도전 그리고 훌륭한 가정관리 능력으로 인해 최고의 부모가 될 수 있다.

6유형 부모가 아이에게 원하는 것

6유형 부모는 아이가 인내심 있고, 듬직하고, 순종적이며, 충직하기를 바란다. 이들은 '꼬마 수호자'를 원한다.

6유형 부모의 강점

모든 유형은 건강하고 이완될 때 타고난 재능을 나눌 수 있다. 6유형 부모의 강점은 다음과 같다.

헌신적이며 믿을 만하다 : 일단 관계가 형성되면 100퍼센트 헌신하기 때문에 훌륭한 결혼생활을 하며, 좋은 배우자이다. 아이들도 6유형 부모가 자신을 위해 존재하고 언제든 자신을 보호해 준다는 것을 알기에 신뢰한다.

함께 있으면 재미있다 : 놀란 토끼처럼 민감하지만, 타인에게 편안함과 유쾌함을 주는 법을 알고 있다.

적극적으로 지지해 준다 : 기꺼이 아이들의 모험을 지원하고, 숙제를 도와주며, 학교 행사 등을 후원한다. 아이를 보호하며 응원한다.

동정심과 이해심이 많다 : 경청을 잘하고 상대방의 기분을 잘 파악한다. 다른 사람의 마음을 잘 살피기 때문에 아이의 미묘한 감정 변화를 잘 알아차린다. 아이의 상태를 이해할 수 있는 다양한 관점을 가지고 있다. 편안하게 관계를 맺는 능력이 있어서 아이들에게도 편안함을 주고 환영받고 있다고 느끼게 한다.

인내심 있고, 양심적이며, 열심히 일하고, 책임감이 있다 : 가족을 잘 보살피고, 아이들을 잘 양육하며, 아이가 제시간에 방과 후 활동에 참여할 수 있게 신경을 쓰며, 일상의 고지서 등을 밀리지 않고 제때 처리한다. 사고와 감정을 함께 사용하는 능력을 갖추고 있다.

온화하고 따뜻한 가정을 가꾼다 : 대체로 만능 재주꾼이며 편안한 가정환경을 조성하고 육아를 즐긴다.

모든 일에 준비가 되어 있다 : 휴가를 떠날 때 잊지 않고 선크림을 챙기고, 차가 밀리거나 고장 날 때를 대비해 엄청난 양의 간식을 준비하고, 응급처치에 필요한 물품과 처치 방법을 다시 살펴본다. 예상치 못한 위험한 상황을 즐기지 않으므로 재난을 예방하기 위해 미리 계획하는 편이다.

훌륭한 팀원이다 : 자신이 속한 공동체, 종교단체, 친구와 가족에 충실하다. 사람들은 이들을 신뢰하고 의지한다. 가족 구성원들도 팀원으로 생각하기 때문에 아이는 부모에게서 소속감을 느끼게 된다.

6유형이 더 좋은 부모가 되는 방법

만약 당신이 6유형이라면 위의 설명에 공감하는 부분이 많았을 것이다. 또한 마음에 들지 않거나 불편한 부분도 있을 것이다. 후자라면 자아 인식이 떨어져 있거나, 스트레스를 받고 있거나, 긴장된 상태라는 징표다. 이럴 때 6유형의 이상적인 특성들이 오히려 반대의 모습으로 드러날 수 있다. 이것을 깨닫는다면 더 건강해질 수 있다.

아래 제시된 것들을 실천하려 노력하면 더 좋은 부모가 될 수 있다. 현재도 충분할 수 있지만 알아두면 도움이 될 것이다.

내면의 목소리와 본능을 믿으라 : 아이에게 나쁜 일이 닥칠까 걱정하는 데 많은 시간을 보낸다. 걱정이 사실이 될 것이라고 믿는다. 이런 두려움이 자신의 결정에 영향을 미치지 않도록 하라. '좋은 계획이 아닌 것 같다.'라는 생각이 들면 자신의 판단을 신뢰하고 따르라. 자신 있게 스스로를 믿는 것도 능력이다.

믿음과 두려움의 균형을 맞추어라 : 내면의 두려움을 일상생활에 투사[10]하지 말아라. 자신의 두려움을 아이에 대한 불신으로 해석하지 말아야 한다. 실패나 재앙이 아닌 긍정적인 것, 잘될 것에 집중하라. 자신감을 쌓을 수 있는 방법을 찾아야 한다.

과잉보호를 조심하라 : 누구도 자신이 만족하는 수준으로 아이를 보호할 수는 없다. 오히려 아이에게 자기를 보호하고 스스로 결정하도록 가르치는 것이 안전하다. 아이의 주변을 언제까지 맴돌 수 없고 아이들은 언젠가 독립해야 한다. 부모의 과잉보호에 질리는 것은 더더욱 원하는 바가 아니지 않은가!

아이를 신뢰하는 법을 배우라 : 나무나 자전거를 타는 것처럼 나이에 맞는 작은 모험을 하는 것은 아이의 정서적 성숙과 신체적 성장에 도움이 된다. 아이는 생각보다 많은 것을 해낼 수 있는 존재다. "아에에게 만약 길을 잃으면 주변에 있는 어른에게 도움을 청하라고 가르쳤어요. 아이가 5살 때 붐비는 해변에서 길을 잃었었지요. 너무나 두려웠는데, 아이는 가르쳐 준 대로 행동했어요. 아이가 도움을 요청한 아줌마는 아이를 인명구조 요원에게 데려다주었고, 감사하게도 아이는 우리 품에 무사하게 돌아왔습니다. 아이는 무엇을 해야 하는지 알고 침착하게 행동했답니다."

최악의 상황을 상상하는 성향을 기억하라 : 칼로 벤 상처가 모두 패혈증을 일으키지는 않는다. 과민반응 하지 않도록 주의하라. 항상 최악의 결과를 상상하는 것은 자신과 주변 사람들에게 스트레스를 준다.

---

10) '투사'는 자신의 성격적 측면을 타인에게 전가하는 것을 말한다. 의식적으로 억누른 자신의 측면을 다른 사람에게서 찾는 것이다. 자신에게 특정한 충동이나 특성이 없다고 무의식적으로 생각하는 방어기제다. 또는 자신의 감정, 태도를 다른 사람에게 전이시키는 것을 뜻하기도 한다.

변화를 받아들이고 유연한 자세를 보여라 : 세상은 항상 변화하기 마련이다. 신념을 고집스럽게 고수하고, 변화를 거부하는 것은 잠재력을 제한하고 다가올 기회를 놓치는 것이다.

흑백 논리를 주의하라 : 긴장된 상태에서 6유형은 다른 사람들이 자신을 반대한다고 생각한다. 단지 당신과 다르게 생각하고 행동한다는 이유만으로 특정 사람들을 '적'으로 생각하고 멀리하지 마라.

6유형의 예시

Pixar의 애니메이션 『토이 스토리』 :
- 우디는 정직하고, 충직하고, 신중하고, 재미있다.

Roger Hargreaves의 책 『EQ의 천재들』 :
- 틀러 씨는 걱정을 너무 많이 한다.
- 용감 씨는 두려움을 용감하게 극복한다.
- 변덕 양은 스스로 결정하기가 어렵다.
- 조심 양은 항상 발끝을 주시하며 조심스럽다.

Aardman Animations의 애니메이션 『윌레스와 그로밋』 :
- 그로밋은 차와 신문을 즐기는 정직하고 가식이 없는 충견이다.

민속 우화에서 :
- 겁쟁이 리틀 / 소심한 페니 / 겁쟁이 리컨은 하늘이 땅으로 떨어져서 세상이 결국 멸망한다고 믿는다.

Disney의 애니메이션 『미키 마우스』:
- 미키 마우스는 사랑스럽고 정직하며 칭송받은 영웅이다.

Enid Blyton의 책 『노디』:
- 노디(Noddy)는 환한 얼굴로 "걱정 마! 내가 도와줄게!" 하고 고개를 끄덕이며 친구와 이웃들을 행복하게 만든다.

6유형의 아이 : 꼬마 수호자

개요

6유형 아이들은 충직하고 민감하며 온정적이고 용감하고 책임감이 있다. 이들은 "무엇이 잘못되지 않을까?" 전전긍긍하면서 많은 시간을 보내기 때문에 결정을 내리는 것이 쉽지 않다. 이들 안에는 순응하는 아이와 반항하는 아이, 믿는 아이와 의심하는 아이, 남아서 싸우려는 아이와 도망치려는 아이와 같이 상반된 모습이 혼재되어 있다. 이들은 한 사람에게는 순종하고 다른 사람에게는 반항적일 수 있다. 이들은 두려움과 용기를 다 가졌다. 에니어그램 유형 중 6유형과 9유형은 구별하기 가장 어려운 유형이다.

유아 시절 6유형 아이들은 남성적인 인물이 부재했다고 느낀다('남성성'이라는 것은 남성만을 의미하는 것이 아니라 남성적 가치를 의미한다.). 정작 필요할 때 부모가 곁에 없을 수도 있기에 자신들을 보호할 수 없다고 생각했을 수 있다. 결과적으로 세상은 신뢰할 수 없으며 곳곳에 위험이 도사리고 있다고 믿게 된다. "누가 혹은 무엇이 안전할까? 안전하지 않을까?"를 끊임없이 점검하고 확인하며 살아가게 된다.

전형적인 6유형 아이들은 두려움을 경험하지만 역유형(43쪽 참조)인 성적 본능 동기의 6유형(40~43쪽 참조)은 오히려 공포에 맞선다. 6유형 중 성적본능 동기의 하위유형은 두려운 일을 통해 두려움에 맞선다. "내가 다른 사람보다 더 높이 올라간다면 오히려 두렵지 않을 거야."

또 6유형은 극단적으로 용감하다. "아들은 어려서 바다를 무서워했지만 커서 인명구조대원이 되었다. 한번은 동료 인명구조대원이 거대한 파도로 곤경에 처했는데 아들은 자신의 패들보드를 그에게 주고 위험을 무릅쓰고 헤엄쳐 나왔다." 이러한 이야기는 6유형에 드문 일이 아니다. 즉, 두려움에 처해 있어도 용기 있게 행동할 수 있다.

6유형 아이들은 매우 권위적일 수 있으며 리더의 역할을 하려 한다. 그들은 충직한 아이들과 친하게 지낸다. 가벼운 농담, 유머와 애정을 통해 인기를 얻지만 덜 이완되면 까다롭고 예민하게 군다. 행동의 결과에 대한 두려움이 있으므로 나쁜 행동을 하지 않으려 한다.

6유형 아이의 긍정적 특성

어른과 마찬가지로 아이들도 건강하고 이완되어 있을수록 각 유형의 타고난 재능을 더 많이 나타낸다. 편안하고 행복한 아이는 스트레스가 많고 불행한 아이보다 자신의 긍정적인 특성을 더 잘 표현한다.

훌륭한 팀원이다 : 리더 또는 팀원으로 전체 팀의 이익을 위해 열심히 일한다. 그들은 협력적이고, 충직하고, 헌신적인 참여자이다.

다른 아이들을 보호한다 : 친화력이 있고 온화하므로 자신감 없이 불안해하는 친구나 어린아이들을 잘 돌본다.

명예를 지키며 존중받는다 : 이완된 6유형 아이들은 어른들을 존경하고, 규칙을 준수하며, 규범에 따라 살아간다. 선약이 있다면 이후에 더 매력적인 제안이 들어오더라도 거절하는 것이 옳다고 생각한다. 만약 이들이 반항하게 된다면 이러한 생각들 때문인 경우가 많다.

미리 준비하는 것을 좋아한다 : 세계 스카우트 운동본부의 창시자인 베이드 파월 경은 아마 6유형이었을 것이다. "항상 준비하라."라는 좌우명은 6유형의 마음속 주문이다. "준비되었다는 것은 의무를 수행할 수 있는 몸과 마음의 상태를 의미합니다. 명령에 복종하도록 단련하고, 사고나 상황을 예측해서 할 일을 알고, 기꺼이 행하려는 마음의 준비를 하고, 몸을 단련하여 적절한 순간에 올바른 일을 할 수 있도록 준비해야 합니다."

다정다감하다 : 6유형 아이는 포옹과 같은 신체접촉을 통해서 안전함과 편안함을 느낀다. 안전하다고 느낄 때 비로소 남들과 상호작용하며 사랑에 보답한다.

정확하게 처리한다 : 1유형은 올바른 일을 하기 위해 규칙을 지키지만, 6유형은 대형 참사나 재앙을 예방하기 위해 규칙을 따른다. 두 유형은 다른 이유로 일을 정확히 처리하는 것을 좋아한다. 1유형은 숙제하는 것이 올바른 일이기 때문에 하지만, 6유형은 숙제하지 않았을 때 일어나는 결과가 걱정되기 때문에 한다.

6유형 아이의 도전과제

어른들과 마찬가지로 아이들도 긍정적인 특성이 극단적인 반대의 모습으로 나타나기도 한다. 이러한 잠재적 함정을 이해하고 아이와 함께 노력한다면 아이가 건강한 방향으로 나아가게끔 도와줄 수 있다. 다음에 제시된 부정적인 특성이 6유형 아이에게 모두 나타나지 않을지 모른다. 그러나 이런 경향이 나타날 수 있다는 것을 아는 것은 아이가 스트레스 상황에 대처할 때 유용하다.

변화를 좋아하지 않는다 : 예측할 수 있는 안정적 환경을 선호한다. 그들과 새로운 곳을 여행한다는 것은 쉬운 일이 아니다. 새로운 환경에 익숙해지고 신뢰할 수 있다는 생각이 들 때까지는 말이다. "지유와 함께 휴가를 갔을 때 처음 며칠은 지옥이었습니다. 아이는 내 옆에 붙어서 떨어지려 하지 않았어요. 아이가 좋아하는 고기파이를 가지고 비행기를 타기도 쉬운 일은 아니었지요. 그러나 익숙한 음식만 먹으려 하는 아이 때문에 어쩔 수 없었어요!"

우유부단하다 : 수학 아니면 역사? 축구 아니면 수영? 빨간색 아니면 녹색? 옳은 선택을 할 자신이 없는 6유형에게는 모든 선택이 어렵다. 이들은 어떤 것이든 잠재적인 위험이 있다고 생각하기 때문에 잘못된 선택을 할까 두려워한다. 6유형 아이는 부모에게 결정을 맡기거나 친구나 교사에게 조언과 정답을 구한다. 6유형이 자기 내면에 귀를 기울이고 있다면 이완의 방향으로 가고 있다는 긍정적인 신호다.

다른 사람들에게 떠넘기려 한다 : 6유형 아이는 존재하지 않는 것을 상상하고 불안을 다른 사람에게 투사한다. "엄마! 미정이가 나를 괴롭히려 해!"라고 말한다면 아이가 미정이에게 화가 나서 괴롭히고 싶은 건지도 모른다. 그러나 그렇게 하면 부모의 말을 안 듣는 아이로 보일까 봐 미정이에게 자신의 감정을 투사하는 것이다.

작은 일에도 걱정이 많다 : 작은 일에도 전전긍긍한다. 6유형은 밖으로 놀러 나가는 것과 같은 작은 일에도 지나치게 걱정한다. 또 사실 그렇지 않은데도 선생님이 자신에게 화가 나 있는 것은 아닌지 눈치를 보며 걱정한다.

알 수 없는 두려움에 휩싸여 있다 : 근심 걱정 많은 6유형에게 어둠은 두려운 미지의 세계를 상징한다. "자려고 하면 방에서 이상한 사람이 보여요. 잠들 때까지 불이 켜져 있지 않으면 진짜 무서워요. 불 끄지 마세요." 이 아이들은 갑작스러운 움직임, 특정한 식품, 거미, 개구리 등의 여러 가지에 겁을 먹을 수 있다.

사춘기 6유형

대부분의 사춘기 아이는 반항기가 있지만 특히 6유형은 부모나 교육자와 같은 권위 있는 인물에게 도전적이고 반항적인 태도를 보인다. 내 아들의 경험에 비추어 보면 아이에게 공부하라고 강요하는 것은 저항과 반항만을 낳았다. 그래서 나는 한발 물러서 아들이 스스로 잘하는 것을 찾아가도록 지켜봐야 했다! 사춘기 6유형은 어떤 사람에게는 순응하고 다른 사람에게는 반기를 든다. 심지어 같은 사람이라도 때에 따라 다르게 행동할 수 있다.

사춘기 6유형은 반항과 복종 사이를 오가며 언제는 공손하고 예의 바르게 행동하는가 하면 어느 날에는 빈정대고 무례하게 굴 수 있다. 나는 낮에는 마약을 하다가 밤에는 부모의 침대에서 잠드는 6유형 10대를 알고 있다. 그 아이는 반항하는 사람에게 안정감도 찾는 전형적인 6유형의 행동을 하였다.

사춘기 6유형은 다른 사람에게 지나치게 헌신할 수 있다. 멘토링을 하고, 스포츠팀에 참여하고, 자원봉사를 하는 등 많은 일을 동시에 하려 한다. 그러다 다중 역할이 부담스러워진다. 만일 다른 사람들이 자신처럼 열심히 참여하지 않으면 이용당하고 있다고 느끼면서 분노가 치밀기도 한다.

종종 친구나 부모가 자기를 얼마나 사랑하는지 테스트하려 한다. "내가 반항해도 날 여전히 사랑해 줄까?" 6유형 아이를 키우는 어떤 부모의 경험에 따르면, "딸과 내가 어떤 규칙에 대해 맞붙었을 때 딸의 신뢰를 얻으려면 끝까지 내

주장을 밀고 나가야만 했어요. 딸이 그렇게 고집을 부린 것은 진정 원하는 것을 얻으려는 것이 아니라 부모인 나를 테스트하기 위해서였다는 것을 나중에 알게 되었지요."

6유형은 불안이 높아지고 공황 상태가 시작되는 시험 기간보다 그렇지 않은 기간에 학업 수행을 더 잘 해낸다. 에니어그램의 공포 유형이기 때문에 시험을 보기도 전에 실패의 결과부터 상상한다.

6유형 아이의 강점 끌어내기

부모 유형과 관계없이 6유형 아이들이 건강하게 자랄 수 있도록 도와주는 몇 가지 방법이 있다. 부모가 다음 내용들을 잘 실천하면 아이들은 더 건강하고 행복하게 성장할 것이다.

아이의 선택을 인정하라 : 아이가 결정을 내릴 때 머릿속에 불협화음이 일어나고 있을지 모른다는 것을 이해해주어라. "뭐 입어야 해?" 6유형 아이가 어떤 티셔츠를 입어야 할지 결정할 수 없을 때 직접 골라주기보다는 "너는 어떤 티셔츠가 가장 잘 어울린다고 생각해?"라고 먼저 물어보라. 아이가 자신의 결정을 신뢰하도록 도와라. 부모는 보조자 역할로 충분하다.

일상생활을 규칙적으로 하라 : 목욕, 식사, 취침 시간 같은 일들을 규칙적으로 하는 것은 모든 아이에게 중요하지만 6유형 아이에게는 더욱 중요하다. 이들은 규칙적인 일상생활에서 안전함을 느낀다.

자기를 방어하는 방법을 배우도록 격려하라 : 신체적인 자신감은 공포를 자주 느끼는 6유형 아이에게 도움이 된다. "아이들끼리 운동장에서 약간의 사고가 발생한 후 아들에게 태권도를 가르쳐보라고 친구가 권했어요. 태권도는 아이의 자신감을 높이는 데 큰 도움이 되었어요."

아이의 불안을 진지하게 받아들여라 : 6유형 아이는 쉽게 불안을 느낀다. 부모나 친구 또는 형제, 자매가 주변에 없는 낯선 환경에 그들을 방치하지 마라. 머리 위에서 새가 갑자기 날거나 풀밭에서 무언가 움직여서 운다면 정말 두렵다는 것을 이해해야 한다. 극단적인 예지만, 내가 아는 6유형 아이는 지속적인 두려움으로 인해 아드레날린 수치가 너무 높아져서 성장에 영향을 받았다. 아이가 두려움을 말로 표현했을 때 부모가 그것을 진지하게 받아들이는 것만으로도 아이는 세상이 안전하다고 느낄 수 있다. 아이의 두려움을 가볍게 보지 말고 진지하게 받아들여라.

작은 변화와 행동도 격려하라 : 이전과 다른 피자 토핑을 선택하고, 다른 게임을 하고, 다른 스포츠나 취미활동을 하고, 새로운 친구를 집에 초대하도록 용기를 북돋아 줘야 한다. 작은 변화들이 쌓여 더 큰 변화를 직면할 자신감이 생길 것이다.

9장
7유형 낙천가

7유형 부모 : 타고난 사교가 부모

개요

　7유형은 아이들이 함께하고 싶어 하는 멋진 부모다. 재미있고 모험심이 강하고 외향적이며 친절하고 창의적이다. 예를 들어, 코로나19 상황이 심각하여 야외 활동과 외출이 제한되었을 때 7유형 부모는 베란다에 미니 수영장을 만들어서 아이들과 '물놀이'하는 영상이나 사진을 SNS에 올렸을 것이다. 어떤 상황에서든 재미있게 노는 7유형의 육아 방식을 보여주는 최고의 장면이다.

　7유형은 적극적으로 삶을 쟁취한다. 아이가 있든 없든 새롭고 재미난 놀이를 계획하는 것이 즐겁다. 탐구할 것이 없는 장소나 흥밋거리를 제공하지 않는 활동들은 7유형의 흥을 유발하지 못한다. 7유형은 주변 사람들을 즐겁게 해주면서 자신도 즐긴다. 이들은 자발적이고 활력이 넘치며 다재다능하다. 7유형들은 남들보다 더 빨리 더 재미있는 일과 더 좋은 장소를 찾을 수 있다고 생각한다.

　7유형 부모는 아이들을 하이킹, 축제, 놀이동산, 서핑 같은 역동적이고 모험적인 활동에 데리고 가려 한다. 본인도 아이들과 함께 모험적인 활동에 열정을 보이고 즐긴다.

7유형이 지루함을 느끼고 아무런 감명을 받지 못하는 활동들도 있다. 예를 들어, 예측이 가능한 뻔한 일, 아이들 숙제 도와주기, 밥하기, 장보기, 고지서 내기, 설거지나 빨래와 같은 매일 반복되는 집안일과 같은 것들이다. 만약 이런 일을 해야 할 상황이라면 그 일을 무시하거나 다른 사람이 할 때까지 미루려 한다. 어쩔 수 없이 해야 한다면, 새로운 방법을 찾아 지루하게 반복되는 일을 본인만의 모험으로 바꾼다. 예를 들어 파격적인 음식 만들기, 최근에 유행하는 소문난 가게나 시장에서 장보기, 최신기기들로 살림하기 등으로 말이다.

심지어 어떤 7유형은 어른이 되어서도 '피터 팬'과 같은 삶을 살면서 성숙해지지 않으려 한다. 이런 성향 때문에 아이들과 관계를 쉽게 맺는다. 아이들은 7유형 부모를 든든한 친구처럼 생각한다.

7유형은 다른 사람을 재미있게 해주고 기분을 맞춰주면 다른 사람들도 친절과 관심을 준다는 것을 알고 있다. 불평은 정반대의 효과를 주기 때문에 화가 나도 참고 두려워도 표현하지 않으려 한다. 이러한 접근방법의 문제점은 다른 사람들이 진짜 '나'를 모를 수 있다는 것이다. 또 두려움의 원인을 깊이 생각하지 않고 순간적인 감정에 빠지는 경향이 있다. 고통과 두려움으로부터 달아나기 위해 바쁘게 지내거나 여러 계획을 짜지만, 정서적으로 큰 도움이 되지 않는다.

7유형 부모가 아이에게 원하는 것

7유형 부모는 아이가 에너지와 열정이 넘치고, 재미있으며, 주위의 관심을 한 몸에 받기를 바란다. 이들은 '꼬마 모험가'를 원한다.

7유형 부모의 강점

모든 유형은 건강하고 이완될 때 타고난 재능을 나눌 수 있다. 7유형 부모의 강점은 다음과 같다.

열정적이다 : 7유형 부모는 재미가 넘친다. 다른 유형의 부모들이 가만히 집에 있기를 원하는 순간에도 "우리 이거 해보자!"를 외치며 아이들에게 활력이 넘치는 삶을 몸소 보여준다.

잘 놀며 활기차다 : 어떻게 하면 아이들과 재미있게 시간을 보낼 수 있는지 잘 안다. 특히 유아들보다 초등학생 이상인 아이들과 더 재미있게 놀아줄 수 있다. 7유형이 가진 어린아이 같은 활력은 아이들과 잘 어울릴 수 있게 해주는 큰 강점이다.

긍정적이다 : "내 유리잔에 물이 반이나 차 있다." 7유형들은 새롭고 재미있는 것을 찾는 것이 행복이고 기쁨이다. 모든 것에서 긍정적인 면을 먼저 본다. "좋아! 이번에는 이기지 못했지만, 이길 기회는 다음에도 언제든 있으니까."

유연하고 자발적이다 : 더 재미있을 수 있다면 기꺼이 원래 계획을 바꿀 수 있다. 예를 들어 아이들을 수영장에 데리고 가려고 계획했는데, 인근에 스케이트보드장이 새로 오픈했다면 준비한 수영복 가방을 던져버리고 스케이트보드장으로 출발할 것이다. 자유를 극단적으로 제한받지만 않는다면 부모가 되는 것도 유연하게 받아들일 수 있다.

상상력이 풍부하다 : 아이들의 풍부한 상상의 세계를 진심으로 이해하고 아이들의 수준에서 공감하며 다가갈 수 있다.

모험을 즐긴다 : 내가 만났던 7유형 부부는 어린 두 아이와 함께 리모델링 한 오래된 캠핑차를 타고 아프리카 횡단을 계획하고 있었다. 또 다른 7유형인 독신 엄마는 아들을 휴학시키고 몇 년 동안 세계여행을 했다. 이런 것들이 모든 아이에게 좋다고 할 수는 없지만, 아이들은 넓은 세상을 보는 엄청난 경험을 하게 할 수 있다.

우호적이다 : 놀이터에서 다른 학부모들이나 아이의 친구들과 즐겁게 이야기를 나눌 수 있다. 대화가 지나치게 지루하지만 않다면 말이다. 사람은 다 똑같다고 생각하고 모두에게 개방적이다.

창의적이다 : 아이를 위해 최고로 멋지고 창의적인 파티나 행사를 기획한다.

꿈을 가지고 있다 : 자신만의 멋진 꿈을 가지고 살아가기 때문에 아이도 폭넓은 가능성을 보도록 응원한다.

7유형이 더 좋은 부모가 되는 방법

만약 당신이 7유형이라면 위의 설명에 공감하는 부분이 많았을 것이다. 또한 마음에 들지 않거나 불편한 부분도 있을 것이다. 후자라면 자아 인식이 떨어져 있거나, 스트레스를 받고 있거나, 긴장된 상태라는 징표다. 이럴 때 7유형의 이상적인 특성들이 오히려 반대의 모습으로 드러날 수 있다. 이것을 깨닫는다면 더 건강해질 수 있다.

아래 제시된 것들을 실천하려 노력하면 더 좋은 부모가 될 수 있다. 현재도 충분할 수 있지만 알아두면 도움이 될 것이다.

지금 이 순간에 충실하라 : 진정한 기쁨은 멀리에 있는 것이 아니라 바로 여기에 있다. 두 살배기 아이와 함께 산악자전거를 타려면 아직도 멀었다. 그러니 너무 일찍부터 그런 날을 상상하며 아쉬워하지 말라. 아이는 빨리 자란다는 것을 잊지 말아라. 즐거움을 표현할 줄 아는 강점을 살려 지금, 이 순간을 재미있게 즐겨라. 아이와 함께하는 시간은 양보다 질이 중요하다.

아이들이 당신의 에너지에 압도당할 수 있다는 것을 명심하라 : 조용한 시간을 즐기는 내성적인 아이들은 당신의 활동 수준과 빠른 속도에 스트레스를 받을 수 있다. 아이가 놀이공원에서 역동적인 하루를 보내는 것보다 집에서 레고를 조립하는 것을 선호하는 이유를 이해하기 어려울 수 있다. 에니어그램 성격 유형을 이해하면 이런 아이들에게 아무 문제가 없다는 것을 알 수 있다. 성격이 다른 아이들은 조금의 휴식이 필요할 뿐이다.

정서적으로 공감하라 : 7유형 부모에게 재미있는 것이 아이에게는 피상적인 정서적 단절로 느껴질 수 있다. 아이가 조용하고 내성적이라면, 무언가를 하려 하지 말고 조용히 아이의 말을 경청하라. 어떤 아이는 7유형 부모가 자신의 문제를 가볍게 넘겨버릴 때 기분이 상했다고 이야기한다. "힘내! 아무것도 아냐. 곧 지나갈 거야. 우리 술래잡기나 할까?"라는 말은 아이에게 상처가 될 수 있다.

세상의 이목을 다 받으려 하지 말라 : 사람들에게 더 관심을 받고자 하는 7유형의 열망이 아이를 그늘로 몰거나 뒤로 밀리는 기분을 느끼게 할 수 있다. 아이들의 성취를 확실하게 기뻐하고 축하해 주어라.

아이의 양육자라는 것을 기억하라 : 때로는 신나는 일을 하고 싶은 열망 때문에 육아가 시시하게 느껴질 수 있다. 많은 프로젝트를 하느라 아이를 돌보는 것을 미룰 수 있다. 하지만 가족과 함께라는 것을 기억하라. 가족은 당신의 삶에 생각보다 더 많은 가치를 준다.

적극적으로 경청하라 : 아이가 무슨 말을 하려는지 알 것 같다는 생각으로 섣부른 예측을 할 수 있다. 이럴 때 아이들은 부모가 자기 말을 들어주는 것이 아니라 예상 문제를 추측해서 맞추는 것처럼 느낄 수 있다.

일상에서 재미를 찾으라 : 7유형은 자유를 원한다. 하지만 놀러 가는 대신 징징거리는 아이와 집에 있고 싶은 사람은 없다. 자신이 책임져야 하는 일들을 배우자에게만 떠넘긴다면 부부관계가 힘들어질 수 있다. 일상 속 재미를 통해 긴장을 완화하라.

집중하는 법을 배워라 : 많은 계획과 약속을 하고 지키지 못하는 부모의 모습은 아이들을 불안하게 할 수 있다. 보드게임 하다 말고 공원에 가자고 하더니 갑자기 햄버거를 먹자고 하는 식으로 에너지가 분산될 때를 조심해야 한다. 심호흡하면서 현재 이 순간에 집중해야 한다. 아이와 함께 노느라 다른 재미있는 일을 하지 못할까 봐 불안한 기분이 든다면 건강하지 않은 쪽으로 이동하고 있다는 신호라는 것을 감지하라.

책임을 받아들이고 실수를 덮으려 하지 말라 : 긍정적인 7유형 부모는 학교가 끝나고 아이를 데려오는 것을 잊는 것과 같이 명백한 잘못을 했을 때도 실제적인 피해는 무시하고 쉽게 넘겨버린다. 아이들은 그런 부모를 무신경한 사람으로 볼 수 있다. 7유형은 변명을 잘하며 책임을 회피하고 죄책감에서 벗어나기 위해 무슨 일이든 하려 한다. "어쩔 수 없어서 그렇게 된 것이지 제가 의도한 것은 아니랍니다." 책임을 지는 것은 고통스럽지만 그렇게 해야만 새로운 국면을 맞이한다는 것을 기억해야 한다.

7유형의 예시

Roald Dahl의 책 『마틸다』:
- 여우 씨는 매력 있고, 웃기고 사랑스러운 사기꾼이다.

J.M. Barrie의 책 『피터 팬과 잃어버린 소년들』:
- 피터 팬은 자유로운 영혼으로 더는 자라고 싶어 하지 않으며 모험을 사랑한다.

Edward Stratemeyer의 책 『낸시 드류』:
- 낸시는 그림을 잘 그리고, 프랑스어를 구사하며, 여행, 자동차, 보트 타기를 좋아하는 다소 제멋대로이지만 다정하고 다재다능한 사람이다.

A.A. Milne의 책 『곰돌이 푸』:
- 티거는 매우 긍정적이며 기쁨에 차서 이리저리 뛰어다닌다.

Astrid Lindgren의 책 『말괄량이 삐삐』:
- 삐삐는 독립적이고 외향적이며 자유분방하고 장난기 많고 예측할 수 없다. 그녀는 거만하고 비합리적인 어른들과 사회적 관습을 조롱한다. 그녀는 친절하고 영리하지만 때때로 자기중심적일 수 있다.

Dr. Seuss의 책 『Oh, The Places You'll Go!』:
- 이 책은 7유형이 썼을 법한 책이다.

Roger Hargreaves 책 『EQ의 천재들』:
- 서둘러 씨는 일이 빠르게 해결하고 항상 바쁘다.
- 모험 씨는 여행하고 세상 보는 것을 좋아한다.
- 무모 양은 빠른 속도를 즐긴다.
- 재미 양은 파티를 좋아한다.

7유형 아이 : 꼬마 모험가

개요

　7유형 아이들은 자주 웃고, 친구 사귀는 것을 좋아하고, 낙천적이고 활력이 넘친다. 부모가 7유형이 아니라면 아이의 높은 에너지 레벨에 먼저 지쳐 버릴 수도 있다. 7유형 아이는 "지루해요. 이제 뭐 해요? 우리 뭐 하면 돼요?"라고 끊임없이 묻는다. 어린 7유형에게는 유쾌한 일들이 필요하다. TV나 게임기만으로는 이 아이들을 집중시키거나 잡아두지 못한다. 낮에 온갖 활동을 해서 밤에는 기절하듯 곯아떨어지는 경향이 있다.

　7유형 아이가 내 사무실을 방문한 적이 있었는데 스테로이드 주사를 맞은 강아지처럼 뛰어다니며 모든 물건을 탐험하듯 만졌다. 7유형 아이들이 광대처럼 굴면서 수업을 방해하는 것은 다른 의도가 있는 것이 아니라 단지 분위기를 띄우려는 것이다.

　7유형 아이들은 창의력과 멋진 상상력 그리고 꿈이 있다. "이렇게 하면 어떨까?"를 궁리하며 더 큰 상상의 나래를 펴는 것을 좋아한다.

　7유형 아이들은 어려운 일도 긍정적으로 보려고 하지만 바쁘게 시간을 보내는 것은 고통스러운 감정을 피하는 방법이기도 하다. 겁이 많아서 유머, 매력 또는 능청스러움으로 싸움을 회피한다. 그러나 8유형 날개를 가진 7유형은 피하지 않고 맞서려는 경향도 있다(날개는 35쪽 참조).

7유형 아이의 긍정적 특성

어른과 마찬가지로 아이들도 건강하고 이완되어 있을수록 각 유형의 타고난 재능을 더 많이 나타낸다. 편안하고 행복한 아이는 스트레스가 많고 불행한 아이보다 자신의 긍정적인 특성을 더 잘 표현한다.

넓고 다양한 분야에 관심과 재능을 가지고 있다 : 7유형 아이라면 하루는 수영 수업에 참여한다고 했다가, 다음 날에는 연극을 배우고 싶어 할 것이다. 모든 것을 경험하고 싶어 해서 새로운 것에 관심이 많다. 따라서 7유형 자녀를 둔 부모라면 아이가 계획을 바꾸거나 관심사가 변하더라도 느긋하게 맞춰줄 수 있어야 한다.

자원을 잘 활용한다 : 7유형 아이들은 확장적인 생각을 잘한다. 원하는 장난감을 사고 싶은데 부모가 돈을 주지 않는다면 색연필을 묶음으로 사서 친구들에게 낱개로 판매하는 것과 같은 창의적인 방법을 생각해 낸다. 내가 아는 7유형 지인은 어렸을 때 이렇게 해서 돈을 벌었으며 지금은 잘나가는 사업가가 되었다. 원하는 것을 얻기 위해서라면 스티커 판매, 쿠키 판매, 헌 옷이나 문제집 판매 같은 다양한 방법을 탐색하고 시도한다.

매력적이고 카리스마가 있다 : 일반적으로 또래들에게 인기가 많고 어른들에게는 매력적이어서 많은 사람들이 친하게 지내고 싶어 한다.

일을 놀이처럼 한다 : 7유형 아이는 일상적인 일도 즐길 수 있다. 7유형 아이에게 세차하라고 하면 재미있는 거품 놀이로 생각할 수 있다. 숙제를 마칠 때 재미있는 보상을 제공한다면 보상에 대한 기대로 지루한 일도 견딜 수 있다. 매일 똑같은 일을 반복하게 하는 대신 시간에 따라 다양한 과업을 준다면 더 나은 결과를 얻을 수 있다.

영리하다 : 새로운 것을 배우는 일에 매우 개방적이기 때문에 무엇이든 쉽게 배우며 지적이다.

환경 보호에 관심이 있다 : 특히 사회적 본능의 7유형(37~40쪽 참조)은 세상을 더 나은 곳으로 만들려는 강한 열망이 있다. 플라스틱을 재활용하거나 해변을 청소하는 것을 기쁘게 생각한다.

기쁨을 준다 : 건강한 7유형 아이는 세상에 큰 기쁨을 나눠 줄 수 있다. 행복한 요정 가루를 주위에 뿌리고 모두를 기분이 좋게 만드는 능력이 있다.

7유형 아이의 도전과제

어른들과 마찬가지로 아이들도 긍정적인 특성이 극단적인 반대의 모습으로 나타나기도 한다. 이러한 잠재적 함정을 이해하고 아이와 함께 노력한다면 아이가 건강한 방향으로 나아가게끔 도와줄 수 있다. 다음에 제시된 부정적인 특성이 7유형 아이에게 모두 나타나지 않을지 모른다. 그러나 이런 경향이 나타날 수 있다는 것을 아는 것은 아이가 스트레스 상황에 대처할 때 유용하다.

제약을 싫어한다 : 하지 말라든가 할 수 없다는 말을 듣는 것을 좋아하지 않기 때문에 육아가 어려울 수 있다. 아이에게 엄격한 규율을 들이대는 것보다 의사결정에 참여했다고 느끼게 하는 것이 도움이 된다. 방을 정리할 때 다음과 같이 해보자. "네가 하고 싶지는 않겠지만 방 정리를 함께하고 아이스크림을 사서 공원에 놀러 가는 건 어때?" "하고 싶지 않겠지

만~어때?"라는 말은 7유형이 선택 자유를 느끼게 한다.

불안정하다 : 자유로움을 즐기지만, 명확한 선이 없으면 불안감을 느낄 수 있다. 사고 유형이기 때문에 생각이 많으며 활동을 통해 두려움을 숨기려 한다. 마음 깊은 곳에서는 두려움을 느끼고 있다는 것을 알고 있다. 7유형의 이완 지점이 5유형이기에 (37~40쪽 참조) 참을성을 가지고 내면을 살피게 하는 것이 좋다.

주의 집중 시간이 짧다 : 몸과 마음이 빨라 쉽게 지친다. 7유형은 5유형처럼 한 가지를 깊이 탐구하기보다는 여러 가지를 재미 삼아 조금씩 해보는 것을 즐긴다. 시간이나 노력이 많이 드는 것을 배우면 쉽게 지루해한다. 아이가 오늘 새로운 장난감에 신이 나도 내일이면 잊어버릴 수 있다. 새로움에 대한 이러한 열망은 거의 중독적이다. 다른 재미있는 일로 빠르게 이동해야 하므로 식사를 건너뛰거나 허겁지겁 먹기도 한다.

수다쟁이다 : 수다쟁이이며 재미있게 꾸며서 말하기도 한다. 사실 그대로 말하는 것은 흥미롭지 않을 때도 많기 때문이다.

쉽게 흥분한다 : 7유형 아이의 흥분은 부모에게 도전이 될 수 있다. 7유형 아이와 마트에 가서 즐겁게 쇼핑하다 아이가 가지고 싶어 하는 물건이 보이면 갑자기 제멋대로 날뛸 수도 있다. 부모는 놀 수 있는 시간, 살 수 있는 장난감의 가격, 이동이 가능한 범위 등에 대해 확실한 선을 정해줘야 한다. 단, "네가 더 놀고 싶겠지만", "더 좋은 걸 사고 싶겠지만", "더 멀리 가고 싶겠지만" 등의 자율을 인정하는 언어를 잊지 말아야 한다.

제외되는 것을 두려워한다 : 재미있는 모든 것의 중심에 있기를 원하는 7유형 아이들에게 흔한 일은 아니지만, 친구들의 생일 파티에 초대받지 못하는 경우 특히 힘들어할 수 있다.

사춘기 7유형

　모든 사춘기 아이는 반항하려는 경향이 있다. 특히 사춘기 7유형들은 자유를 중시하기 때문에 규칙을 강요하는 것을 견디지 못한다. 통금? 복장 규정? 어떤 규칙이든 밀어붙이기 어렵다. 반복되는 수업과 숙제는 7유형의 흥을 깰 수 있다. 그래서 수업을 빠지고 좋아하는 일을 하거나 그럴듯한 거짓말로 선생님이나 부모를 속이려 하기도 한다. 창피함을 많이 느끼는 일반적인 10대와 달리 7유형들은 자신감이 넘치며 관심의 중심이 되는 것을 즐긴다. 그들은 유쾌하고 옷을 잘 입고 매력적이어서 또래에게 인기가 많다. 친목 모임을 계획하거나, 파티에 참석하는 등 사람들과 어울리는 것을 좋아한다. 만약 부모가 내향적이라면 서로의 태도나 행동을 탐탁지 않게 생각할 수 있다.

　10대 대부분은 실험적인 시도를 즐기는데 그중에서도 7유형은 새로운 일을 해보고 싶은 강렬한 욕망이 있다. "만약 이렇게 하면 어떤 일이 일어날까?" 궁금한 나머지 불법적인 일에 관심을 가질 수도 있다.

　용돈은 손가락 사이로 모래가 빠져나가듯 금세 빠져나간다. 친구에게 "이제 겨우 12일째인데 용돈을 다 써버렸어. 이달 말까지 써야 하니 돈 좀 빌려줄래?"라는 말을 종종 한다.

　사춘기 7유형은 예리한 지성과 넘치는 매력을 이용하여 반대하는 부모를 영리하고 집요하게 설득한다. "토요일 집에서 파티해도 될까요? 끝나고 정리 잘 할게요. 재미있을 것 같아요." 아무런 설명 없이 계획을 무산시킨다면 무례하고 비판적이거나 냉소적으로 반응할 수 있다. 또한 의도적으로 당신을 놀라게 해서 분노를 자극할 수도 있다. "나는 엄마한테 정말 화가 났어. 그래서 피우고 싶지도 않은 담배를 한 갑 사서 엄마 앞에서 보란 듯이 피웠어. 엄마가 충격받는 모습을 보고 있으니 내가 이긴 것 같은 기분이 들더라고."

그들은 종종 약속 시간보다 늦거나 지각한다. 중간에 할 일이 계속 생기기 때문이다. 잘못해서 벌을 받아도 비웃으며 무시하기도 한다. 7유형 아이들에게는 선택의 폭을 넓게 주어서 흥미를 느끼고 재미있게 학습하도록 돕는 교사가 필요하다. 7유형은 자유를 추구하는 과정에서 또래 친구들보다 일찍 독립할 수 있다. 하지만 고통스러운 감정을 회피해서 정서적인 성숙이 늦어지기도 한다. 권위적인 부모라면 사춘기 7유형의 집중력 부족에 절망할 수 있지만 7유형은 대체로 성공적인 삶을 산다. 이들은 크면서 더욱 빛을 발한다.

7유형 아이의 강점 끌어내기

부모 유형과 관계없이 7유형 아이들이 건강하게 자랄 수 있도록 도와주는 몇 가지 방법이 있다. 부모가 다음 내용들을 잘 실천하면 아이들은 더 건강하고 행복하게 성장할 것이다.

계획에 흥미를 보여라 : 7유형 아이들은 자신의 꿈과 아이디어에 부모가 열광할 때 매우 좋아한다. "어떻게", "왜"라고 따지지 말고 흥미진진한 가능성을 보고 귀 기울여라. 아이는 끊임없이 새로운 아이디어를 가져올 것이다.

부모가 곁에 있다고 확신하게 하라 : 두려움을 많이 느끼는 유형이기 때문에 겉으로는 어른처럼 허세를 부려도 속으로는 부모가 곁에 있다는 것을 확인하고 싶은 아이일 뿐이다.

인정받고 있다는 느낌이 들게 하라 : 7유형 아이는 삶의 활력을 위해 엄청난 에너지를 쏟는다. 아이가 주는 따뜻한 행복이 얼마나 고마운지 알려주어라.

고통을 직면할 수 있도록 도와주어라 : 일반적으로 슬픔, 거부감, 상실감, 실망감 등의 부정적인 감정을 좋아하지 않는다. 정서적 고통이 닥쳤을 때 대처 방법을 잘 몰라 회피로 대응한다. 학교에서의 일 때문에 당황했을 때도 표현하지 않고 혼자 방에 틀어박혀 침묵할 수 있다. 이럴 때 감정을 표현할 수 있도록 부드러운 말로 이끌어주어라. 부모가 겪었던 경험을 나누며 고통스러운 상황을 마주할 수 있도록 도와라. "친한 친구와 멀어지는 것은 참 힘들어. 엄마(아빠)도 좋은 친구랑 멀어지니 슬펐어. 아까 기분이 어땠어?"

지루함을 극복하도록 도와주어라 : 과정을 실행하는 즐거움을 찾도록 도와주어라. 지루한 단계도 앞으로 나아갈 수 있도록 격려해야 한다. 7유형 아이에게 미술 과목을 가르친 적이 있는데 프로젝트를 시작하자마자 다음 프로젝트로 넘어가고 싶어 했다. 그때 7유형 아이와 수업할 때는 확실한 규칙이 필요하다는 것을 체득했다. 아이가 프로젝트를 끝까지 하는 법을 배웠을 때, 미술을 더 깊이 알게 되었고 만족도도 훨씬 더 높아졌다.

건강을 위한 활동에 에너지를 쏟게 하라 : 등산, 서핑, 실내 암벽등반, 무술 등과 같은 활발하게 움직일 수 있는 활동에 참여하도록 하라.

10장
8유형 지도자

8유형 부모 : 확신에 찬 대장부 부모

> 개요

　8유형은 적극적이고, 남을 보호하려 하며, 도량이 넓고, 강한 성품을 지닌 이상적인 보호자이자 부모다. 그들의 보호 아래 있으면 누구도 아이들을 건드리지 못한다. 학부모회에 위풍당당하게 들어가서 가슴을 펴고 어깨에 힘을 주고 서 있는 모습은 카리스마가 넘친다. 8유형 부모는 지도자 역할을 맡아서 회의가 끝날 때까지 진두지휘하는 것에 익숙하다.

　8유형은 의지가 강하고 매우 강인하다. 8유형의 좌우명은 "강한 자만이 살아남는다"이다. 어려운 상황에서도 살아남으려고 애를 쓴다. 에니어그램에서 8유형은 성별에 상관없이 남성성을 강하게 드러낸다. 도전을 즐기고 책임자를 자처하기에 '지도자' 또는 '도전자'로 불린다.

　자수성가형이기 때문에 아이들에게도 이를 요구한다. 높은 수준의 에너지와 추진력을 지녔으며 맡은 책임을 완수하기 위해 악착같이 노력한다. 놀 때도 화끈하다.

　아이들에게는 규칙 준수를 요구하지만, 자신은 관행을 따르지 않는 규칙 파괴자이기도 하다. 직설적인 8유형들은 빙빙 돌려서 말하는 사람들을 견디기 어려워한다. 자신 이외의 누구에게도 의존하지 않는데 긴장지점인 5유형(37쪽 참조)과는 다른 동기가 있다. 다른 사람들이 자신에게 의지하면 좋아한다.

8유형은 본능중심(분노와 관련된 장중심)이다. 이들은 분노를 표출하고, 다른 사람들에게 거침없이 맞서고, 즉각적으로 실행하고, 치열하게 투쟁한다. 누군가와 크게 싸워도 '졌다'라고 느끼지 않는 한 금방 잊어버린다. 그러나 상대방에게 밀렸다고 느끼면 반드시 복수한다. 상대방을 '제압'하면서 이렇게 간단한 일을 왜 다른 사람들은 수월하게 처리하지 못하는지 의아해한다.

8유형 부모에게 정의는 매우 중요한 가치다. 아이가 부당한 이유로 괴롭힘을 당했다면 가해자들은 긴장해야 한다! 8유형들은 사람들에게 맞서기를 즐긴다. 그럴 때 오히려 살아 있다고 느낀다. 사랑하는 사람들을 극진히 돌보지만 자칫 과잉보호하게 되기도 한다. 아이들은 부모가 지신을 통제하고 지배한다고 여길지도 모른다.

자신이 원하는 것을 활기차게 추구한다. 지인들에게 영향력을 미치면서 호응받는 것을 즐긴다. 몇몇 8유형들은 부모의 방임이나 학대로부터 자신과 형제자매들을 보호하는 역할을 맡았기 때문에 평탄치 않은 유년기를 보냈다고 보고한다. 이런 경우 그 나이 때 누려야 할 것을 제대로 누리지 못하고 조숙해진다. 씩씩한 겉모습 뒤에는 부드럽고, 관대하고, 사랑스럽고, 매력적이고, 나약함을 드러내지 않으려는 따뜻한 마음이 있다.

8유형 부모가 아이에게 원하는 것

8유형 부모는 아이가 독립적이고, 자신을 잘 돌보고, 솔직하게 말하는 법을 알기를 바란다. 이들은 '꼬마 골목대장'을 원한다.

8유형 부모의 강점

　모든 유형은 건강하고 이완될 때 타고난 재능을 나눌 수 있다. 8유형 부모의 강점은 다음과 같다.

든든한 보호자다 : 약하고 죄 없는 사람들을 보호한다. 아이들은 부모에게 든든함을 느낀다. 8유형 부모의 품 안에 있는 한 아무도 아이들을 괴롭히지 못한다. 아이들에게 세상에서 살아남는 법을 가르치기 위해 엄격한 훈육을 하기도 한다. 물론 사랑하는 마음에서 비롯되는 것이다. 아이들이 어떤 방식으로든 성공할 수 있도록 힘이 되어 준다. 이 과정에서 관대한 보호의 임무를 수행한다.

사람들을 잘 파악한다 : 뛰어난 육감을 지니고 있어서 속이기 어렵다. 믿을 수 없는 사람을 직감적으로 알아차린다. 8유형 부모가 교사나 부모를 존경하고 신뢰하지 않으면 그들은 위축될 수 있다.

책임감이 강하다 : 지도자나 상사처럼 가정을 이끌어가는 경향이 있다. 9유형 날개를 지닌 8유형은 어떤 때 온화하고 지지적이면서 또 다른 때는 가혹할 정도로 가차 없다 (날개는 35쪽 참조). 아이에게 자기 삶에 책임을 지도록 가르친다.

결단력 있고 주도적이다 : 위급한 상황에서 어떻게 처신해야 하는지 알고 빠르게 대처한다. 내 아이가 아니어도 누군가 다치거나 위급한 상황이 닥치면 즉시 나서서 수습한다.

너그럽고, 인자하고, 관대하다 : 8유형의 사랑은 어마어마하다. 아이들의 솔직함과 순수함을 사랑하기 때문에 그들을 보호하고 지켜주기 위해 최선을 다한다.

- **담대하다** : 부당하다고 여겨지면 주저하지 않고 맞선다. 만약 교사가 아이를 힘들게 한다면 학교로 달려갈 것이고 문제가 해결될 때까지 절대 물러서지 않을 것이다.

- **아이들을 강하게 키운다** : 강하게 자란 8유형들은 아이들도 강하게 자라길 기대한다. 세상은 험난한 곳이기에 아이들이 난관을 잘 극복하고 이겨내기를 바란다. "사나이는 울지 않는다"라는 말을 좋아한다.

- **선을 분명하게 그으며 훈육한다** : 아이들은 8유형 부모와 함께 있을 때 지켜야 할 선을 분명히 알고 있다. 어떤 반항도 용납하지 않으며 공정해지려고 애쓴다.

8유형이 더 좋은 부모가 되는 방법

만약 당신이 8유형이라면 위의 설명에 공감하는 부분이 많았을 것이다. 또한 마음에 들지 않거나 불편한 부분도 있을 것이다. 후자라면 자아 인식이 떨어져 있거나, 스트레스를 받고 있거나, 긴장된 상태라는 징표다. 이럴 때 8유형의 이상적인 특성들이 오히려 반대의 모습으로 드러날 수 있다. 이것을 깨닫는다면 더 건강해질 수 있다.

아래 제시된 것들을 실천하려 노력하면 더 좋은 부모가 될 수 있다. 현재도 충분할 수 있지만 알아두면 도움이 될 것이다.

가끔 한걸음 물러서서 생각해보라 : 아이들은 당신의 그늘에서 벗어나기 어렵다고 느낄 수 있다. 때때로 아이들의 의견은 무시하면서 부모의 뜻을 강요하는 것처럼 느껴질 수 있다. 아이에게 자신의 방식을 강요하지 말고 위축된 아이들이 원하는 것을 추구하며 정체성을 가진 개인으로 성장할 수 있도록 놓아주어라. 어떤 엄마가 이런 사연을 들려주었다. "우리 셋째 아이는 8유형 아버지에게 존중받으려고 맞서곤 했어요. 다른 애들은 그렇지 않았지요. 저는 그 애가 자기를 잃어버릴까 봐 멀리 떨어진 기숙학교에 보내기로 했고, 아이는 그곳에서 본인 고유의 모습을 찾을 수 있었어요. 지금 생각해도 탁월한 선택이었어요. 아이는 학교에서 우등생이 되었고 결국 아버지의 존중도 받게 되었거든요."

자기 영향력을 의식하라 : 8유형의 강한 에너지는 내성적이고 예민한 아이에게 위협을 넘어 공포로 느껴질 수 있다. 당신은 별생각 없이 화를 냈어도 아이는 엄청난 두려움을 느끼고 얼어붙을 수 있다. 자신의 존재가 얼마나 막강한지 깨닫지 못했던 어떤 8유형은 아이의 반응을 보며 놀랐다고 말했다.

아이의 의견을 존중하라 : 아이들의 주체성을 권위에 대한 위협으로 여기지 말라. 아이들도 의견을 가질 권리가 있다. 부모의 의견에 동의하지 않는다고 해서 투쟁을 원하는 것은 아니다. 무시하는 것은 더욱 아니다. 화가 나도 일단 아이들의 이야기를 들어라. 부모 말을 잘 듣는 아이로 키우고 싶겠지만 '예스맨'이 되기를 원하는 것은 아니지 않은가? 아이들이 독립적으로 성장하길 바란다면 스스로 생각할 수 있는 존재라는 것을 잊으면 안 된다. 아이의 의견을 계속 뭉개면 아이는 삶을 스스로 이끌어 가는 대신 억지로 끌려가게 될 것이다.

너무 엄격하게 통제하지 말라 : 8유형의 양육 신념은 "모 아니면 도"이다. "내 방식대로 제대로 하지 않으려면 차라리 떠나!"라는 식이다. 자신을 따르지 않으면 아이들에게 거침없이 화를 낸다. 어느 정도의 훈육은 필요하지만 지나치게 엄격하거나 가혹하면 아이들은 반항하거나 겁에 질려 위축된다.

아이에게 당신의 약한 면도 보여주어라 : 8유형은 부드러운 면을 겉으로 드러내는 것을 좋아하지 않지만, 아이들은 부모의 영향력뿐 아니라 감정도 경험할 필요가 있다. 감정의 표현은 '약한 것'이 아니다. 민감하고 감정적인 아이들이 반드시 약하지는 않다는 것을 기억하라. '감정'은 오히려 이런 아이들의 강점이 될 수 있다. 아이는 당신이 드러내기 어려운 약한 면을 드러내고 있다.

경쟁적이라는 것을 기억하라 : 8유형들은 경쟁심이 강하다. 특히 아이들과 운동할 때 조심하라. 가끔은 아이들이 이기도록 아량을 베푸는 것이 좋다.

8유형의 예시

Enid Blyton의 책 『노디』 :
- 빅 이어스는 노디의 수호자이자 권위자이며, 여러 곤경에서 노디를 구해준다. 그는 위협적인 존재감으로 심술궂은 요정들을 두려움에 떨게 한다.

C. S. Lewis의 책 『나니아 연대기』 :
- 아슬란은 이완된 8유형의 대표적 예이다. 맹수들의 현명한 왕이자 아이들의 안내자이며 보호자이다. 그는 강력하고 위협적이다.

L. Frank Baum의 책 『오즈의 마법사』:
- 도로시는 책임감이 강하며 사자나 서쪽의 사악한 마녀 앞에서도 솔직하고 두려워하지 않는다.

Dr. Seuss의 책 『Yertle the Turtle』:
- 여틀은 더 강력한 권력을 갈망하는 긴장된 8유형으로 그것을 얻기 위해 거침없이 군림하려 한다.

Roger Hargreaves의 책 『EQ의 천재들』:
- 힘세 씨는 강인하고, 거칠고, 분노의 빛깔이 붉은색이다.
- 우쭐 양은 대장이라는 것을 과시하면서 명령을 내리고 사람들에게 영향을 미치는 것을 좋아한다.

8유형 아이 : 꼬마 골목대장

개요

8유형 아이는 친구들 사이에서 대개 우두머리를 하므로 금방 눈에 띈다. 규칙을 잘 따라서가 아니라, "이건 내가 할 거야!"라며 타고난 지도력을 발휘하는 경우가 많다. 8유형 아이들은 무시당하거나 꺾이지 않는 대담한 성격이다. 다른 아이가 괴롭힘을 당하면 해결하려고 팔을 걷어붙인다. 하지만 친하게 지내다가 갑자기 싸우기도 한다. 8유형 아이에게는 정의가 곧 규칙이다.

8유형 아이들은 의지가 강하고, 자신감이 넘치고, 겁이 없고, 관대하다. 주도권과 통제권은 안정감을 준다. 이 아이들은 '온순'하거나 '유약'하다고 인정하지는 않지만, 강하고 거친 모습 이면에는 여리고 상처받기 쉬운 면이 있다.

8유형들은 열정적으로 삶을 충만하게 산다. 구속을 강하게 거부하며 자율성을 갈망한다. 이렇게 강한 아이를 키우는 것은 어떤 경우든 수월하지 않다.

삶에 대한 열정만큼 식탐도 많을 수 있다. 8유형 아이들은 대개 에너지 소비량이 많아서 식욕도 왕성하다. 화려하거나 아름답게 꾸민 음식 따위는 필요 없다. 맛있으면 그만이다. 먹기 편하고, 입에 맞으면 더 좋다.

8유형 아이의 긍정적 특성

어른과 마찬가지로 아이들도 건강하고 이완되어 있을수록 각 유형의 타고난 재능을 더 많이 나타낸다. 편안하고 행복한 아이는 스트레스가 많고 불행한 아이보다 자신의 긍정적인 특성을 더 잘 표현한다.

자신감이 있다 : 스스로에 대한 확신이 없는 유형도 있지만 8유형은 대체로 자신감에 차 있다.

일찍 지도자 역할을 맡는다 : 강인한 신체 조건과 주도권을 장악하는 능력 덕분에 친구들에게 선망의 대상이다. 동아리 회장이나 학생대표와 같은 역할에 선출되곤 한다. 동생이나 후배들을 돌보는 역할을 맡겨도 믿음직스럽다.

관대하다 : 건강한 8유형 아이는 따뜻하고, 도움을 주고, 친구들을 보살피면서 시간과 자원을 아낌없이 내어준다.

당당하다 : 독립적인 8유형은 누구에게도 굽신거리지 않는다. "그 자식이 엄마 흉을 봤다고요!" 벌을 받으러 방에 들어가면서도 할 말은 한다. 공정하고 일관적인 코치나 교사를 존경한다. 다른 사람의 신뢰가 중요해서 가식적인 사람을 꿰뚫어 본다.

엄청난 에너지와 열정을 가지고 있다 : 가만히 앉아 있는 것보다 몸 쓰는 일을 좋아한다. 8유형은 활동가이며 특히 몸을 부딪치는 운동을 즐긴다. 그들은 원하는 것을 열정적으로 추구하고 다른 이들도 동참하게 하는 탁월한 능력이 있다. 어떤 아이디어가 떠올랐다면 아무도 그들을 막을 수 없다.

위엄이 있다 : 위엄을 풍긴다. 맡겨진 임무를 완수하며 어려운 시련을 헤쳐 나가는 신화 속 영웅 같은 느낌이다.

8유형 아이의 도전과제

어른들과 마찬가지로 아이들도 긍정적인 특성이 극단적인 반대의 모습으로 나타나기도 한다. 이러한 잠재적 함정을 이해하고 아이와 함께 노력한다면 아이가 건강한 방향으로 나아가게끔 도와줄 수 있다. 다음에 제시된 부정적인 특성이 8유형 아이에게 모두 나타나지 않을지 모른다. 그러나 이런 경향이 나타날 수 있다는 것을 아는 것은 아이가 스트레스 상황에 대처할 때 유용하다.

화를 잘 낸다 : 8유형 아이들에게 분노는 다듬어지지 않는 부분이다. 다른 아이들의 가벼운 무시나 놀림에도 민감하게 반응하면서 적대적인 성향을 드러낼 수 있다. "내 편에 서지 않으면 너는 나의 적이야."라는 식이다. 다른 아이들은 8유형이 길길이 날뛰는 것을 보기 위해 일부러 도발할 수도 있다. 몸이 먼저 움직이기 때문에 몸싸움으로 이어지기도 하지만 강인한 편이라 대부분 이긴다.

지나치게 독립적이다 : 독립적인 아이를 키우면 이점도 많지만, 보살핌이 필요한 시기에도 부모의 도움을 거부할 수 있다. 예를 들면, 어린 나이에 집을 나가 혼자 살겠다고 고집을 부릴 수도 있다.

독단적이다 : 민주적인 방식을 선호하지 않는다. 어떤 게임을 하고 싶을 때 다른 아이들의 의견은 듣지 않고 게임을 시작할 수 있다.

기가 세다 : 기 싸움을 한다. 부모가 아이의 기세에 눌리면 좌절한 아이는 부모에 대한 존경심을 잃을 수 있다.

사춘기 8유형

8유형 아이를 키우는 것은 큰 도전이지만 보람도 크다. 만약 당신이 8유형이라면 이 아이들을 다루는 법을 알고 있으므로 덜 부담스러울 수 있다. 그러나 8유형이 아니라면 서둘러 익혀야 한다! 사춘기 8유형은 웬만한 부모의 양육 기술을 무력하게 할 정도로 엄청난 에너지를 내뿜는다. 이 아이들이 대담한 생각을 주저 없이 말할 때 주도권을 쥐려면 단호하고 단도직입적이어야 한다.

이들은 벌을 받으면 벌을 준 사람에게 복수하기 위해 소리 없이 음모를 꾸밀 수 있다. 사춘기 8유형은 이렇게 생각할지도 모른다. "나는 장기전을 치르더라도 기필코 승리한다!" 그들은 자기 잘못이 분명해도 남에게 지지 않으려고 애를 쓰면서, 상대방을 비난하고, 떠벌리고, 망신을 주려 한다. 하지만 분노를 표출한 후에는 상대방이 아직 감정을 추스르지 못했어도 아무 일도 없었던 것처럼 따뜻하게 다가오기도 한다.

사춘기 8유형은 열정적이다. 강렬함 속에서 삶의 활기를 느낀다. 힘과 권위를 가지고 상대를 보호하다가 이내 악담을 할 수도 있다. 대다수의 유약한 아이들은 그들의 보호를 받고 싶어 한다.

요동치는 호르몬의 영향으로 불평불만이 많아지고 일상의 규칙을 거부하기 시작한다. 특히 남자아이들은 손님 앞에서 방귀를 뀌거나(공격적인 울분, 분노를 내뿜는 행위), 함부로 트림하거나, 단답형으로 이야기하는 등의 반사회적이고 공격적인 행동을 할 수 있다. 그들은 일부러 부모를 화나게 한다. 어디로 튈지 모르는 그들에게는 "매너가 사람을 만든다."는 말은 적용되지 않는다. 그들은 도도하고, 자신만만하고, 스스로에 대한 확신에 차 있으므로 또래 이성들에게 인기가 많을 수밖에 없다. 8유형 10대 남자아이들은 다른 10대보다 첫 경험의 시기가 이르다고 알려져 있다.

사춘기 8유형은 열심히 노력한 만큼 신나게 노는 것을 자신에게 주는 보상으로 여긴다. 그들은 파티와 노는 것에도 진심이다. 운동은 에너지와 분노를 건강하게 분출할 수 있는 방식이다. 학교에서 접하는 이론에는 흥미를 느끼지 못할 수도 있다.

어른을 무서워하지 않아서 엉뚱한 장난을 치기도 한다. 집안일을 시키면 난장판이 될 수 있다. 하지만 맡은 일을 충실히 하는 것이 중요하기 때문에 포기하지 않는다. 8유형 아이들에게는 적절한 일거리를 찾아주는 것이 중요하다. 잔디 깎기, 유리창 닦기, 반려견 산책시키기처럼 몸을 쓰는 일들이 더 잘 맞는다.

8유형 아이의 강점 끌어내기

부모 유형과 관계없이 8유형 아이들이 건강하게 자랄 수 있도록 도와주는 몇 가지 방법이 있다. 부모가 다음 내용들을 잘 실천하면 아이들은 더 건강하고 행복하게 성장할 것이다.

단도직입적으로 말하라 : 잘못했을 때 벌을 받는 것을 당연하게 생각하기 때문에 돌려 말할 필요는 없다. 8유형 아이가 잘못을 저질렀다면 직접적으로 야단치는 편이 낫다. 부당한 처벌만 받지 않는다면 덜 혼나기를 바라지는 않는다. 부당하게 처벌하면 당황하며 저항할 것이다.

분노를 조절하도록 도와주라 : 분노를 다스리는 방법을 가르쳐주어야 한다. 화가 나면 일단 속으로 열까지 세는 것과 같은 구체적인 방법을 제시하라.

맞대응하지 말라 : 아이가 분노했을 때 강하게 반응하는 것은 불난 집에 부채질하는 격이다. 아이가 진정될 때까지 담담하고 침착하게 기다려 주어라.

나약함을 드러내도록 격려해주라 : 8유형은 이완지점인 2유형과 같은 상냥하고 여린 모습(38쪽 참조)을 애써 감추려 한다. 아이가 나약함을 드러낼 수 있는 안전한 공간을 마련해주고, 나약함을 드러내는 것이 진정한 힘과 용기라는 것을 가르쳐라. 아무리 약한 모습을 보여도 부모는 지지해줄 것이라고 믿게 하라.

긍정적인 지도자 롤모델을 찾게 하라 : 종교 지도자에서 축구 감독에 이르기까지 이상적인 지도자를 찾아보고 그들의 훌륭한 점에 대해 의견을 나누어 보자.

경청하라 : 8유형 아이는 갑자기 흥분해서 문제의 원인을 인식하지 못하는 경우가 있다. 아이의 불만을 헤아리고 있다는 것을 알려주면 아이의 마음은 진정될 것이다. "이 상황 때문에 화가 많이 났구나. 왜 그렇게 마음이 상했는지 엄마가 들어줄까?"라고 말해보자.

반려동물을 기르라 : 대부분의 8유형 아이들은 동물을 좋아하기 때문에 그들의 높은 에너지 수준에 맞는 활동적인 반려동물을 기르면 도움이 된다. 8유형 아이들은 반려동물을 돌보는 책임을 흔쾌히 맡는다.

활기차게 대하라 : 8유형 아이는 부모와의 강렬한 신체접촉에서 사랑을 느낀다(4유형에게 정서적 공감, 5유형에게 지적 대화가 필요한 것처럼). 8유형 아이들은 열려있고, 공정하고, 솔직한 부모의 모습에서 신뢰를 느낀다.

11장
9유형 중재자

9유형 부모 : 포용력과 참을성이 있는 부모

개요

9유형은 참을성 있고 낙관적이고, 수용적이며, 편견이 없고, 동요하지 않는 훌륭한 부모의 자질을 가졌다. 누군가 좌절하거나 궁지에 빠져서 낙담하고 있을 때 편안한 기분을 느끼게 해서 침착하게 상황을 수습할 수 있는 사람들이기도 하다. 보살피는 품성을 갖고 있어 타인을 먼저 배려한다.

이들은 개방적이고 창의적이며 자기 인식이 높은 편이라서 아이의 눈높이에 잘 맞춰준다. 또한 아이의 감정, 생각, 욕망, 욕구에 대한 책임감을 느끼며 아이와 '일체화'하려는 경향이 있다.

대부분의 9유형은 행복한 유년 시절을 보냈다고 이야기한다. 어릴 때 대개 기분이 좋고, 사고 치지 않고, 무리한 요구를 하지 않는 아이였을 것이다. 유년 시절부터 주변 사람들과 잘 어울리는 것이 최선이라는 것을 배웠다. 아무도 그들이 무엇을 원하는지 관심이 없었기 때문에 자신이 좋아하는 것, 욕구, 감정 등을 알 필요가 없었다. 시간이 지나면서 자신이 뭘 원하는지, 뭘 느끼는지를 아예 모르게 되는 경우도 많다.

9유형은 소속감을 즐긴다. '모난 돌이 정 맞는다.'라는 말처럼 잘난척하며 나

대면 신임을 잃는다는 것을 잘 알기 때문에 겸손해지려 한다. 지나치게 자기주장을 내세우면 불협화음이 생길지 모르니 조용히 있는 게 최선이라고 생각한다. 그래서 자신의 느낌을 표현하지 못하고 우회적으로 말하거나 얼버무리면서 본심을 제대로 말하지 못하는 경우도 많다.

9유형은 때로 게으름을 피운다. 육체적 게으름도 있겠지만 자신을 내세우고 보살피는 것에 둔감하다는 의미다. 자기 몸을 제대로 돌보지 않고 가지고 싶은 물건을 살 때도 망설인다. 마음 깊은 곳에서 이런 것들을 누릴 가치가 있는지 의심하기 때문이다.

9유형들은 모든 일이 순조롭고 조화롭기를 바란다. 만약 세상이 평화롭지 못하면 그에 따른 분노나 불편한 감정을 혼자 삭인다. "도대체 왜 사람들은 서로 행복하게 잘 지낼 수 없는 걸까?"라고 생각하고 화를 참으며 갈등을 피한다. 또한 사람들이 강하게 밀어붙여도 대꾸하지 않지만, 속으로는 완강하게 자기 뜻을 고수한다. 가끔 억압된 분노를 폭발시키기도 하지만 금방 평상시의 침착하고 우호적인 성향을 되찾는다.

9유형은 스스로 시간을 조절하며 일할 수 있는 환경에서 열심히 일한다. 창의적인 분야에서 일하는 것이 평안하다. 9유형이 3유형의 이완 지점으로 가면(38쪽 참조) 야심차고 능력 있는 지도자가 되기도 하는데, 8유형의 날개를 가졌다면 특히 더 그러하다(35쪽 참조).

본능중심인 9유형은 행동하는 유형이기는 하나 때로는 행동 자체가 불편한 도전처럼 느껴지기도 한다. 차 한잔을 마시며 기분 좋은 일에 집중하는 것을 좋아한다. 나쁜 일이 일어나도 질질 끌면서 해결하려는 노력을 하지 않는다. 9유형은 더 건강한 상태 즉 이완의 방향으로 가면 행동을 더 많이 한다.

9유형 부모가 아이에게 원하는 것

9유형 부모는 아이가 느긋하고 수용적이며 이해심이 넓고 욕심이 없기를 바란다. 이들은 "꼬마 평화주의자"를 원한다.

9유형 부모의 강점

모든 유형은 건강하고 이완될 때 타고난 재능을 나눌 수 있다. 9유형 부모의 강점은 다음과 같다.

관대하다 : 9유형 부모는 일반적으로 매우 관대하다. 자신의 아이에게 큰 해를 끼치지 않는다면 너그럽게 이해한다. 이런 경향은 특히 8유형 날개를 가진 9유형에게 잘 나타난다. 아이들이 집안을 어질러 놓아도 별 잔소리 없이 말끔히 치울 수 있다. 집이 지저분해도 아이가 행복하다면 별로 스트레스받지 않는다.

직관력, 통찰력, 이해심이 있다 : 잘 들어주는 사람이다. 아이들의 문제를 직관적으로 이해하고 깊이 공감해 주지만 판단하려 하지 않는다. 아이들은 부모가 경청하고 있다고 느낀다. 아이들끼리 싸우면 각각의 관점을 잘 이해하고 평화의 중재자가 된다. 또한 유쾌함과 유머 감각으로 분위기를 편안하게 만든다.

어린아이 같은 순수함이 있다 : 열린 마음으로 뽐내지 않는다. 그래서 아이들과의 소통이 원활하다. 아이와 함께 오리처럼 정원을 뒤뚱거리며 돌아다니거나 그네를 함께 타면서 즐길 줄 아는 순수함이 있다.

느긋하고 포용적이다 : 아이들이 놀다가 페인트를 바닥에 쏟았건, 쿠키가 불에 타건 9유형 부모들은 당황하지 않는다. 다시 밀가루 반죽을 준비해서 아이들에게 기회를 주면 되니까! 가족 모두가 행복하다면 그걸로 만족이다. 또 아이들이 탐험하고 실험해 볼 수 있는 안정적인 환경을 제공한다. 아이들을 있는 그대로 받아들인다. 아이의 입장을 잘 헤아리고 수용한다. 순수하고 진실한 9유형 부모는 아이의 친구들을 자주 초대해서 편안하고 좋은 환경을 제공하기 위해 노력한다.

잘 돌본다 : 육아를 잘하는 따뜻한 부모로 많은 시간과 에너지를 아이에게 베푼다.

참을성 있다 : 아이들에게 믿을 수 없을 만큼의 참을성을 보인다. 이런 성향 때문에 아이들은 안정감을 느낀다. 특히 겁많은 아이들에게 긍정적이다.

일상생활을 건강하게 유지한다 : 식사 시간이나 취침 시간 등의 규칙적 일상을 행복한 마음으로 잘 지킨다. 규칙적인 일상은 아이에게 안전하고 안정된 환경을 제공한다. 9유형은 편안함을 주는 규칙적이고 건강한 일상에서 만족감을 느낀다.

재미있다 : 고조된 감정이 오가는 긴장된 상황에서 유머를 활용한다. 아이들은 9유형 부모의 유머에 크게 웃는다.

9유형이 더 좋은 부모가 되는 방법

만약 당신이 9유형이라면 위의 설명에 공감하는 부분이 많았을 것이다. 또한 마음에 들지 않거나 불편한 부분도 있을 것이다. 후자라면 자아 인식이 떨어져 있거나, 스트레스를 받고 있거나, 긴장된 상태라는 징표다. 이럴 때 9유형의 이상적인 특성들이 오히려 반대의 모습으로 드러날 수 있다. 이것을 깨닫는다면 더 건강해질 수 있다.

아래 제시된 것들을 실천하려 노력하면 더 좋은 부모가 될 수 있다. 현재도 충분할 수 있지만 알아두면 도움이 될 것이다.

언제 뿌루퉁해지는지 인지하라 : 9유형은 일이 계획한 대로 안 풀릴 때 본능적으로 뒤로 물러나서 무엇이 잘못됐는지 생각한다. 하지만 다른 사람들은 이런 모습을 보고 뿌루퉁해 있거나 말없이 공격하는 것으로 여긴다. 여기서 중요한 것은 소통이다. 아이가 당신을 화나게 했다면 무엇 때문에 화내고 있는지 말로 설명하라. 속상한 것을 표현하는 것이 속으로 삭이는 것보다 상황개선에 훨씬 더 효과적이다.

수동공격성이 육아를 방해하지 않도록 하라 : 9유형은 자율성을 중시하고 통제받는 느낌을 아주 싫어한다. 그런데 아이는 부모의 공간과 시간을 자연스럽게 침범한다. 배우자가 없거나 도와주지 않으면 9유형은 수동공격적으로 중요한 일들을 '잊어' 버린다.

타인과 하나 되어 주체적이지 못할 때를 주목하라 : 9유형은 사람들과 친밀해져서 정서적으로 하나가 되려고 한다. 그래서 9유형 부모들은 아이가 속상해하면 같이 속상해진다. 이렇게 되면 상황을 객관적으로 인식하기 어렵다. "어렸을 때 우리 가족이 휴가를 가면 모두가 행복하고 즐겁기를 바랐어요. 그런데 그렇지 않을 때도 있잖아요? 그러면 그게 모두 내 책임인 것 같아 힘들었어요. 그러나 점차 다른 이의 행복은 내 책임이 아니라는 것을 알게 되었지요."

무엇을 원하는지 찾아라 : 아이의 인생과 하나 되어 살아도 자신의 몫은 있어야 한다. 때가 되어 아이들이 부모 곁을 떠나면 인생을 잃는 것처럼 느껴질 수 있다. 이렇게 남 생각만 하면 자신을 위한 휴식은 없어진다. "나는 무엇을 원하는가?"라고 매일 자신에게 물어라. 그런 다음 무엇을 할지, 어떻게 할지를 결정하라.

중재자 역할에서 벗어나라 : 9유형에게 중재자 역할은 자연스러운 일이다. 하지만 항상 중재자 역할을 하면 모두 지친다. 상황에 따라서는 다른 역할이 필요할 때도 있다. 다음 9유형의 말을 들어보라. "나는 항상 부모님, 형제자매, 혹은 다른 사람들의 전쟁을 중재했어요. 힘에 부치고 진 빠지는 일이었지요. 내가 그렇게 애쓰는 데도 가족들은 나에게 짜증을 냈어요. 결국 그들이 집단 가족치료에 참여하도록 유도했어요. 사실, 효과는 없었어요. 치료과정이 끝나기도 전에 그만두었거든요. 그러나 한가지 교훈은 얻었지요. 전문상담가도 해결할 수 없는 일이라면 나도 해결할 수 없다는 것이니까요. 한발 물러나고 나서야 나의 강점을 알게 되었어요."

단도직입적으로 말하라 : 9유형은 우회적으로 말해서 본마음이나 감정을 헷갈리게 한다. 9유형 부모는 5살 아이에게도 이렇게 말할 수 있다. "그래, 수지네 놀러 가도 돼. 그런데 오빠를 테니스 연습장에 데려다줘야 해서 너를 데리러 갈 수 없을지도 몰라. 옆집 혜주 엄마한테 부탁할 건데 혜주 엄마도 바쁠지 모르겠다." 5살 아이 보고 어쩌라는 말인가? 친구 집에 가서 놀라는 건지, 말라는 건지 혼란스럽다. 이런 성향을 기억하고 하고 싶은 말이 무엇인지 확실히 생각하고 대화해라.

'안돼!'라고 말하는 법을 배우라 : 9유형은 받아들일 수 없는 것조차도 그냥 받아들이는 경향이 있다. 아이뿐 아니라 모든 사람의 기분을 맞춰주기 위해 지나치게 배려하거나 반사회적 행동을 허용하기도 한다. 어떤 9유형은 이렇게 말했다. "그 아이가 혀를 내밀며 손가락 욕을 했어요. 하지만 걔는 6살이고 앞으로는 나아질 테니 상관없어요." 이들은 아이들 뿐 아니라 반려동물의 요구조차 전부 들어주어 버릇없게 키운다.

건강한 경계를 만들라 : 아이에게는 규율과 훈육이 필요하고 분명한 선도 알려주어야 한다. 9유형 부모는 이런 상황을 원하지 않는다. 그래서 아이들에게 싫은 소리를 하지 않는다. 그러나 지나친 관대함은 아이를 가혹하게 대하는 것보다 더 큰 해가 될 수 있다. 과하면 모자람만 못하다. 살면서 지켜야 할 것들을 제대로 가르치지 못하면 훗날 아이의 삶은 고통스러워질 수 있다는 것을 명심하라. 친구 같은 부모만으로는 충분하지 않다. 자신의 욕구는 억누르고 아이의 요구만을 지나치게 수용하고 있지 않은지 살펴보라. 규율을 지키라고 말한다고 아이의 사랑을 잃지 않는다. 부모로서 진심 어린 사랑과 연민이 있다면 아무런 문제가 되지 않는다. "우리 아이들은 슈퍼마켓 계산대에만 가면 그 옆에 있는 사탕을 사 달라고 졸랐어요. 그러나 나는 거절했어요. 한번 사탕을 사주면 앞으로도 매번 졸라댈 걸 알았기 때문이죠. 아이들은 처음에는 엄청 떼를 썼고 나도 힘들었지만, 금세 평화를 찾았어요." 이런 과정을 혼자서 감당하기 힘들다면 배우자에게 도움을 청하라.

9유형의 예시

Rudyard Kipling의 책 『정글북』:
- 잠꾸러기 곰인 발루는 작은 일로 속 태우지 않으며, 차분하고, 침착하고, 우호적이다. 발루는 책임을 게을리하면서 행복하고 속 편한 생활을 즐긴다.

J. K. Rowling의 책 『해리포터』:
- 해그리드는 안아주고 싶고, 호감이 가며, 느릿느릿 움직이는 연민이 가는 성격으로 이국적인 용모를 자랑한다. 그는 해리포터와 그 친구들을 양육하는 역할을 맡는다.

A. A. Milne의 책 『곰돌이 푸』:
- 푸는 친절하고, 우호적이며, 사랑스럽고, 낙관적이며, 믿음직하다. 친구들 그룹에서 리더이기도 하다(9W8 유형의 특징).

Enid Blyton의 책 『노디』:
- 테시 베어는 모든 친구와 이웃들에게 친절하고 다정하며 주변 사람들에게 사랑받는다.

Disney 만화에서:
- 구피는 정답고, 선하며, 사랑스러운 바보다.

Dr. Seuss의 책 『호튼』:
- 코끼리 호튼은 못된 캥거루를 용서해 주고 서로 친구가 된다.

Roger Hargreaves의 책 『EQ의 천재들』:
- 공상 씨는 산만하지만 즐거운 성격이다.
- 행복 씨는 긍정적인 기질이다.
- 졸려 씨는 잠자는 것을 좋아하는 현실 도피주의자이다. 졸려씨가 사는 '잠자는' 마을에서는 해가 하루 4시간밖에 안 뜬다.
- 좋아요 양은 자신의 의견을 주장하지 않고 다른 사람들에게 동조하는 것을 좋아하며 차분하다.

9유형 아이 : 꼬마 평화주의자

개요

　9유형 아이들은 차분하고 참을성 있으며 너그럽다. 편안한 일상을 즐기며 대립을 원치 않는다. 남의 눈을 별로 의식하지 않으며 재미있고 창의적이고 따뜻하고 감각적이다. 때로는 풍부한 상상력을 보여주기도 한다. 9유형 아이들은 친구, 부모, 형제자매가 어떤 성격의 소유자든 쉽게 녹아들기 때문에 때로 존재감이 없어 보인다. 그래서 여러 분야에 관심을 보이기도 하지만 깊게 파고들지는 않는다.

　9유형 아이는 매사를 긍정적으로 생각하며, 행복하지 않은 상황도 긍정적으로 받아들이려는 경향이 있다. 항상 그렇지는 않지만, 형제들 사이에서 소외감을 느끼기도 한다. 9유형 아이들은 다른 사람들이 인식하지 못하는 일도 알아차리는 직관력이 있다. 주변 사람들 간에 불협화음이 일어날 것 같으면 조기 감지 시스템을 작동해서 평화를 유지하는 능력이 있다.

　동물들이 사람들보다 덜 위협적이기 때문에 9유형 아이들은 동물을 사랑한다. 이 아이들은 반려동물을 잘 돌보고 식물을 잘 키우며 자연 속에서 잘 지낸다. 수공예와 같은 창의적인 활동이나 보드게임은 9유형 아이들의 대표적 취미활동이다. 9유형 아이가 규칙을 어긴다면 친구가 꼬셔서 그런 경우가 많다.

　9유형 아이들은 몽상을 즐기며 자기만의 작은 세계에 잘 빠진다. 진실하게 살며 타인들도 정직할 것이라고 믿는다. 9유형 아이들은 다른 아이들에게 쉽게 속는다. 9유형의 과거 회상을 들어보자. "형이 엄마에게 어떤 욕의 의미가 무엇인지 물어보라고 시켰는데 그냥 했어요. 물론 엄마에게 크게 혼이 났지요. 그때 형이 일부러 못된 일을 시켰다고는 생각하지 않았어요."

9유형 아이들은 느긋하고 편안하게 사는 법을 안다. "내가 소란을 피우지 않으면 아무 문제 없어요." 물론 이런 경향이 지나칠 때도 있다. "어릴 때 가족들과 휴가 중에 다리가 부러진 적이 있었는데, 부모님을 속상하게 하지 않기 위해서 알리지도 않았어요. 상처가 꽤 심했는데도 병원에 가지 않고 그냥 집으로 왔어요. 가족들이 몰랐으니 당연한 거죠. 너무 아팠지만, 조용히 참을 수밖에 없었어요."

자신의 존재를 부각하지 않으려고 하는 것은 9유형들이 세상을 살아가는 안전한 방법이다. 이러다 보면 사람들의 관심을 받지 못하는 부정적인 결과로 이어지기도 한다. 대가족이나 학교에서 9유형 아이들은 소외된 기분을 느낄 수 있다. "나는 4형제 중 셋째였어요. 내가 5살 되던 해에 우리 가족이 야외로 소풍을 간 적이 있었는데, 나만 거기 홀로 남겨졌어요. 집에 도착할 때까지 내가 없다는 사실을 아무도 몰랐던 거예요."

9유형 아이들은 조용히 지내는 편이므로 양육하기 쉬운 유형이다. 물론 부모들에게는 큰 이점이다. 그러나 그냥 지켜보기만 하고 경청해 주지 않는다면 자존감 없는 어른으로 성장할 가능성이 크다. 보통의 아이들은 자연스럽게 화를 내거나 요구한다. 그러나 9유형 아이들은 화가 나도 속으로 삭이거나 정당한 요구조차 철회하고 못마땅하게 사는 경우가 많다. 그래서 모든 일이 힘들게 느껴지고 에너지가 떨어질 수 있다.

9유형 아이의 긍정적 특성

어른과 마찬가지로 아이들도 건강하고 이완되어 있을수록 각 유형의 타고난 재능을 더 많이 나타낸다. 편안하고 행복한 아이는 스트레스가 많고 불행한 아이보다 자신의 긍정적인 특성을 더 잘 표현한다.

편안하다 : 9유형 아이를 양육하기는 어렵지 않다. 부모와 대립하지 않고 기쁘게 해주기 위해 노력하는 성향 때문이다. 누구와도 잘 어울려 지내며 매사에 별로 힘들어하지 않는다.

인기 있다 : 9유형 아이들은 인기가 많다. 자기가 좋아하는 것을 고집하지 않고 친구들의 말을 기꺼이 들어준다. 또한 친구들이 편하게 쉴 수 있도록 배려한다. 9유형 아이들에게는 다른 친구들의 관점과 입장을 알아보는 능력이 있으며 열린 마음으로 우정을 나눈다.

과시하지 않는다 : 뽐내는 친구들은 9유형 아이의 겸손을 좋아한다. 친구들은 그들과 경쟁 관계에 있다고 생각하지 않기 때문에 더 좋아한다.

차분하다 : 다른 사람을 편안하게 해주고 조용히 위로하는 능력이 있다.

타인을 있는 그대로 수용한다 : 다른 친구들에게 억지를 부리지 않고, 있는 그대로의 모습을 포용한다. 친구가 잘못했어도 쉽게 용서한다.

혼자서도 잘 논다 : 친구들과도 잘 놀지만 혼자서도 잘 논다. "어렸을 때 몇 시간씩 구름을 보며 상상의 나래를 폈어요. 마음이 치유되는 것 같았거든요."

9유형 아이의 도전과제

어른들과 마찬가지로 아이들도 긍정적인 특성이 극단적인 반대의 모습으로 나타나기도 한다. 이러한 잠재적 함정을 이해하고 아이와 함께 노력한다면 아이가 건강한 방향으로 나아가게끔 도와줄 수 있다. 다음에 제시된 부정적인 특성이 9유형 아이에게 모두 나타나지 않을지 모른다. 그러나 이런 경향이 나타날 수 있다는 것을 아는 것은 아이가 스트레스 상황에 대처할 때 유용하다.

에둘러 말한다 : 9유형 아이들은 직접적으로 명확하게 이야기하는 데 어려움을 겪는다. 논쟁할 때나 감정이 고조된 상태일 때 특히 그렇다. 대화 중에 갑자기 다른 얘기를 꺼내서 상황을 회피하려 한다. 자기 생각과 감정을 확신할 수 없거나 주변 사람들을 자극하지 않으려는 것이다.

우유부단하다 : 결정을 내릴 때 자신이 아닌 부모를 즐겁게 하는 방향으로 결정하곤 한다. 때로는 여러 가지 선택지를 고민하지만 어떤 것이 옳은지 확신이 없다. 선택이 문제가 될 수도 있는 상황을 피하고 싶다.

멍해진다 : 부모가 하는 말을 듣기 싫을 때 9유형은 멍때린다. 부모 앞에 앉아 있지만 듣고 있는 상태는 아니다. 부모는 아이가 제대로 들었으리라 생각하겠지만 착각이다.

자주 미룬다 : 9유형 아이들은 숙제해야 하는데도 게임을 하느라 시간을 허비하는 경우가 많다. 방 청소를 하라고 하면 뜬금없이 앨범을 보고 앉아 있는 식이다. 밀어붙이면 밀어붙일수록 아이는 완강하게 버틸 것이다. 하지만 문제를 일으키고 싶지는 않기 때문에 패닉 상태에 빠질 수 있다.

지나치게 순응한다 : 생각과 행동에 책임을 져야 하는 상황에서 저항하는 경향이 있다. 어릴 때는 상관이 없겠지만 어른이 되면 문제가 될 수 있다. 9유형 아이가 무엇을 원하고 느끼는지 알기 어렵다. 남들과 평화롭게만

지내려는 것은 자신을 포기하는 것과 다르지 않다는 것을 알아야 한다.

친구들에게 수동공격적일 수 있다 : 누구와 친하게 지낼지 스스로 결정하고 제한하는 경향이 있다. 모든 아이와 다 친해지려 하지는 않는다. 친구에게 주목받지 못한다고 느끼면 그 친구를 무시해서 억압된 분노를 분출하곤 한다. "흥! 네가 나를 알아보지 못했다고? 상관없어!"

사춘기 9유형

부모가 아무리 잔소리해도 자기 방을 치우는 등의 일을 하지 않으려는 것은 9유형 특유의 수동공격적 행동이다. 자신들이 중요하지 않아서 주목받지 못하는 존재라는 생각이 들 때 나오는 행동이다. 이때 부모가 개입해서 계획, 꿈, 목표 등을 함께 이야기 나누며 공감대를 형성하기 좋은 기회다. '괜찮아요, 상관없어요, 문제없어요' 등의 무심한 말들이 완전히 정반대의 의미일 수도 있다.

사춘기 9유형은 현실에 만족하며 느긋하고 편안하게 사는 것 같이 보인다. 하지만 너무 세게 밀어붙이면 완강하게 거부하거나 때로는 반항하려 할 것이다. 오랫동안 억눌러 왔던 분노의 감정이 폭발하는 것이다. 그러나 "대체 내가 무엇을 한 거지? 내가 사람들에게 도발했잖아! 그들이 나를 떠나는 건 아닐까?"라고 곧바로 후회하며 다시 특유의 평화롭고 무심한 상태로 되돌아간다.

'미루는 것'은 9유형의 특성인데 10대에는 반항의 형태로 나타난다. 부모에게 야단을 맞으면 방 청소 등 집안일을 하는 척 할 수는 있으나, 이내 강아지와 놀거나 친구들과 전화하거나 SNS를 탐색하곤 한다. 그동안 시간은 흘러가고 해야 할 일은 완전히 잊어버린다.

선생님들을 화나게 하지 않으려고 숙제를 한다. 어느 9유형은 "학교 다닐 때 집에 도착하자마자 숙제하는 습관이 있었어요. 그래야 내가 스트레스를 안 받았거든요."라고 말했다. 9유형은 책임을 회피하기 위해 뒤로 물러나서 자신만의 달콤한 세상에 빠져있거나 남을 탓하기도 한다.

대부분의 10대는 에너지가 요동 치는데 9유형은 오히려 무반응 상태, 자기 방치 상태, 나태한 상태가 되기도 한다. 그들은 샤워도 안 한 채 잠옷을 입고 침대에서 몇 날 며칠을 보낼 수 있다. 부모에게 화가 나 있어도 이유를 이야기하지 않고 뿌루퉁한 표정으로 퉁명스럽게 말하곤 한다. 가상 세계에 빠져서 밖에 나오려 하지 않을 수도 있다.

9유형 아이의 강점 끌어내기

부모 유형과 관계없이 9유형 아이들이 건강하게 자랄 수 있도록 도와주는 몇 가지 방법이 있다. 부모가 다음 내용들을 잘 실천하면 아이들은 더 건강하고 행복하게 성장할 것이다.

아이의 말에 귀를 기울이고 함께 있어라 : 9유형들은 대체로 자신이 주목받지 못하는 중요하지 않은 사람이라고 느낀다. 부모가 아무리 바빠도 아이가 하는 말을 경청해 주고 시간을 함께 보내면 아이를 건강하게 이끌 수 있다. 아이의 의견을 물어보고 강요하지 말기를 바란다. 강압 받았다고 느끼면 부모를 기쁘게 하는 표면적 반응만 하게 될 것이다. 아이의 말을 잘 듣고 있다는 것을 알려주기 위해 적절한 피드백과 눈 맞춤은 필수다. 그러면 9유형 아이는 주목받고 있다고 좋아할 것이다. 정서적으로 연결되어 있기를 원하기 때문에 단순한 일도 부모와 함께하는 것을 즐긴다. 아이를 인정해 주고 아이의 생각을 듣고 수용하라.

자신이 소중한 존재라는 알게 하라 : 3유형이 한 일을 자랑하는 유형이라면 9유형은 자기를 내세우지 않고 몸을 낮추는 유형이다. 그래서 아이는 부모가 인정해 주면 고마워한다. 부모의 인정은 자신이 주목받고 있고, 가치 있는 사람이라고 느끼게 하기 때문이다. 부모가 얼마나 아이를 소중하게 여기는지를 알게 하라.

자기주장을 할 수 있도록 도와라 : 자신을 믿고 의견을 표현하도록 격려하라. 9유형은 남을 화나게 하는 것이 두려워 뒤로 물러선다. "아무런 의견도 내지 않으면 잘못될 일도 없잖아! 맞지?" 아이가 결정을 자신 있게 내리고 의견을 말 할 수 있는 환경을 만들어 주면 아이의 자존감을 올려주는 데 도움이 된다.

또한 아이가 '예'라고 말하는 것이 때로는 '아니요'를 의미할 수 있음을 인식하라. 부모의 감정이 자신의 것보다 훨씬 중요하다고 생각하기 때문에 부모가 듣고 싶어 하는 말을 하려 한다.

자기 생각과 감정을 일기처럼 써보게 하라 : 두려움이나 갈등 없이 생각을 글로 표현하는 것은 9유형 아이가 자신을 인식할 수 있는 좋은 방법이다. 사람에 대한 통찰이 깊은 9유형은 좋은 작가나 스토리텔러가 되는 경우가 많으므로 아이의 이런 재능을 잘 계발하도록 격려하면 좋다.

무엇을 원하는지 물어보라 : 아이가 깊이 생각해서 좋은 답을 찾아내도록 참을성 있게 기다려 주어라. 그리고 아이의 결정에 가타부타 평을 하지 말라. 어린아이의 경우에는 선택의 폭을 좁혀주는 것이 좋다. "햄버거 먹을래? 아니면 샌드위치 먹을래?"라는 식으로 말이다. 너무 많은 선택권을 주면 '옳은' 선택을 했는지 골몰하면서 스트레스를 받을 수 있기 때문이다. 우왕좌왕하지 않고 결정하는 법을 배우도록 도와주어라.

선택과 집중을 할 수 있도록 도와라 : 9유형 아이들은 숙제와 같은 중요한 일에는 집중하지 않고 연필을 깎는다든가 하는 중요하지 않은 일에 쉽게 빠진다. 중요하지 않은 일에 쉽게 몰입하는 것은 중요한 일을 마주할 때의 불편한 감정을 피하고 싶기 때문이다.

자발적이고 도전적으로 변화를 시도하도록 격려하라 : 9유형 아이들은 익숙한 일상에서 빠져나오는 것에 대한 두려움이 있다. 이것이 꼭 나쁜 것은 아니지만 새로운 도전을 하는 데 방해가 될 수 있다. 도전에는 어려움과 불편한 감정이 따른다. 그래서 9유형은 되도록 도전을 회피하려 한다. 결과에 상관없이 도전 그 자체가 '성공'이라는 것을 알게 해주어라.

독립된 존재로 살게 하라 : 부모의 울타리 안을 가장 안전하다고 느끼기 때문에 부모와 하나가 되어 생활하려 한다. 그러면서도 어떤 문제가 발생하면 부모 탓을 한다. "엄마 아빠가 이렇게 하라고 했잖아!"라는 식으로 말이다. 자신감을 가지고 자신의 가치를 알게 하라.

스트레스 받을 때

3부에서는 에니어그램 유형별 부모/아이의 81가지 조합에 대해 알아볼 것이다. 이상적으로 우리는 언제든 건강한 상태, 즉 이완된 상태가 될 수 있다. 그러나 현실은 더 복잡하다. 그래서 우리가 받는 스트레스나 심적 압박이 부모/아이 관계에 어떤 영향을 주는지 살펴보려 한다. 우리가 변화하려면 스트레스 받았을 때의 습관적 행동을 인식하고 있어야 하기 때문이다.

물론 이런 모습을 마주하는 것은 쉽지 않은 일이다. 그러나 이런 모습이 평가 혹은 비난의 대상이 되어서는 안 된다. 객관적인 자기성찰을 통해서만 성장할 수 있기 때문이다. 이러한 건강하지 않은 행동이 본모습이 아니라 현실을 대하는 건강하지 않은 반응이라는 것을 냉철하게 인식하는 것이 중요하다.

자신에게 친절해야 한다. 친절해야만 자신을 직면할 용기가 생긴다. 자신의 그늘이나 어두운 면을 냉철하게 볼 수 있는 용기가 있어야 밝은 면을 받아들일 수 있다는 것을 기억하라.

3부

에니어그램 유형별 부모와 아이 관계

12장　1유형 부모와 아이 조합
13장　2유형 부모와 아이 조합
14장　3유형 부모와 아이 조합
15장　4유형 부모와 아이 조합
16장　5유형 부모와 아이 조합
17장　6유형 부모와 아이 조합
18장　7유형 부모와 아이 조합
19장　8유형 부모와 아이 조합
20장　9유형 부모와 아이 조합
21장　나오며

12장
1유형 부모와 아이 조합

1유형 부모와 1유형 아이

부모 : 본능중심	아이 : 본능중심

> 두 유형의 기본 관계

이 둘은 완벽한 조합이다. 둘 다 집에서든 직장에서든 학교에서든 모든 것을 바르게 해 놓으려 하고, 모든 사람을 공정하게 대하려 한다. 다른 사람에 대한 배려심이 깊고 그렇게 하는 것이 옳은 일이라고 굳게 믿는다. 1유형 부모는 아이 양육에 대한 책임감을 느끼고 헌신하며 편애하지 않고 공평하게 대하려고 노력한다.

1유형 부모는 도덕적 우위를 차지할 방법을 고민한다. "내가 널 사랑하지 않는다면, 네가 어떤 옷을 입든지 신경 쓰지 않을 거야. 그렇지 않니?" 부모와 아이 모두 깔끔함과 정리 정돈을 중요하게 생각하기 때문에 아이는 어린 시절부터 놀이터에서 노는 것보다는 집에 있는 것을 선호한다.

모든 것을 내려놓고 즐겁게 지내는 것도 인생에서 중요하다. 힘들게 일하는 것만 중요한 것이 아니다. 둘 다 진지한 성격이기 때문에 가끔 긴장을 푸는 시간을 가져야 한다. 휴가를 가거나, 공원에 가거나, 영화를 보거나, 느긋하게 소파에서 뒹굴며 배달 피자를 먹는 것은 서로의 낙관적인 면을 공유하는 좋은 방법이다. 이때 1유형 부모와 아이는 이완 지점인 활기차고 즐거운 7유형으로 가게 된다(38쪽 참조).

1유형 아이에게 정직하고 공정하게 생활하라고 가르칠 필요는 없다. 이 아이들은 1유형 부모가 바라는 품위 있는 특성을 자연스럽게 나타낸다.

두 유형이 스트레스 받을 때

공통점이 많아서 서로에게 1유형의 건강하지 않은 면을 과장되게 보기도 한다. 즉, 상호 간에 나쁜 시너지를 낼 수 있다. "걔네 가족은 늘 그런 식이더라." "내가 그럴 줄 알았어. 네 짝꿍 엄마 오늘도 모임에 늦었어." 또는 "그 사람들은 예의가 없어. 내가 널 이렇게 잘 키운 게 얼마나 다행이니?"라고 엄마가 말하면 아이는 옳지 않다며 엄마를 나무랄 수 있다. 하지만, 아이가 친구의 험담을 하면 이제는 엄마가 도덕군자처럼 아이를 가르치려 들 것이다.

아이의 생각과 부모가 옳다고 생각하는 것이 다를 때 충돌할 수 있다. 아이가 커서 복장 또는 종교에 대한 자기주장을 펴기 시작할 때 갈등은 더 자주 발생한다. 서로를 "고쳐야 할" 존재로 보기 시작하기 때문이다. 아이는 일을 망칠지 모른다는 두려움으로 아무것도 하지 않으려 할 수도 있다. 자신 혹은 부모의 높은 기준을 충족시킬 수 없다는 생각에 무기력해지기도 한다. 따라서 능력 이상으로 아이를 밀어붙이지 않도록 주의해야 한다.

둘 다 분노 유형이기 때문에 분노를 억제하려고 하지만 서로에 대한 지나친 기대 때문에 분노가 표출되기도 한다. 이럴 때 억압되어 있던 분노가 폭발하여 쓸어 담을 수 없는 경솔한 말을 내뱉거나 상처를 주는 냉소적인 말을 할 수도 있다.

이럴 때는 "해야 한다."라는 말을 자제하고, 이성보다는 마음 가는 대로 따르는 것이 도움이 된다. 1유형 아이는 자신이 '어린아이같이 구는 것'이 용납되지 않는다. 그래서 올바르고 완벽한 애어른처럼 행동할 수 있다.

언젠가 아이들이 진흙탕에서 노는 모습을 본 적이 있다. 1유형 아이는 티끌 하나 묻히지 않은 모습으로 앉아 슬픈 눈으로 친구들을 바라보고 있었다. 아이의 어머니 또한 1유형이었다.

1유형 부모와 2유형 아이	
부모 : 본능중심	아이 : 감정중심

두 유형의 기본 관계

차분하고 냉철한 1유형 부모와 따뜻하고 너그러운 2유형 아이의 만남이다. 1유형 부모가 현실적이라면 2유형 아이는 칭찬받고 싶어 하며 소유욕이 강하고 애정을 갈구한다. 1유형이 더 나은 세상으로 가는 길을 밝히는 북극성이라면 2유형은 더 많은 사랑을 표현하고 받고 싶어 하는 카시오페이아다(카시오페이아는 겸손하고 따뜻한 마음을 가진 사람들을 상징하는 별자리). 부모와 아이 모두 세상에 도움을 주는 사람이 되고 싶어 한다는 것을 기억하자. 세상에 긍정적인 변화를 주고 싶다는 서로의 뜻을 인정하기만 하면 둘은 깊은 유대감을 가질 수 있다.

감정이 풍부한 2유형 아이는 1유형 부모를 신뢰한다. 두 사람 모두 다른 사람을 돕는 것이 진정으로 가치 있는 삶이라고 생각하기 때문에 자신의 욕구를 부정하는 경향이 있다. 욕구를 갖는 것은 이기적이라고 생각하기도 한다. 자신뿐 아니라 아이에게도 욕구를 가지는 것은 잘못된 것이 아니라는 것을 가르쳐라.

1유형의 확고한 경계선과 헌신적인 양육은 아이에게 안전함과 신뢰를 준다.

2유형 아이는 부모가 따뜻하고 풍부한 감정을 경험하도록 돕는다.

두 유형 모두 사랑은 노력해서 얻는 것이라고 여긴다. 1유형은 근면함과 자기 수양을 통해 2유형은 타인에 대한 배려를 통해 사랑을 얻을 수 있다고 믿는다. 2유형 아이는 1유형 부모에게 따뜻한 정서, 인간 중심적 태도, 그리고 다른 사람들과 친근하게 지낼 수 있는 법을 보여준다.

두 유형이 스트레스 받을 때

2유형은 표현력이 뛰어나고, 외향적이며, 개방적으로 감정을 표현한다. 그래서 격식을 따지는 1유형 부모와 충돌할 수 있다. 1유형 부모는 아이가 보여주는 넘치는 사랑에 당황할 수도 있다. 2유형 아이는 부모가 원하는 것을 충족시켜 주려 하지만 1유형 부모는 아이가 자신의 욕구를 살펴주는 것에 대해 수치심이나 죄책감을 느끼기도 한다.

1유형 부모는 일에 전념하거나 지역 사회 활동에 적극적으로 참여하거나 자원봉사를 열심히 하는 경향이 있다. "엄마는 노숙자 보호소에 밥 봉사하러 가야 해. 엄마가 너를 사랑하는 것 알지?" 2유형 아이는 자신을 돌보는 것보다 사회적 책임에 더 관심을 가지는 부모에게 거부감을 느낄 수 있다. 2유형 아이는 부모의 어깨를 주물러 주고, 저녁 식사 준비를 돕고, 좋아하는 쿠키를 함께 구우면서 부모의 관심을 받고 싶어 하므로 이러한 소외감이 특히 힘들 수 있다.

어느 2유형은 이렇게 회상한다. "제가 어릴 때 우리 부모님은 지역 사회에 좋은 일을 많이 하셨어요. 하지만 저는 소외감을 느꼈어요. 저와 시간을 보내지 않고 부모님이 고귀하다고 여기는 활동에 온 관심을 집중하셨기 때문이죠."

1유형 부모와 3유형 아이

부모 : 본능중심	아이 : 감정중심

두 유형의 기본 관계

두 유형 모두 세상을 더 나은 곳으로 만들고 싶어 한다. 부모는 목표를 설정하여 최선을 다하는 아이의 노력을 충분히 인정해 준다. 그 결과 아이는 신뢰와 지지를 받는다고 느낀다. 둘 다 현명하고 유능한 행동가이며 일을 시작했으면 끝마쳐야 한다고 생각한다. 3유형 아이는 빛나기를 원하고, 1유형 부모는 사회적으로 책임감 있고 올바르게 일하기를 원한다. 이들이 맡은 일을 효율적으로 잘 처리하며 다른 사람들이 자신을 어떻게 보는지 중요하게 생각한다. 둘 다 "학부모회에선 나를 어떻게 생각할까?", "선생님은 나를 어떻게 생각하실까?"를 고민한다.

이들은 모든 일에 유능하고 성공적이다. 탁월함이 좌우명이다. 1유형 부모가 학부모회에 발표하는 방식과 3유형 아이가 학교 프로젝트를 진행하는 방식 모두 겉으로 자신감이 있어 보인다. 부모는 성공한 아이를 다른 사람들에게 보여주는 것을 자랑으로 생각한다. "하정이는 수영을 정말 열심히 해. 팀에서 가장 어린데도 주전 선수야."라고 말하면서도 사실이기 때문에 '자랑'은 아니라고 생각한다.

두 유형이 스트레스 받을 때

자신의 느낌이나 감정은 두 유형 모두에게 걸림돌이다. 둘 다 감정을 드러내기보다는 의무적인 요구를 따르려 한다.

어떤 순간에도 진실해야 한다고 생각하는 1유형 부모가 실패를 숨기기 위해 사실을 왜곡하는 3유형 아이를 다루기는 쉽지 않다. 3유형은 노력에 대한 인정과 칭찬을 갈망하지만 1유형에게 칭찬은 사치다. 일을 잘하는 것은 당연하며 업적이 아닌 의무이자 책임이다. 자랑은 용납할 수 없기에 3유형 아이가 칭찬받으려고 자랑하면 1유형 부모는 못마땅하다.

3유형 아이는 1유형 부모가 가진 높은 기대치를 충족시키기 위해 자신의 욕구를 뒤로 미룬다. 아이는 칭찬을 갈망한다. 칭찬을 해주지 않으면 부모의 눈치를 보면서 칭찬받을 만한 일들을 찾으려 할 것이다.

1유형 부모와 4유형 아이	
부모 : 본능중심	아이: 감정중심
이완과 긴장의 방향으로 연결되어 있어서 겉으로는 달라 보여도 많은 성격적 특성들을 공유한다.	

> 두 유형의 기본 관계

둘 다 이완의 방향으로 가고 있을 때 조화롭게 잘 지낼 수 있다. 1유형 부모의 평온함은 4유형 아이의 강한 감정을 안정시킨다. 4유형 아이는 1유형 부모가 억눌러 왔던 감정들을 자연스럽게 드러낼 수 있도록 돕는다.

1유형은 완벽해지려 하고 4유형은 독특해지려 한다. 1유형 부모는 아이가 분별력 있는 현실감각을 가지도록 도와준다. 4유형 아이는 부모가 감정을 표현하고, 직관을 신뢰하고, 창의력을 표현할 수 있도록 이끌어준다. 결과적으로 서로에게 더 풍부하고 흥미로운 세상을 열어줄 수 있다.

두 유형은 강렬한 마음과 신념이 일치한다. 그러나 1유형 부모의 '옳은 방법'은 4유형 아이가 '옳다고 생각하는 방법'과 다를 수 있다. 4유형 아이가 옳다고 생각하는 방법은 '아름다운' 것이다.

1유형 부모의 한결같은 지지로 버림받을지 모른다는 4유형 아이의 두려움이 완화된다. 아이는 부모와 갈등이 일어나도 부모가 용서해 줄 것을 안다.

1유형이 완벽하지 않은 것에 집중하는 반면에 4유형 아이는 내면의 잃어버린 무언가를 찾는데 골몰한다. 둘이 함께 하면 세상은 완전해진다.

두 유형이 스트레스 받을 때

1유형 부모의 정서적 거리두기와 4유형의 지나친 정서적 성향이 부딪쳐 문제를 일으킬 수 있다. 아이는 부모를 차가운 사람으로 느끼고 부모는 아이를 감정 기복이 심하다고 받아들이게 된다. 부모는 "회계사는 음악가보다 훨씬 더 현실적이고 합리적인 직업이야."라고 말하며 아이의 창의성을 억제하려고 할지도 모른다.

둘 다 다른 사람보다 우월하다고 느낄 수 있다. 4유형 아이는 하고 싶은 것은 마음껏 해야 한다고 믿지만 1유형 부모는 훈육을 통해 강하게 다스려야 한다고 믿는다. 1유형 부모는 종종 "매를 아끼면 아이를 망친다."라고 생각한다. 이럴수록 4유형 아이는 부모가 자신의 이야기에 귀 기울이지 않는다고 느낄 수 있다. 이러면 1유형 부모는 아이가 자기중심적이고 유별나다고 비난한다. "그렇게 이기적으로 굴지 마! 다른 사람들에게 더 관심을 가져야지." 등의 말로 아이들을 죄책감에 빠지게 할 수 있다. 이런 말을 들은 4유형 아이는 존재에 대한 불안감을 가질 수도 있다.

4유형 아이는 1유형 부모가 너무 엄격하고 경직되어 있다고 생각할 수 있다. 이런 좌절 때문에 한바탕 성질을 부리기도 한다. 두 유형 모두 과거에 겪었던 상황들을 끄집어내면서 서로를 모욕하고 쏘아붙이며 말다툼을 할 수 있다.

1유형 부모와 5유형 아이

부모 : 본능중심	아이 : 사고중심

두 유형의 기본 관계

1유형 부모가 가진 완벽함에 대한 욕구는 5유형 아이의 지식에 대한 열망과 일치한다. 두 유형 모두 진지하다. 5유형 아이는 1유형 부모와 "이성적인" 주제로 토론하는 것을 즐기고 서로의 지혜와 지성을 소중히 여긴다. 5유형 아이에게는 동화책보다 날씨가 어떻게 변화하는지에 관한 대화가 더 좋을 수 있다. 1유형 부모는 혼자 일하고 노는 것을 즐기지만, 5유형 아이와 개미 농장 실험을 하거나 태양열 엔진을 만드는 것이라면 기꺼이 함께한다. 아이에게 정신적인 자극을 주는 것을 즐기며 부모로서 옳은 일이기 때문이다. 두 유형 모두 혼자서 성취하는 것을 행복해한다.

5유형 아이는 기발한 유머 감각이 있지만 '해야 할 일'이 있다고 생각하기 때문에 시답잖게 시간을 보내지 않는다. 1유형 부모는 아이가 다른 사람을 돕고 자기 계발을 하는 것과 같은 생산적인 일을 하길 원한다. 하지만 5유형 아이는 부모가 못마땅해하는 컴퓨터 게임을 더 즐긴다.

5유형 아이는 두려움이 많아서 한결같은 1유형 부모를 좋아한다. 두 유형 모두 감정에 집중하는 능력이 부족하므로 평정심이 중요하다.

> 두 유형이 스트레스 받을 때

　두 유형 모두 자신만의 세계에 갇힐 때 문제가 발생할 수 있다. 서로 감정을 표현하지 않아서 정서적인 유대감이 없어지면 거리를 두려 한다. 아이가 부모를 비판적이라고 생각하고 거리감을 느끼면 아이는 부모와 함께 있으려 하지 않는다. 이때 아이는 부모에게 더 이상 관심을 두지 않고, 부모의 느낌이나 생각 따위는 신경 쓰지 않는 것처럼 보인다. 아이는 점점 말수가 줄어들어 최소한의 묻는 말에만 답하려 할 수도 있다.

　둘의 관계가 너무 빨리 어른스러워지는 것을 주의하라. 두 유형 모두 진지한 성격이기 때문에 부모는 아이가 인내심을 발휘해서 돌봐야 하는 존재라는 것을 잊을 수 있다. 토론 주제나 활동을 선택할 때 아무리 애어른이라도 아이라는 것을 명심해야 한다.

1유형 부모와 6유형 아이

부모 : 본능중심	아이 : 사고중심

> 두 유형의 기본 관계

　1유형 부모와 6유형 아이는 근면성, 논리성, 책임감, 헌신에 관한 생각이 같고 놀이보다 일이 더 중요하다는 것을 이해한다. 두 유형 모두 어려운 사람들을 도와주어야 한다고 생각하지만, 동기는 다르다. 1유형 부모는 옳은 일이기 때문이고 6유형 아이는 동정심 때문이다. 부모와 아이 모두 인생이 "반쯤 비어 있는 유리잔"이라고 생각한다. 그러나 1유형 부모는 물이 왜 반밖에 없는지 걱정하고 6유형 아이는 물이 반밖에 없는 이유를 질문하고 탐구한다. 두 유형 모두 상황을 낙관적으로 받아들이기 쉽지 않다. 또한 둘다 다른 이유로 질서를 중시한다. 1유형 부모는 옳기 때문이고 6유형 아이는 더 안전하다고 느끼기 때문이다.

안전을 추구하며 초조하고 겁이 많은 6유형 아이는 1유형 부모의 성실함을 좋아하고 의지한다. 부모는 아이가 보여주는 신뢰에 집중하면 된다. 6유형 아이에게 1유형 부모는 믿고 따를 수 있는 권위자다. 1유형 부모는 확고한 의견을 가지고 있어서 결정이 어려운 6유형 아이를 도울 수 있다. 매력적이고 재미있는 6유형 아이는 1유형 부모를 밝고 유쾌하게 이끌 수 있다.

4유형 아이처럼 6유형 아이들도 창의적으로 탐험하는 것을 좋아한다. 4유형과 다른 점은 허용되는 범위를 벗어나지 않는다는 것이다. 7유형의 날개를 가진 6유형 아이라면 재미있는 순간을 잘 만들어 낸다(날개는 35쪽 참조). 이러한 재미와 여유는 아이와 부모 모두에게 필요하다. 둘 다 스트레스가 많은 시기에 긴장하고 초조할 수 있으므로 적절한 휴식을 취할 수 있는 방법을 찾아야 한다.

두 유형이 스트레스 받을 때

두 유형 모두 일을 미룬다. 1유형 부모는 완벽하게 일을 마무리하고 싶어서이고 6유형 아이는 결정이 어려워서다.

6유형 아이는 상대적으로 낮은 자아감을 가지고 있는데, 그것을 개선하라고 비판적으로 잔소리하는 1유형 부모를 견디기 어려워한다. 또한 6유형 아이는 1유형 부모의 높은 기대를 충족시키지 못한다고 느낄 수도 있다. 이럴 때 6유형 아이는 일부러 부모를 화나게 하거나 비판을 피해 숨어서 원하지 않는 시나리오를 만들어서 낼 수도 있다. 자신의 감정을 다른 사람들에게 투사하는 6유형의 성향을 고려할 때, 6유형 아이는 1유형 부모가 화가 나지 않았을 때도 자신에게 화가 났다고 상상할 수 있다. 그래서 더욱 아이에게 부모의 변함없는 지지와 사랑을 확인시킬 필요가 있다.

6유형 아이들은 1유형 부모의 경직된 성향 때문에 한때 존경했던 권위자 즉 부모를 파괴하려고 반항한다. 1유형 부모는 6유형 아이의 불안과 괴로움을 이해하지 못할 수 있다. "정신 차리지 못하겠니!"와 같은 메시지는 아이의 불안을 줄여주는 것이 아니라 더 악화시킨다.

1유형 부모는 분노하는 것이 옳지 않다고 믿기 때문에 6유형 아이가 분노를 표현하는 것이 두려울 수 있다. 이 관계가 지속되면 언젠가는 냉소적이거나 가혹해질 수 있다.

1유형 부모와 7유형 아이

부모 : 본능중심	아이 : 사고중심
이완과 긴장의 방향으로 연결되어 있어서 겉으로는 달라 보여도 많은 성격적 특성들을 공유한다.	

두 유형의 기본 관계

7유형 아이는 1유형 부모의 그림자 또는 소외된 자아다. 1유형은 7유형의 모습을 가지길 원하지 않기 때문에 7유형이 "틀렸다"라고 생각한다. 그러나 1유형 내면에는 거칠고, 규칙을 어기고, 쾌락을 추구하는 7유형의 모습을 가지고 있다. 7유형은 완벽해지려 하기보다는 누릴 수 있는 모든 것들을 욕심껏 누리려 한다. 이런 역동성은 둘 사이의 관계에 건강하게 혹은 건강하지 않게 불을 붙일 수 있는 잠재력을 가지고 있다.

이들 관계에서 1유형 부모의 진지함과 완벽주의가 7유형 아이의 활기와 만나 시너지를 낸다. 7유형 아이는 1유형 부모가 자신의 한계를 넘어서도록 자극할 수 있다. 가장 건강한 상태에서 이 둘은 서로의 다른 점을 인정하고 즐긴다. 즉, 1유형 부모는 질서, 삶의 기준, 안정성을 제공하고 7유형 아이는 부모에게 즉흥성, 가능성, 그리고 기쁨의 세계를 열어준다. 둘 다 바쁘게 사는 걸 즐긴다는 점에서도 일치한다.

1유형 부모는 세세한 것을 보고 7유형 아이는 넓은 측면을 보기 때문에 서로 보완적이다. 휴가를 가고, 외출하고, 테마파크로 놀러 가는 것은 두 유형이 함께 모험심을 느끼면서 즐길 수 있는 좋은 방법인데, 1유형 부모가 긴장을 풀고 즐기려 한다면 6유형 아이는 새로운 긴장감을 즐긴다.

두 유형이 스트레스 받을 때

1유형은 가장 엄격한 유형이고, 7유형은 가장 자유를 원하는 극단적인 반대 유형이다. 7유형 아이에게 1유형 부모는 어려울 수 있다. 아이는 부모가 자기를 강제하고 지배하려 한다고 느낄 수 있다. 한편 1유형 부모의 검소하고 이성적인 자아는 7유형 아이가 즐거움과 모험만을 즐기고 용돈을 함부로 쓸 때 눈살을 찌푸리며 잔소리하게 만든다.

자유로워지고 싶어 하는 아이는 부모가 강요하는 규칙과 일상에 짜증을 낼 수 있다. 1유형 부모는 완벽하게 과제를 완성하라고 요구하지만 7유형 아이는 완벽보다는 새로운 것을 시도하고 싶어 한다. 흥미로운 것이 눈에 띄면 그들은 부모의 기대를 저버리고, 그 방향으로 갈 것이다.

1유형 부모가 스트레스를 받고 이완되어 있지 않을 때는 아이의 행동을 못마땅하게 여기고 거칠게 구는 아이를 지배하려 한다. 아이를 감시하며 통제할수록 아이는 더 멀리 도망가 다른 즐거움을 찾는다. 부모가 더 비판적이고 엄격해질수록 아이는 더욱 반항하고 까다로워질 수 있다.

1유형 부모와 8유형 아이

부모 : 본능중심	아이 : 본능중심

두 유형의 기본 관계

두 유형 모두 활력이 넘친다. 공정성, 정의, 대의명분에 대한 공통적인 욕망은 서로를 결속시킬 수 있다. 두 유형 모두 열심히 일하는 실무자들이다. 제국을 건설하든, 설거지를 하든 끝내야 직성이 풀리는 사람들이다. 8유형 아이는 1유형 부모의 솔직함과 진실함을 존중할 것이다.

차이점은 1유형 부모는 자신을 얌전하다고 생각하는 반면 8유형 아이는 자신을 거칠다고 생각한다는 것이다. 1유형 부모는 죽었다 깨어나도 하지 못하는 것을 8유형 아이는 한다. 즉 8유형 아이는 부끄러움 없이 당당하게 자신이 원하는 것에 집중하고 사회적 요구나 신념에는 관심이 없다.

아무리 화가 나도 1유형 부모는 여간해서 화를 내지 않으려 한다. 하지만 8유형 아이는 그렇지 않다. 그들은 1유형 부모에게 사소한 것에 집착하지 말라고, 화를 표현하는 것은 괜찮다고, 인생이 즐거야 한다는 것을 가르쳐 준다.

두 유형이 스트레스 받을 때

두 유형 모두 자신이 옳다고 믿으며 압박받으면 반항하는 경향이 있다. 1유형 부모는 통제하려 하지만 8유형 아이는 통제당하는 것을 싫어해서 불같은 조합이 될 수 있다. 1유형 부모가 "너는 내 책임하에 있으니 통제에 따라야 한다."라고 하면 8유형 아이는 더 제멋대로 행동할 수 있다. 두 유형 모두 강한 편이어서 주도권을 놓고 화를 내거나 다툴 수 있다. "침대 정리 좀 해!", "사과를 이렇게 잘라야지!", "말대꾸하지 마!"라는 부모의 명령을 거부하면서 "아빠는 나에게 명령할 자격 없어요!", "엄마는 내 보스가 아니야!"라고 맞설 것이다.

8유형 아이에게 비판은 투우사의 붉은 천과 같다. 비판하면 아이는 싸우려 덤비고 1유형 부모 역시 그런 행동을 참지 못하고 즉시 받아친다. 특히 사춘기 8유형은 끄떡하면 부모나 형제와 싸우려 덤벼서 부모는 속이 부글부글 끓는다. 두 유형 모두 물러서지 않을 것이고 결국 서로 원수처럼 지낼 수 있다. 아이는 부모를 편협하고 위선적이라고 생각해 복수하려 할 것이고, 부모는 아이가 제멋대로고 이기적이라고 생각할 것이다.

1유형 부모와 9유형 아이

부모 : 본능중심	아이 : 본능중심

두 유형의 기본 관계

두유형은 서로 날개 관계인데(35쪽 참조) 상호보완적인 유형으로 많은 공통점을 가지고 있다. 두 유형 모두 분노를 표현하는 데 어려움을 겪는다. 다른 사람들을 위해 욕구를 희생하고 더 좋은 일을 하려 한다. 1유형 부모는 그렇게 하는 것이 이상적이기 때문이고 9유형 아이는 세상을 더 행복한 곳으로 만들기 위해서다. 두 유형 모두 자율적이고 혼자만의 시간을 즐긴다. 두 유형 모두 반려동물을 좋아하는데, 1유형 부모는 털 빠지는 반려동물이 집을 어지럽히는 것을 극도로 싫어하면서도 반려동물을 좋아한다.

1유형 부모는 행동의 방향을 알려주며 9유형 아이는 그 방향을 수용하고 안도감을 느낀다. 9유형 아이의 차분함은 초조함이 많은 1유형 부모를 진정시킬 수 있지만 때로는 화나게 할 수도 있다.

아이는 부모와 하나가 되어서 부모가 하는 말이라면 무엇이든 믿는다. 9유형 아이는 확신이 부족해서 부모의 도움 없이는 몇 년이 걸릴지도 모른다.

두 유형이 스트레스 받을 때

9유형 아이는 머뭇거리고 망설여서 시작이 늦다. 1유형 부모가 '틀렸다'라고 할까 봐 시작하거나 결정하는 것을 미루려 할 수도 있다. "나는 생일상을 차려서 엄마를 놀라게 하고 싶지만, 혹시 잘 못해서 엄마를 화나게 할까 봐 망설여져요.", "나는 아빠의 생일 카드를 만들고 싶지만, 내 지저분한 글씨를 비난할까 봐 걱정되어요." 확고한 의견이 있는 1유형 부모의 눈에는 주저하는 9유형 아이가 한심해 보일 수 있다. "줏대를 가지고 행동해!" 소리 지르고 싶을 때도 있다.

9유형 아이는 잘못이 없을 때도 비난을 받아들이고 사과하는 경향이 있다. 스트레스받은 1유형 부모는 정반대다. 1유형 부모가 화를 낼수록 위안을 원하는 9유형 아이는 더 좌절하고 분노할 수 있다.

9유형 아이는 평화를 열망하기 때문에 상처받아도 1유형 부모의 통제와 비판을 받아들이려 한다. 모든 사람을 행복하게 하고 싶은 욕망이 있어서 자신을 향한 비난을 무시하거나 참으려 한다. "별일 아니야. 내가 참으면 돼!" 부모는 아이가 평화를 유지하기 위해 얼마나 힘들게 화를 참고 있는지 모른다. 그렇지만 부모가 세게 밀어붙이면 수동 공격 형태로 저항할 수 있다. 1유형 부모가 9유형 아이를 고치려고 노력할수록 아이는 더욱 완강하게 고집을 부리며 따르지 않을 것이다.

13장
2유형 부모와 아이 조합

2유형 부모와 1유형 아이

부모 : 감정중심	아이 : 본능중심

두 유형의 기본 관계

2유형 부모는 1유형 아이에게 따뜻함과 사랑을 준다. 아이가 옳은 일을 하지 않아도 사랑하기 때문에 쉽게 용서한다.

두 유형 모두 남을 돕는 것을 좋아한다. 길 잃은 새끼고양이를 발견하면 둘 다 이 고양이를 돌보는 것이 의무라고 믿는다. 2유형 부모는 일반적으로 교회, 학교 위원회나 자원봉사자 모임 등을 통해 지역 사회에 매우 적극적으로 참여하며 1유형 아이는 부모의 헌신에 자부심을 느낀다.

아이는 집으로 친구를 초대하면 부모가 환영하며 잘 돌봐줄 것이라고 믿는다. 2유형 부모는 어떤 친구가 크림 파스타를 좋아하는지 기억하고 그 친구가 놀러 왔을 때 만들어 준다. 2유형 부모는 단체 활동을 조직하는 주체가 되는 경우가 많다. 다른 유형의 부모를 둔 아이에게는 그런 모습이 신기할 수 있다. 1유형 아이는 음식을 '올바르게' 먹으려고 긴장한다. "케이크를 덜 먹고 샐러드를 더 먹어야 했나?" 고민 할 수 있다. 2유형 부모는 1유형 아이가 편안하게 즐길 수 있도록 도와준다.

1유형 아이는 자신이 옳다고 생각하는 길을 선호하고, 2유형 부모는 다른 사람들을 돕는 길을 선호한다. 아이는 2유형 부모의 배려심 덕에 감정을 더 자유롭게 표현할 수 있게 된다. 반면, 1유형 아이는 부모가 논리적이고 실용적으로 삶을 살아갈 수 있도록 돕는다.

두 유형이 스트레스 받을 때

두 유형 모두 자신이 원하는 것을 등한시하거나 거부할 때 문제가 발생한다. 둘 다 욕구를 표현하는 것을 이기적이거나 잘못된 것이라고 믿는다. 2유형 부모는 다른 사람이 원하는 것이 자신이 원하는 것보다 더 중요하다고 생각하고 1유형 아이는 이타적이고 옳은 일을 하는 사람으로 보이기를 원한다. 2유형 부모가 아이의 행동만 보고 자신과 비슷하다고 생각한다면 아이는 화를 낼 수 있다. 1유형 아이는 2유형 부모가 양육보다 사회적 역할을 더 우선시하는 것이 마음에 들지 않는다. 만일 2유형 부모가 교사이거나 아이들 관련 직업을 가지고 있다면 1유형 아이는 부모를 공유하는 것이 올바른 행동이라고 생각하면서도 견디기 어려워한다. 아이가 방에 틀어박혀 나오지 않는다면 2유형 부모는 아이를 조종하려 하면서 "어쨌든 이건 너를 위한 거야!"라고 화를 낼 수도 있다.

2유형 부모와 2유형 아이

부모 : 감정중심	아이 : 감정중심

두 유형의 기본 관계

두 유형 모두 사랑이 넘치고 공개적으로 애정을 표현한다. 둘 다 사랑하는 것을 좋아한다. 2유형 아이는 2유형 부모의 보답받고 싶어 하는 욕구를 충족시켜준다. "내가 너의 숙제를 도와줄 테니 너는 저녁 준비를 도와다오."라고 부탁하면 기꺼이 도와준다. 집에 손님을 초대해서 부모가 손님들을 돌보기 위해 분주하면 2유형 아이는 자신의 역할을 찾아 도우려 한다. 둘 다 상대방의 기분을 살피면서 경청한다. 건강할 때 부모는 아이를 억누르거나 조종하려 들지 않고 아이는 애정결핍이나 소유욕을 드러내지 않는다.

둘 다 없어서는 안 될 존재로 인정받고 싶어 한다. 2유형들은 다른 사람을 칭찬하고 보살피는 것을 좋아한다. 서로를 지원하고 서로를 행복하게 칭찬한다. 다른 유형의 부모와 아이들이 갈망하는 유대감을 가지고 있다. 겉으로는 완벽해 보이기까지 한다.

건강한 2유형 부모는 2유형 아이가 원하는 것을 표현하도록 격려한다. 요구를 표현해도 이기적인 것이 아니고 언제나 사랑받으리라는 것을 아이가 알게 해준다. 아이가 종일 문자를 보내지 않는 것은 부모를 사랑하지 않아서가 아니라 다른 활동에 몰두해 있기 때문이라고 생각한다.

두 유형이 스트레스 받을 때

두 유형 모두 나누는 것을 좋아하지만 되돌려 받을 수 없으면 좌절한다. 주었다면 반드시 보답받아야 한다. 이럴 때 "나는 네가 필요한 것이 무엇인지 알아."라며 교만을 부린다. 2유형 아이는 어려서는 부모에게 받지만 성장하면서 받은 것보다 더 많이 돌려주려 한다. 2유형 부모 역시 아이에게 더 많은 것을 돌려줘야 한다는 의무감을 느끼게 되어 악순환이 생길 수 있다.

스트레스받은 2유형 아이는 "나는 정말 사랑스러운가?"라는 의구심을 갖게 된다. 2유형 엄마와 2유형 아이는 남편 혹은 아빠의 관심을 끌기 위해 애교를 부리고, 누가 더 많은 사랑을 받는지 경쟁할 수 있다. 어린 2유형들은 부모에게 더 많은 사랑을 받는 것 같이 느껴지는 형제자매를 맹렬히 질투할 수도 있다. 부모의 관심을 잃었다고 느끼면 사랑의 대용품으로 과자나 불량식품에서 위안을 찾기도 있다.

아프면 부모의 관심을 받을 수 있다는 것을 알게 되면 꾀병을 자주 부리기도 한다. "엄마! 감기에 걸렸어요. 학교에 못 가겠어요. 나는 엄마와 함께 집에 있어야 해요." "하지만 엄마, 기관지염에 걸려 정말 아파요." "엄마 나 진짜 너무 아파요…."라며 형제들끼리 사랑받기 위한 경쟁을 할 수도 있다.

이들은 서로에 대해 깊이 걱정하는 척할 수 있다. 속으로는 짜증을 내면서도 필사적으로 요구하고 들어주는 괴이한 상호의존의 형태가 된다. 서로에게 자주 문자를 보내고, 좋은 글귀를 보내주고, 서로에 대한 사랑을 감상적으로 표현하지만, 이면에는 고독, 좌절, 외로움, 분노가 도사리고 있을 수 있다.

2유형 부모와 3유형 아이

부모 : 감정중심	아이 : 감정중심

두 유형의 기본 관계

2유형 부모는 야심찬 3유형 아이들을 잘 지원해 준다. 2유형 부모는 사회적 성공을 즐기지만 3유형 아이는 성공을 향해 올라가는 것을 좋아한다. 2유형 부모가 성공 자체를 목표로 한다면 3유형 아이는 성취나 결과를 인정받는 것을 목표로 한다. 3유형 아이는 부모의 인정을 원하기 때문에 최우수 학생이 되거나 경기에서 이기려 하다. 2유형 부모는 아이의 일에 열심히 참여해서 3유형 아이를 격려하고 지지하는 것을 기쁘게 생각한다.

2유형 부모는 상을 받는 아이의 엄마나 아빠가 되는 영광을 누리기 위해 아이를 지원한다. 3유형 아이는 부모가 자신을 자랑스러워할 수 있도록 최선을 다하고 그런 자신을 자랑스러워한다. 두 유형 모두 관심받고 다양한 사람들과 어울리는 것을 좋아한다. 이들은 다른 사람들을 끌어당기고 무장 해제시켜서 인기를 얻는 관계 지향적인 유형이다.

둘 다 어디에서든 눈에 띈다. 교사와 관계를 맺고 학교 행사에 참여하기 위해 시간을 내기도 한다. 인정과 감사는 이들을 움직이는 원동력이다.

두 유형이 스트레스 받을 때

2유형 부모가 감정을 표현하는 편이라면 3유형 아이는 감정을 표현하기도 하고 억누르기도 한다. 다른 사람이 있을 때는 감정을 숨기다가 혼자 있을 때 분출한다. 2유형 부모는 원하는 것이 있다는 사실 자체를 부정하지만, 3유형 아이는 진심을 표현하지 않는다. 2유형 부모가 자신이 사랑받을 가치가 없다고 느낀다면 3유형 아이는 자신 자체가 가치 없다고 생각한다.

2유형 부모에게 육아는 성공해야만 하는 '프로젝트'이다. 그래서 아이가 "실패하는" 경우 이를 자신의 문제로 받아들일 수 있다. 만일 '꼬마 슈퍼스타'가 자신들의 노력에 감사하지 않으면 분개할 수도 있다. 그렇지만 3유형 아이는 자신이 빛나고 싶어 하며 힘들게 얻은 성공을 부모에게 돌리는 것을 좋아하지 않을 수 있다. 이에 대한 보복으로 2유형 부모는 "더 이상 너를 승마 강습에 데려갈 시간이 없단다." "너무 바빠서 너의 프로젝트를 도울 수 없으니 혼자서 해야 해."와 같이 아이의 성공을 위협할지도 모른다.

2유형 부모와 4유형 아이	
부모 : 감정중심	아이 : 감정중심
이완과 긴장의 방향으로 연결되어 있어서 겉으로는 달라 보여도 많은 성격적 특성들을 공유한다.	

두 유형의 기본 관계

4유형 아이는 2유형 부모의 따뜻함과 보살핌을 좋아한다. 아이들은 부모가 말을 잘 들어주고 마음을 잘 받아준다고 생각한다. 두 유형 모두 감정을 솔직하게 표현한다. 2유형 부모는 시끌벅적하게 소통하는 것을 좋아하므로 수줍음을 타는 4유형 아이가 외향적으로 행동하고 자신감을 가질 수 있도록 도와줄 수 있다. 2유형 부모는 줄 것이 많고 4유형 아이는 부모의 지원을 마음껏 받게 되어 기쁘다. 4유형 아이는 부모가 대체 불가능한 존재라는 느낌을 주며 2유형 부모는 이를 즐긴다.

4유형 아이는 2유형 부모가 다른 사람들이 원하는 모습이 아닌 자신이 원하는 모습대로 살 수 있도록 영감을 준다. 2유형 부모는 아이를 통해 자신이 원하는 것도 챙겨야 한다는 것을 깨닫는다. 또한 아름다움과 창의성에 대해 더 공감하고 이해할 수 있게 된다.

2유형 부모가 다른 사람을 특별하게 느끼게 해주는 것처럼 아이도 자신을 특별하게 느끼기를 원한다. 또한 다른 사람을 보살피는 모범을 보여서 자기에게만 몰두하는 아이에게 좋은 영향을 준다. 4유형 아이의 태생적 우울감을 이해하고 더 즐겁고 외향적으로 되도록 독려한다.

두 유형이 스트레스 받을 때

4유형 아이는 2유형 부모가 인정하고 싶지 않은 면을 보여준다. 반대로 부모도 아이가 원하지 않는 면을 보인다. 스트레스의 정도에 따라서 문제의 양상도 달라진다. 스트레스를 받은 2유형 부모는 스트레스받은 4유형 아이처럼 분노, 자기중심성, 호전성, 까다로운 성향 등을 보인다.

2유형 부모는 아이에게 대가를 바라고 도움을 주려 한다. 만일 아이가 멀어지면 아이가 감사하지 않는 것으로 여긴다. 4유형 아이는 2유형 부모가 자신을 완전히 이해하기에는 정서적 깊이가 부족하다고 느낄 수 있다. 만일 부모가 구조자 역할을 하려고 하면 아이는 일부러 길을 잃은 아이처럼 행동할 수 있다. 만약 아이들이 둘 다 4유형이라면 부모에게 관심 끌기 위해 경쟁을 할 수 있다. 두 아이 중 한명이 3번 날개(35쪽 참조)를 가지고 있다면 부모의 관심을 두고 건강하지 않은 경쟁이 시작 될 수 있다. 양육보다는 사회 활동에 집중하는 2유형 부모를 보며 아이들은 소외감을 느낄 수도 있다.

2유형 부모는 4유형 아이가 다른 사람의 필요에 더 집중해야 한다고 생각한다. 자기와 다르게 행동하는 자기중심적인 아이가 짜증이 난다. 4유형 아이의 눈에는 2유형 부모의 달콤함이 거짓되고 위선적으로 비칠 수 있다. "흥! 아빠는 세상을 구하느라 너무 바빠. 나에 대해선 일도 관심 없어!" 둘 다 1유형의 측면(2유형 부모에게는 날개고, 4유형 아이에게는 이완의 방향 – 38쪽 참조)을 가지고 있으므로 상대를 비판하면서 상처받고 오해할 수 있다. 2유형 부모는 자식보다 다른 집 아이에게 관심을 보이면서 4유형 아이가 사랑받지 못한다는 무력감을 느끼게 만들 수도 있다.

2유형 부모와 5유형 아이

부모 : 감정중심	아이 : 사고중심

두 유형의 기본 관계

활달하고 외향적인 2유형 부모에게 진지하고 사색적인 5유형 아이는 수수께끼다. "이해가 안 돼요. 우리 첫째는 친구들과 노는 것보다 혼자 노는 것이 더 행복해 보여요!" 2유형 부모는 정서적인 교감을 원하지만, 5유형 아이는 정보를 원한다. "어떻게? 무엇을? 어디에?"에 대한 답을 찾으려 한다. 5유형 아이는 부모가 필요하지 않은 것처럼 보일 정도로 독립적이다. 심지어 정서적으로 분리된 것처럼 보인다. 2유형 부모는 삶의 밝은 면을 바라보려 하지만 5유형 아이는 어두운 면에 집중한다.

지식에 대한 자신의 욕구를 스스로 채워가는 5유형 아이도 사실 보살핌 받는 것을 즐긴다. 자신만의 공간을 가지고 싶은 5유형 아이의 욕구를 존중해주면 2유형 부모를 사랑하게 될 것이다. 우주 괴물의 시간 여행에 대한 이론을 들어주거나 자웅동체 어종에 대한 까다로운 질문에 답해주는 등 부모가 아이의 지식 탐구에 관심을 기울이면 감사한 마음을 갖게 된다. 함께 새로운 것을 배우거나, 기계의 작동 방식을 알아보거나, 곤충을 채집하는 것과 같은 자연 활동들을 통해 아이와 유대감을 키울 수 있다. 음식을 즐기는 2유형 부모는 몰두하면 식사를 거르는 5유형 아이를 이해하기 어렵다.

2유형 부모는 아이가 감정을 가치있게 여기고 표현하며 뛰어난 사고 능력을 키우도록 도울 수 있다. 또한 5유형 아이는 부모가 자제하고 배우도록 영감을 준다. 독립적인 5유형 아이는 다른 사람을 기쁘게 하려는 2유형 부모가 스스로의 필요를 충족 할 수 있도록 돕는다. 2유형 부모는 양보에 인색한 아이가 주어진 자원과 시간을 더 관대하게 사용하도록 가르친다.

두 유형이 스트레스 받을 때

2유형 부모는 경계가 느슨하지만 5유형 아이는 뚜렷한 경계를 원한다. 그래서 5유형 아이는 부모에게 질식당하는 느낌을 경험할 수 있다. 사랑받고 있지만 진정으로 이해받지 못한다고 느낄 수 있다. 부모의 관심을 침범으로 여겨 방문을 걸어 잠그고 단절을 택할 수도 있다. 만약 5유형 아이의 문자나 일기를 몰래 본다면 엄청난 분노를 유발할 것이다.

부모는 아이에게 사회성을 가르쳐야 한다고 생각할 수도 있다. 대부분의 2유형 부모는 혼자 있는 것을 싫어하기 때문에 아이가 혼자 있고 싶어 하는 것이 잘못되었다고 생각한다. 5유형 아이는 친구 한 명과 놀고 싶은데 2유형 부모는 자신의 사회적 욕구를 위해 아이를 학교 행사에 억지로 참여시킬 수 있다. 결국 아이의 불만과 저항을 자초한다.

2유형 부모는 아이가 다녀온 캠프 또는 파티에 대한 모든 것을 듣고 싶어 꼬치꼬치 물어도 아이는 시큰둥하다. 그러면 부모는 아이가 자신을 사랑하지 않는다고 느껴 좌절하지만 아이는 부모가 간섭한다며 귀찮아한다. 2유형 부모는 애정에 보답받지 못할 때 좌절한다. 부모로서 소외되거나 거부당한다고 느끼기 때문이다. 5유형 아이가 사춘기가 되면 더 많은 비밀을 감추기 때문에 둘 다 혼자라고 느끼게 된다.

2유형 부모와 6유형 아이

부모 : 감정중심	아이 : 사고중심

두 유형의 기본 관계

6유형 아이는 2유형 부모의 따뜻한 팔에 안기는 것을 좋아한다. 부모는 아이가 감정을 표현할 수 있는 안전한 공간을 제공하며 침착하고 긍정적인 환경을 제공한다. 6유형 아이는 2유형 부모의 일관성을 즐긴다. "내 뒤에 있는 거지, 아빠, 응?". 불안하고 걱정이 많은 아이는 부모와 함께 있을 때 안정감을 가진다.

두 유형 모두 동정심이 많고 공감 능력이 있다. 그러나 2유형 부모가 일반적으로 더 따뜻하고 적극적이고 6유형 아이는 조금 내성적이고 상대적으로 냉정한 편이기 때문에 부모로서 속상할 수 있다. 그런데도 이들은 다른 사람이 무엇인가 필요하다고 하면 열심히 도울 것이다.

두 사람 모두 사랑은 노력을 통해 얻어지는 것으로 생각한다. 2유형 부모는 다른 사람에게 무언가를 해줄 때 6유형 아이는 다른 사람의 말을 잘 따를 때 사랑을 얻는다고 믿는다. 아이와 부모 둘 다 가족이 함께하는 것을 즐기고 스포츠, 요리 또는 소풍과 같이 함께 활동하는 것을 좋아한다. 가족을 위한 일을 할 때 2유형 부모는 도움을 주려고 하고 6유형 아이는 의무이기 때문에 한다. 어쨌든 둘 다 가족을 위해 무언가를 해야 한다는 것을 이해한다.

2유형 부모는 아이의 학교 과제나 예술 활동에 열광하는 것이 자존감 향상에 도움이 된다고 생각한다. 그러나 6유형 아이에게는 신뢰가 가장 중요하다. 6유형 아이는 부모의 진심에 의문을 가질 수 있다. "엄마는 내 그림이 진짜 마음에 드는 거야? 아니면 그냥 말하는 거 아니야?", "아빠의 칭찬을 진짜 믿어도 돼?"라고 물으며 2유형 부모의 칭찬을 의심할 수 있다.

두 유형이 스트레스 받을 때

6유형 아이가 자율성을 원하면 2유형 부모가 권위적으로 느껴질 수 있다. 안전하다고 느끼며 존경하는 것이 아니라 반항해야 하는 사람으로 생각할지 모른다. 스포츠, 친구 또는 취미 등에 대해서 자신의 주장대로 아이를 밀어붙이려고 하면 저항에 부딪힐 수 있다. 가장 좋은 것은 아이들의 동의를 얻는 것이다.

6유형 아이는 선택에 확신이 없다. 하지만 부모가 선택지를 훼손하면 상황이 더 나빠진다. 안심시키는 설명 없이 다짜고짜 행동을 부추기면 아이는 두려워할 수 있다.

"엄마, 오늘 수진이랑 놀까? 신영이랑 놀까?" 자신의 선택을 확인받고 싶어 하지만 정작 답을 알려주려 하면 속상해할 수 있다. 6유형 아이를 건강하게 키우려면 스스로 결정을 내리도록 격려하고 기다려 줘야 한다. 그렇지 않으면 6유형 아이는 자신의 직관을 신뢰하는 법을 결코 배우지 못한다.

사춘기에 접어들면 6유형 아이는 2유형 부모에게 통제당하거나 조종당한다고 느낄 수 있다. 이러면 아이는 양면성을 드러내며 더 반항하려 한다. 어떤 순간에는 부모에게 반항했다가 어떤 순간에는 부모가 제공해주는 안전을 갈구한다. 2유형 부모에게 가장 힘든 것은 아이의 '거부 버튼'이다. 아이가 거부하면 "나는 이제 아이에게 필요한 사람이 아니다."라는 자괴감에 빠진다. 아이가 거부할수록 2유형 부모는 아이를 더 통제하려 든다. 결국 서로에게 예민해져서 관계는 악화한다.

2유형 부모와 7유형 아이

부모 : 감정중심	아이 : 사고중심

두 유형의 기본 관계

7유형 아이는 즐거움을 원하고 2유형 부모는 사랑을 원한다. 2유형 부모는 활기차고 총명하고 재치 있고 행복한 7유형 아이를 사랑하지 않을 수 없다. 둘 다 밝은 면에 집중하고 부정적인 것은 빠르게 털어낸다. "오랜만에 아이들이 모였는데 비가 와서 유감이야. 하지만 진흙탕에서 노는 것도 재밌잖아!"라며 상황을 긍정적으로 생각한다.

친절하고 쾌활한 아이와 부모는 사교 활동을 좋아한다. 집에는 언제나 손님이 오고 부모는 아이와 함께 파티 계획 세우는 것을 즐긴다. 따뜻하고 위로가 되는 이들의 집에서 친구들은 위안을 얻는다. 2유형 부모는 모든 사람이 행복하기를 원하고 7유형 아이는 재미있는 게임과 활동을 계획해서 즐거움을 더한다. 둘 다 물건이나 시간을 다른 사람과 나누는 것에 관대하다. 둘 다 이상주의자이며 다른 사람들을 돕고 싶어 한다.

2유형 부모는 무대 중앙에 선 아이를 칭찬하는 부모 역할을 즐긴다. "우리 아들 은철이는 정말 재미있는 아이예요!"라며 아이를 열렬하게 응원한다.

두 유형이 스트레스 받을 때

낙원에도 문제는 있다. 7유형 아이는 크면서 더 많은 공간과 자유를 원한다. 2유형 부모의 친밀감에 대한 욕구가 아이를 질식시키기 시작한다. 7유형은

"공포 유형"이기에 가정에서의 안전을 즐기면서도 속박당하면 저항한다. 2유형 부모는 7유형 아이가 정체성을 찾으려 하는 것을 품에서 멀어지는 것처럼 느낄 수 있다. 부모는 아이가 집에서 더 많은 시간을 보내기를 바라지만 끊임없이 모험을 찾는 7유형 아이에게는 지루한 일이다.

관계가 끊어지는 것이 두려운 2유형 부모는 아이를 놓아주려 하지 않을 수 있다. 헬리콥터 맘처럼 학교 소풍이나 아이들 놀이에 끼어들어 주변을 얼쩡거리려 한다. 7유형 아이는 부모의 이런 행동을 침범이라고 느낄 수 있다. 아이는 그동안 함께 즐기던 재미있는 활동들에서 더 이상 흥분을 느끼지 않고, 부모는 점차 삶의 활력을 잃게 된다. 아이가 멀어질수록 부모는 더 가까이 다가가며 심지어 조종하려 한다. "아까 산책하고 싶다고 하지 않았어? 산책 끝나면 와플 먹을 거니까 가자. 가고 싶지?"라며 감언이설로 아이의 행동을 통제하려 한다.

"내가 이렇게 열심히 뒷바라지했는데 어떻게 갚을 거야?" 아이들이 노력을 인정해 주지 않으면 이용당한다는 느낌이 들어 분노한다. 특히 아이가 사춘기가 되었는데도 2유형 부모가 긴장의 방향인 8유형으로(38쪽 참조) 움직여 통제하려 한다면 갈등이 생긴다. 7유형 아이는 자유를 침해받으면 반항할 것이고 점점 냉소적으로 대립한다.

2유형 부모와 8유형 아이	
부모 : 감정중심	아이 : 본능중심
이완과 긴장의 방향으로 연결되어 있어서 겉으로는 달라 보여도 많은 성격적 특성들을 공유한다.	

두 유형의 기본 관계

이 조합은 실제 성별과 관계없이 여성성(2유형)과 남성성(8유형)의 만남이다. 8유형 아이는 2유형 부모를 보호하려 한다. 아이는 "내가 엄마/아빠를 돌봐 드릴게요"라며 자신감 있게 말한다.

2유형 부모와 8유형 아이는 공통점이 많다. 둘 다 높은 에너지 수준을 가지고 있으며 삶의 안락함을 즐긴다. 정이 많고 관대하며 돌보고 나누는 것을 좋아한다. 부모의 온화한 감성이 아이의 내면에도 있어서 관계가 편안하다.

2유형 부모는 8유형 아이를 즐겁게 해주기 위해 욕구를 기꺼이 희생하고 8유형 아이는 부모의 욕구를 살피며 돌보려 할 것이다. 두 유형 모두 건강하다면 8유형 아이는 공감력을 키우고 2유형 부모는 욕구를 편하게 드러내는 법을 배우는 사랑스러운 조합이다. 건강한 8유형 아이는 조금 일방적일지라도 부모를 위해 많은 것들을 할 수 있다. 2유형 부모는 그토록 원하는 '감사'를 충분히 받을 수 있다.

두 유형이 스트레스 받을 때

2유형 부모가 관계 지향적이라면 8유형 아이는 독립적이다. 아이는 부모가 항상 주변에 있는 것을 원하지 않을 수도 있다. "내 일은 내가 할 수 있어요. 도와주지 않아도 돼요!"라며 부모를 뿌리친다.

8유형 아이는 독립에 대한 열망이 강하고 뜻대로 되지 않으면 화를 낸다. 그렇게 되면 2유형 부모는 "나는 너를 위해 너무 많은 것을 희생했어!"라고 소리치며 점점 더 소유욕이 강해질 수 있다.

두 유형 모두 의지가 강해서 각자 원하는 방식을 쟁취하기 위해 충돌하기도 한다. 2유형 부모는 죄책감과 조종을 이용하고 8유형 아이는 물러나기를 거부하며 힘을 쓴다. 2유형 부모가 문제를 회피하려고 하면 직접적인 지시가 필요한 8유형 아이는 짜증을 낼 수 있다. "제발 있는 그대로 말하세요!"라며 부모에게 답답함을 느낄 수 있다.

2유형 부모는 다른 부모와 어울리는 것을 즐기며 각종 사회 활동을 좋아한다. 반면에 8유형 아이는 자기중심적이며 타인의 영향을 덜 받는 경향이 있다. 예를 들어, "경철이와 앞으로 그만 놀래."라고 아이가 말할 때 부모는 "어떻게 그 애를 버릴 수 있니? 너희들은 좋은 친구였잖니? 나는 그럼 경철이 엄마를 어떻게 대해야 하지?"라며 당황할 수 있다.

아이가 사고를 치면 2유형 부모는 사건을 은폐하거나 사과하려 한다. "그 애가 무슨 생각으로 그렇게 한 건지 모르겠어요."라며 우선 머리를 조아린다. 8유형 아이는 부모가 약하고 진실하지 못하다고 여기며 존경심을 잃는다. 서로를 통제하기 위해 싸우기 시작한다. 관계를 치유하기 위해 적극적으로 노력하지 않으면 불화가 수년간 지속될 수 있으며 서로에게 복수하려 할 수 있다.

2유형 부모와 9유형 아이

부모 : 감정중심	아이 : 본능중심

두 유형의 기본 관계

2유형 부모와 9유형 아이 모두 다른 사람이 필요한 것을 우선시하는 보살핌과 양육의 유형이다. 둘 다 낙관적이다. 그래서 두 유형을 분간하기 어려울 수 있다. 9유형은 그저 평화를 원하지만 2유형은 상대에게 맞추려고 노력한다.

둘 다 손님이 집에 오는 것을 좋아한다. 2유형 부모는 쿠키를 굽고 9유형 아이는 손님에게 쿠키를 기꺼이 나누어준다. 2유형 부모는 9유형 아이보다 더 외향적이고 활력이 넘쳐서 집에 낯선 사람을 초대해도 환영할 가능성이 크다.

9유형 아이는 부모에게 존재감을 드러내려고 노력한다. 자신이 원하는 것을 부모가 놓칠 수 있다고 생각하지만 2유형 부모는 아이가 무엇을 원하는지 금방 감지한다. 둘은 삶의 폭풍우로부터 서로의 피난처이자 진정제가 되어준다. 둘 다 감각적이고 애정이 많으며 비언어적 의사소통에 능숙하다. 또한 함께 간식을 먹으며 영화를 보는 것과 같은 안락한 상황을 즐긴다.

2유형 부모는 9유형 아이가 원하는 것을 탐험하도록 격려할 것이다. 부모는 아이의 성취에 도움이 된다는 자부심을 느낀다. 그러나 도움에 비해 결과가 좋지 않을 때 좌절하기도 한다. "왜 더 잘하지 못했어? 내가 그렇게 열심히 도와줬는데." 이 관계는 각자 관심사와 취미를 가지고 독립적인 정체성을 만들어 갈 때 가장 조화롭다.

두 유형이 스트레스 받을 때

2유형 부모는 자신이 무언가를 해주면 상대가 감사해야 한다고 생각하기 때문에 선물이나 노력에 대한 보답을 꼭 받고 싶어 한다. 다른 사람에게 무언가를 해주면서 자부심을 느끼는 2유형 부모와 겸손한 9유형 아이는 대조적이다. 둘 다 서로의 감정을 동일시한다. 아이는 부모가 겪고 있는 어려움을 자기 것으로 생각할 수 있고 부모도 마찬가지다.

스트레스를 받을 때 2유형 부모는 아이가 원하는 것을 다 알고 있다고 믿기 시작한다. "물어볼 필요가 없어요. 내가 다 알고 있어요." 그러나 당연히 다 알지 못한다. 이렇게 되면 9유형 아이는 좌절하고 부모가 자신에게 관심이 없다고 생각하게 된다. "엄마는 저를 이해하지 못해요." 둘 다 자신의 진짜 감정을 표현하는 데 어려움을 겪는다. 2유형 부모는 자신이 원하는 대로 아이를 조종할 수도 있다.

2유형 부모는 아이에게 없어서는 안 될 존재라는 것에 대해 자부심을 느낀다. 그러나 아이가 크면서 아이에게 점차 필요 없는 존재가 되어간다. 어떤 유형의 아이는 부모와 함께하는 것을 좋아하지만 9유형 아이는 자율적이기 때문에 관심이 지나치면 참견으로 느낀다. 아이의 숨통을 조이고 통제하면 9유형 아이는 완고하고 태만한 모습을 보이기도 한다. 아이가 방에 처박혀 저항하기 시작하면 2유형 부모는 더 화를 내며 아이의 관심을 억지로 끌려 한다. 2유형 부모가 선을 넘으면 아이는 거대한 파도에 휩싸인 듯한 느낌을 받는다. "부모도 안 지키는 선을 내가 무슨 수로 지키나요. 자꾸 나한테 간섭하는 엄마/아빠를 화나게 하느니 차라리 나태하게 아무것도 안 하는 게 나아요."라며 수동 공격성을 드러낸다.

·

14장
3유형 부모와 아이 조합

3유형 부모와 1유형 아이	
부모 : 감정중심	아이 : 본능중심

두 유형의 기본 관계

부모와 아이 모두 자신과 다른 사람들을 변화시켜 세상을 더 나은 곳으로 만들고 싶어 한다. 3유형 부모는 조직력이 뛰어나고, 책임감이 있으며, 열심히 일하고, 효율적으로 일하기 위해 개인적인 일은 제쳐둔다. 1유형 아이가 숙제하는 것은 어렵지 않다. "나는 첫째에게 숙제하라고 말해본 적이 거의 없어요. 자기가 알아서 숙제했거든요. 그래서 동기 부여가 되지 않는 둘째를 보면서 약간 당황했어요."라고 1유형 아이를 키우는 부모가 회상했다.

둘 다 실패에 민감하고, 성공에는 익숙하며, 일을 잘한다. 1유형 아이는 부모의 일도 최선을 다해 돕는다. 이런 재능, 자신감, 그리고 더 나아지려는 열망은 상을 받는 1유형 아이를 만들고, 부모는 아이가 성공하는 모습에 만족한다. 3유형의 부모와 1유형의 아이는 다른 사람들에게 인정받는 것을 좋아한다. 또 서로의 성공에 대해 자랑하는 것을 즐긴다. "우리 엄마는 최고 판매사원으로 상을 받았어!", "라온이가 오늘 스포츠팀 주장으로 임명됐다네!."라고 말하며 서로의 성과를 뿌듯해한다.

3유형 부모는 집안일을 실용적이고 공정하게 분배한다. 두 유형은 서로에게 롤모델이 되어준다. 1유형 아이는 3유형 부모에게 더 현실적인 목표를 설정하는 방법을 알려주고, 3유형 부모는 1유형 아이에게 완벽의 기준을 낮춰도 된다고 알려주는 환상적인 조합이다.

두 유형이 스트레스 받을 때

실용성을 추구하는 1유형 아이는 이미지와 브랜드를 의식하는 3유형 부모를 인정하지 못할 수도 있다. "브랜드만 보고 뭐 하러 돈을 더 내요?" 진실을 추구하는 1유형 아이는 모호하게 말하거나 거짓말을 하는 부모를 비판하기도 한다. 아이는 문제를 해결하려고 하지만 쉽게 인정하지 않는 3유형 부모 때문에 쉽지 않다.

이들은 '최고'가 되어 다른 사람보다 특출나기를 원한다. 부모와 자식 사이라도 상대가 더 인정받으면 경쟁심이 생긴다. 1유형 아이는 세부적인 것들에 집착하여 길을 헤매게 되고, 3유형 부모는 성공에 눈이 먼다. 1유형 아이는 3유형 부모를 일밖에 모르는 사람이라고 비난할지도 모른다.

3유형 부모는 아이의 인정을 원한다. 만약 원하는 대로 되지 않으면 다음과 같이 생각할 수도 있다. "내가 그렇게 열심히 노력했는데! 대체 하고 싶은 얘기가 뭐야?" "엄마가 제대로 안 했잖아요!"라고 1유형 아이가 대꾸하면 3유형 부모는 취조받는 느낌이 든다. 3유형 부모는 1유형 아이의 비판을 견디기 힘들고 아이는 부모의 모습이 더욱 못마땅해 진다. 이러한 상황이 오면 부모는 다른 아이에게 관심을 돌리거나 아이에게 칭찬받을 수 있는 다른 일들에 하려 한다. 그러면 1유형 아이는 버림받았다고 생각하고 부모에게 더 반항한다.

3유형 부모와 2유형 아이

부모 : 감정중심	아이 : 감정중심

두 유형의 기본 관계

둘 다 사교적이고, 끼가 넘치고, 재미있다. 호감형인 2유형 아이는 어떤 파티에서도 매력적인 귀여움으로 사람들의 마음을 사로잡는다. 둘 다 파티가 성공하기를 바라지만 동기는 다르다. 3유형 부모는 자신이 인정받기 위해서고 2유형 아이는 자신의 성취에 대한 인정과 사랑을 받고 싶기 때문이다. 3유형 부모가 감정을 숨기는 경향이 있다면 2유형의 아이는 깊은 상처를 드러내지 않으려 할 때를 제외하면 적극적으로 감정을 표현한다.

2유형 아이는 부모와 자신의 성취를 자랑스러워 하고, 3유형 부모는 다른 사람들의 찬사를 즐긴다. 2유형은 "우리 아빠는 엄청 훌륭해. 저 광고판 우리 아빠가 만든 거야." 이러면 아이가 이룬 성취보다는 부모의 성취가 더 관심받는다. 3유형 부모는 아이의 관심을 즐긴다. 이들은 유행하는 옷을 즐겨 입는 매력적인 한 쌍이다. 이들은 인기가 많아지는 비결을 알고 있다. 어떤 일을 하든 자신만의 방법으로 목표를 달성하고 과정을 즐긴다.

두 유형이 스트레스 받을 때

2유형 아이는 3유형 부모가 일에 빠져있는 시간을 견디기 힘들어한다. 아이는 부모와 함께하기를 원한다. 3유형 부모는 '무언가를 해주는 것'을 사랑의 표현으로 생각하는 반면에 2유형 아이는 신체적 혹은 정서적 연결을 원한다.

따라서 부모가 일에 헌신하면 아이는 거부감이 생긴다. 2유형 아이는 사랑받지 못하는 것을 두려워한다. 그 때문에 육체적으로도 정서적으로도 함께 한다는 확신을 심어줘야 한다. 2유형 아이는 3유형 부모가 회사 일 때문에 자신과의 약속 시간에 늦게 도착하는 것을 이해하지 못한다. 이런 2유형 아이의 반응은 "가족을 위해 열심히 일하는" 당신에게 힘들 수 있다.

3유형 부모는 아이가 여러 사람에게 존재감을 드러내길 원하기 때문에 아이가 따라주지 않으면 화를 낼 수도 있다. 2유형 아이는 자신이 부모의 일이나 사회적 활동보다 밀려나는 것 같으면 짜증을 낸다. 2유형 아이가 필요를 충족시키기 위해 부모를 조종하려 하면 3유형 부모는 거리를 두려 한다. 이러면 아이는 부모를 점점 소유하려 하고 부모는 점점 더 거리를 두려는 악순환이 시작된다. "엄마! 난 엄마가 필요해요."라고 훌쩍거린다. "배가 아파요. 저와 함께 집에 있어 주세요."라고 아이가 말하면 3유형 엄마는 죄책감을 느끼면서도 아이가 원하는 것과 일 중 무엇을 선택해야 하나 혼란스러워한다. "엄마가 너를 위해 열심히 일하는 것 안 보이니?"라고 3유형 부모가 말한다면 2유형 아이는 "엄마는 내가 필요할 때 한 번도 내 곁에 없었잖아요!"라고 이야기할 것이다. 이렇게 둘은 점점 더 멀어져 간다.

3유형 부모와 3유형 아이

부모 : 감정중심	아이 : 감정중심

두 유형의 기본 관계

두 명의 스타 등장이요! 3유형 부모와 아이는 자신감과 매력을 뽐낸다. 같은 유형이기 때문에 서로에게 투영된 자신들의 부정적 측면을 보고 싶어 하지 않는다. 부모와 아이가 친구가 되거나 적이 되는 핵심 열쇠는 긴장과 이완 정도이다.

둘 다 성공하고 싶어하고 야망이 있다. 성취를 이루기 위해 열심히 일한다. 또한 주목받는 것을 즐기고, 상대가 성과를 인정해 주고 칭찬해주기를 원한다. 부모는 아이의 성공을 자신의 성공으로 여기며 큰 자부심을 느낀다.

3유형 아이가 학급 파티를 주최하기 위해 나서는 것처럼 3유형 부모도 사무실에서 먼저 나선다. 3유형은 주변 사람들과 친밀하고 가깝게 일하는 방법을 알고 있다. 둘 다 보이는 이미지가 중요하기 때문에 외모를 가꾸기 위해 노력하고 다른 사람들이 외모에 호의적인 관심을 보이면 좋아한다. 만약 3유형의 부모와 아이가 내적, 외적으로 서로를 고마워 한다면 둘은 좋은 관계다. 아이가 "우리 아빠가 방금 사준 거야."라며 부모가 잘해준 것을 뽐낸다면 좋은 신호다.

3유형 부모는 효율적이고 세련된 가정을 만들기 위해 열심히 노력하며 아이들의 훌륭한 동기 부여자이며 후원자이기도 하다. 3유형 아이가 스포츠, 예술, 학업, 또는 어떤 영역에 관심을 두더라도 잘 할 수 있도록 응원해 줄 것이다. "너는 뭐든 할 수 있어."라고 응원해주는 것도 부모의 일이라고 생각한다.

두 유형이 스트레스 받을 때

3유형은 경쟁적이다. 결과적으로 3유형의 부모와 아이는 외모, 업적, 인기, 스포츠, 심지어는 다른 가족들의 관심을 받기 위해 경쟁할 수 있다. 아이가 성장하면서 3유형 부모는 성공한 아이들한테 위협을 느낄 수 있다. 그때부터 아이는 지원해 줘야 할 약자가 아니라 경쟁자가 된다. "너 나이 때 나는 졸업생 대표였어."라며 자신의 성취를 뽐낸다. 3유형 부모는 아이를 돌보는 것이 성공의 걸림돌이 된다고 느낄 수도 있다.

3유형 부모와 아이는 다른 사람에게 감정을 말하지 않는다. "감정은 일에 방해가 돼."라고 생각한다. "아무리 속상해도 꾹꾹 참았다가 혼자 있을 때까지 참았다 울거나 화를 내곤 해."라고 자랑스럽게 이야기한다.

스트레스 상태면 관계 맺는 것에 무관심해질 수 있다. "아이와 대화하는 것은 너무 힘이 들어. 게다가 시간 낭비야." "아빠랑 대화하는 건 무의미해."라며 서로에게 등을 돌린다.

3유형 부모와 4유형 아이	
부모 : 감정중심	아이 : 감정중심

두 유형의 기본 관계

목표를 이루고 싶어 하는 3유형의 성취 욕구와 특별해지고 싶어 하는 4유형의 개성이 만나는 조합이다. 3유형 부모는 목표나 성공에 더 관심이 있고 4유형 아이는 감정과 상호작용의 깊이에 더 집중한다. 3유형 부모는 감정을 숨기는 경향이 있다. 4유형 아이는 자기성찰이 익숙하지만 3유형의 부모는 그런 시간을 거의 가지지 않는다. 만약 3유형 부모가 마음을 열고 받아들인다면 4유형 아이는 부모에게 더 큰 자기 인식과 진정성을 알려줄 수 있다. 그리고 3유형 부모는 타고난 재치로 4유형 아이가 무감각해지지 않도록 도와줄 수 있다.

3유형 부모는 성취감을 느끼기 위해 4유형 아이는 아름다움을 감상하는 것이 삶의 원동력이기 때문에 둘 다 예술을 즐긴다. 아이가 나이가 들면서 같이 패션을 즐기고, 옷을 사러 가고, 멋진 식당이나 영화관 혹은 미술관에 같이 가면서 인생을 더 멋지게 즐길 수 있다.

 또 아이는 심미적인 부분에서 3유형 부모를 도와줄 수 있다. 둘 다 모두 세련되게 보이길 원하는데 동기는 다르다. 3유형 부모는 성공한 이미지를 보여주길 원하고 4유형 아이는 남다르게 살고 있다는 것을 보여주고 싶어 한다. 3유형 부모는 4유형 아이에게 성공하는 방법을 가르치고 목표를 설정하고 감정 기복을 줄이는 능력을 키울 수 있도록 돕는다.

두 유형이 스트레스 받을 때

 스트레스받을 때 3유형 부모는 일에서 위안을 찾는 경향이 있다. 이에 반해서 사춘기 4유형은 우울함을 해소하기 위해 혼자서 자신의 감정을 곱씹는다. 4유형 아이는 부모와 더 많은 시간을 보내고 싶어도 욕구를 잘 표현하지 않는다. 간혹 신경질적으로 감정을 폭발한다. 이럴수록 3유형 부모는 도피처로 일을 선택한다. 일하면 진정이 되기 때문에 더 몰두한다.

 인정받고 싶어 하는 3유형 부모의 욕구와 특별하고 싶은 4유형 아이의 욕구는 다르지 않다. 이들은 서로 다른 이유로 주목받기를 원하는데, 존재감을 얻기 위해 상대에게 의존할수록 자아감이 낮아질 수 있다. 다른 사람에게 인정받으려고 서로 경쟁할 수 있고, 다른 부모(배우자) 앞에서 상대를 깎아내릴 수도 있다.

 이 둘은 어떤 사람이 되어야 하고 어떤 사람이 되고 싶은지에 대한 이상을 가지고 있다. 긴장이 고조될수록 둘 사이에 느끼는 거리감이 더 커져서 서로에게 상처를 입히려고 한다. 결국에는 얼음처럼 냉담해지고 비꼬는 대화나 분노가 난무한다.

3유형 부모와 5유형 아이

부모 : 감정중심	아이 : 사고중심

두 유형의 기본 관계

　내성적인 관찰자이며 학구적인 5유형 아이와 성취 지향적이고 외향적인 3유형 부모의 만남이다. 이들의 큰 차이는 자신감이다. 5유형의 아이는 관심을 가지는 특정 영역에 대해서만 자신감을 가지지만 3유형 부모는 매사에 자신감이 넘친다. 5유형 아이는 3유형 부모를 더 풍부한 내적 세계로 인도할 수 있고, 3유형 부모는 5유형의 아이가 자신감을 가질 수 있도록 가르칠 수 있다. 3유형은 성공을 추구하는 반면, 5유형은 전문화된 특정 영역에 관심을 집중한다.

　3유형 부모는 체스 전문가나 과학 분야 수상자와 같이 특정 분야에서 특출난 5유형 아이의 부모로서 받는 인정을 즐긴다. 5유형 아이는 혼자 노는 것을 좋아해서 3유형 부모가 일할 때 방해하지 않는다. 일하는 것을 좋아하는 3유형 부모에게는 고마운 일이다. 두 유형 모두 감정에 빠져 연연하는 것을 원하지 않고, 혼자만의 시간과 공간 속에서 일하는 것을 더 선호한다. 3유형 부모는 사교적인 활동을 즐기고 사람들과 어울리는 법을 알기 때문에 사람 많은 곳을 싫어하는 5유형 아이를 이해하지 못할지도 모른다. 사교 모임은 아이의 에너지를 고갈시키지만, 부모에게는 활력을 준다. 3유형 부모가 외향을 중시하지만 5유형 아이는 오히려 외면을 경시한다.

두 유형이 스트레스 받을 때

5유형 아이는 '음, 이게 뭐지?', '아, 이런 거구나!'와 같이 고민하면서 천천히 숙제한다. "조금 더 찾아보고요…."라고 5유형 아이가 말하면 3유형 부모는 답답할 수 있다. 3유형 부모는 아이의 숙제를 봐주고 다시 일하러 가고 싶지만 5유형 아이는 생각에 잠긴 채 우물쭈물한다. 행동과 행동하지 않음이 충돌할 때 서로에게 좌절할 수 있다. 5유형 아이는 부모가 서두르는 것을 이해하지 못한다. "저한테 시간을 주지 않는데 어떻게 숙제를 제대로 할 수 있겠어요?" 논쟁이 벌어지면 3유형 부모는 냉담해지고 비아냥거린다. "도대체 뭐가 문제야? 왜 다른 아이들처럼 행동하지 못하는 거야?" 부모 눈에 아이는 이제 더 이상 자랑거리가 아니다. 아이 역시 부모가 지식이 부족하고 깊이가 없다고 생각한다.

함께 하던 프로젝트가 성공하면 누구의 아이디어였는지에 대해 싸움이 일어날 수도 있다. 둘 다 인정받기를 원하기 때문에 5유형 아이는 자신의 성공이 부모의 평판을 높이기 위해 이용되는 것에 분개한다. 5유형 아이는 부모가 사적인 공간을 침해하면 화를 낼 수 있다. 만약 아이가 방문에 "방해하지 마시오!"라고 팻말을 걸었다면 무조건 존중해 줘야 한다.

3유형 부모와 6유형 아이

부모 : 감정중심	아이 : 사고중심
이완과 긴장의 방향으로 연결되어 있어서 겉으로는 달라 보여도 많은 성격적 특성들을 공유한다.	

두 유형의 기본 관계

성취욕을 가진 3유형 부모와 충실하고 책임감 있는 6유형 아이의 만남이다. 둘 다 열심히 일하고 실용적이며 세상을 더 나은 곳으로 만들고 싶어 한다. 3유형 부모의 타고난 자신감과 낙관주의는 6유형 아이에게 영감을 준다. 자기 확신이 부족한 6유형 아이는 추진력 있는 3유형 부모 덕분에 자기 잠재력을 믿을 수 있게 된다.

3유형 부모는 집안일, 학교 행사, 자선단체 봉사 등을 잘 해내면서 다른 사람들과 관계를 맺는다. 남의 험담이 난무하는 이해관계에 익숙한 3유형 부모에게 6유형 아이의 충실함은 큰 의미가 있다. 아이가 부모의 든든한 응원군이 되어준다.

3유형 부모는 성공을 즐기지만 6유형 아이는 성공을 부정하는 경향이 있다. 어떤 것을 이뤄냈는지 부모가 상기시켜주는 것이 중요하다.

6유형 아이는 부모를 통해 다른 사람들과 잘 지내면서 사람에 대한 연민을 갖는 법을 배우게 된다. 또 자신감을 느끼게 되면서 성취가 단순히 존재감을 보여주는 것 이상이라는 것을 배우게 된다. 점차 자신의 성취를 즐기게 된다.

3유형 부모는 6유형 아이에게서 다른 사람들을 돕는 법, 내적 성찰을 통해 더 편안해지는 법, 외부 이미지에 대한 강박에서 벗어나는 법을 배울 수 있다.

두 유형이 스트레스 받을 때

3유형 부모는 6유형 아이에게서 자신의 어두운 점을 본다. 자신을 온전하게 인정하지 못하는 아이를 보면 부모로서 견디기 힘들다. 3유형 부모는 스타가 되고 싶지만 6유형 아이는 관심을 받으면 불안해한다. 3유형 부모는 불안, 걱정, 자기 의심, 망설임, 그리고 두려움과 같은 부정적인 감정들이 내면에 있다는 것을 인정하고 싶지 않으며 감정에 대한 확신이 없다.

6유형 아이는 부모를 의심하기 시작한다. 아이는 3유형의 과시욕 때문에 부모를 믿을 수 없다고 생각한다. "오늘은 성공했다고 쳐! 그럼, 내일은?"이라고 냉소적으로 비난할 수 있다. 부모의 성취가 반항적인 아이의 공격 대상이 될 수 있다. 6유형 아이는 3유형 부모의 자랑이 담긴 SNS 게시물을 비판할 수 있다. 이때 부모는 아이가 위축되어서 민감하다고 여기고, 아이는 부모가 진실하지 못하며 과장이 심하다고 인식한다.

3유형 부모는 이런 감정이 불편해서 피하려 한다. 자신과 같은 추진력이나 야망을 보이지 않는 6유형 아이에게 화가 날 수도 있다. 둘 다 상대를 거부하면서 다른 가족을 갈등의 중재자로 찾는다. 스트레스가 심화되면 둘 사이에 갈등이 끊이지 않을 수 있다.

3유형 부모와 7유형 아이

부모 : 감정중심	아이 : 사고중심

두 유형의 기본 관계

부모와 아이 둘 다 에너지 넘치고, 재미있고, 멋지다. 에너지가 많고, 긍정적이고, 신나는 7유형 아이는 부지런하고 의욕이 넘치는 3유형 부모와 단짝이다. 이들은 많은 공통점이 있다. 둘 다 적극적이고, 자신감 있고, 긍정적이고, 열정적이고, 큰 그림을 볼 줄 안다. 또한, 사회 활동을 즐기고 실행 계획을 잘 세운다. 둘 중 누구도 조용한 것을 즐기지 않는다. 오히려 앞에 나서려고 한다. "재미없게 살기에 인생은 너무 짧아, 그렇지?"라며 재미있는 일을 함께 찾아 나선다.

3유형 부모와 7유형 아이 모두 자신의 필요를 어떻게 충족하는지를 안다. 둘 다 아이디어가 많으며 멋있고 유행을 선도하는 사람으로 보이길 좋아한다. 새로운 것을 시도하고, 모험적이며, 인생의 즐거움을 만끽한다. 3유형 부모는 성취를 자랑하고 7유형 아이는 흥미진진한 이야깃거리를 해서 관심의 중심에 서려 한다.

3유형 부모는 아이에게 일을 완성하는 것의 가치, 다른 사람들과 어울리는 능력, 그리고 사람 사이의 지킬 선에 대한 필요성, 사회적 규범, 실용성을 가르친다. 7유형 아이는 3유형 부모에게 일보다 더 재미있고 소중한 것들이 있고, 실패는 재앙이 아니라 성공을 위한 디딤돌이라는 것을 자연스럽게 알려준다. 둘이 함께하면 세상에 대한 즐거움과 열정을 얻게 된다.

두 유형이 스트레스 받을 때

3유형 부모는 빽빽하게 일정이 있는데도 친구들을 불러서 재미있는 일을 벌이고 싶어 하는 7유형 아이의 욕구를 알고 있다. 하지만 7유형 아이가 하는 운동, 연극, 그리고 그 외의 과외수업들을 자신이 다 챙겨야 한다면 3유형 부모는 분노할 것이다. "도대체 누구 일정이 더 중요한 거야? 나는 언제 일을 끝내란 말이야!"라며 아이의 일정에 자기 일이 밀리는 것에 화를 낼 수 있다. 끊임없이 활동하는 아이에게 "왜 잠시도 가만히 있지를 못하니? 난 이 보고서를 끝내야 해."라고 비난을 쏟아내기도 한다.

둘 다 에너지가 너무 많다 보니 언제 멈춰야 할지 모를 수 있다. 다른 사람들에게 부지런하고, 낙관적이며, 성공적인 이미지를 보여줘야 하므로 쉽게 지치기도 한다.

3유형 부모가 일에 몰입해 있으면 7유형 아이는 방치되어 있다고 느낄 수 있다. "그게 뭐가 재밌다고?" 7유형 아이는 부모의 일 때문에 약속된 활동이 취소되는 것을 속상해하지만 3유형 부모는 정당화하려고 한다. "너를 위해서 일을 하는 거야. 네가 더 좋은 교육을 받을 수 있으려면 내가 일을 더 열심히 해야 한다고!" 3유형 부모는 열심히 일하는 것을 아이가 가볍게 생각하면 화가 난다. 아이가 부모의 직업이나 성과를 진지하게 생각하지 않는 것으로 생각하기 때문이다. 만약 부모와 아이 모두 서로의 상실감이나 상처를 인정하지 않고 피하기만 한다면 아무것도 해결되지 않는다. 아이와의 관계에 문제가 있다는 사실을 인정한다는 것은 부모로서 쉽지 않다. 그래서 아이와의 문제를 직면하는 대신 일로 도피하려고 한다.

3유형 부모와 8유형 아이

부모 : 감정중심	아이 : 본능중심

두 유형의 기본 관계

두 유형 모두 높은 에너지 수준을 가지고 확신과 자신감이 넘치는 유형이다. 그러나 8유형 아이는 원하는 것이 있으면 즉시 행동하고 3유형 부모는 일단 목표를 세운다. 이들은 윈스턴 처칠의 유명한 말인 "우리는 절대 항복하지 않을 것이다."라는 말이 좋아한다. 둘 다 원하는 것을 얻지 못한다는 것을 받아들이기 어렵다. 또한 카리스마가 있고 투쟁적이다. 3유형 부모는 기꺼이 리더 역할을 맡지만, 8유형 아이가 생각하는 만큼 리더 역할이 중요하다고 생각하지는 않는다. 3유형 부모는 자신의 역할을 부양자로 생각하는 반면 8유형 아이는 부모든 형제자매든 주변 사람들을 지키고 돌봐야 한다고 믿는다.

두 유형 모두 외향적이다. 8유형 아이는 자신을 기쁘게 하는 것에 관심을 가지지만 3유형 부모는 다른 사람들을 기쁘게 하는 것에 관심을 둔다. 3유형 부모는 외교적인 절충을 하지만 8유형 아이는 직설적이다. 부모가 일보다 자신을 더 사랑한다고 아이가 느끼면 최상의 관계가 유지된다. 8유형 아이는 3유형 부모가 솔직해질 수 있도록 힘을 준다. 어떤 상황에서도 부모가 자신을 보호해 줄 것이라는 확신이 있으면 약함도 기꺼이 드러낼 수 있다.

두 유형이 스트레스 받을 때

두 유형 모두 약해지는 것을 꺼린다. 아이와 부모 모두 감정을 살피지 않고 회피하는 경향이 있다. 3유형 부모는 감정에 무감각해지고 8유형 아이는 외부의 간섭을 차단한다. 아이는 "나는 거치니깐 건들지 마세요."라고 화를 내고는 입을 닫는다.

3유형 부모는 아이를 물질적으로 지원하기 위해 시간과 에너지를 쏟는다. 둘 다 에니어그램에서 가장 경쟁적인 유형이다. 서로 같은 '팀'일 때는 경쟁하지 않으려는 경향이 있어서 괜찮지만, 적대관계가 되면 문제가 일어난다. 만약에 부부싸움과 같은 가정불화 상황에서 아이가 배우자 편을 들면 둘의 관계는 골치 아파질 수도 있다.

둘 다 성공하기 위해 열심히 노력하는 A타입[11]이지만 3유형 부모가 번아웃을 겪을 확률이 더 높다. 3유형은 8유형보다 통제 욕구가 적지만 뒤에서 은근히 조종하려 할 수 있다. 부모가 아이를 통제하지 못하면 아이는 관심을 끌기 위해 다른 형제자매와 싸우거나 질투심을 불태울 수 있다. 이런 상황이 오면 부모는 자녀에게 끌려다니는 것처럼 느껴져 일로 도피하려 한다.

---

11) A타입·B타입 성격 이론 [Type A and Type B personality theory]
　　심혈관계 질환에 걸리는 특성과 관련된 성격 유형 이론으로, A타입은 초조하고 조급하며 경쟁적이라 심혈관계 질환에 걸릴 가능성이 큰 유형이고, B타입은 반대로 느긋하고 여유 있어서 심혈관계 질환에 걸릴 가능성이 낮은 유형이다. - 두산백과 두피디아, 두산백과 -

3유형 부모와 9유형 아이	
부모 : 감정중심	아이 : 본능중심
이완과 긴장의 방향으로 연결되어 있어서 겉으로는 달라 보여도 많은 성격적 특성들을 공유한다.	

두 유형의 기본 관계

 9유형 아이가 천성적으로 낙관적이라면 3유형 부모는 긍정적인 모습을 보여주기 위해 노력한다. 동기는 다르지만 두 유형 모두 삶의 '좋은' 면에 집중한다. 9유형 아이는 3유형 부모가 정한 목표를 자신의 것처럼 따를 것이고, 부모의 성공에 동참했다고 느낀다. 아이는 부모의 노력에 감사를 표하고 공로를 인정한다. "우리 엄마 대단해! 판매 여왕이 되었거든!" 9유형 아이는 3유형 부모에게 삶의 여유를 선물한다. 함께 쿠키를 굽거나 자연을 즐길 수 있도록 안내할 수 있다. 3유형 부모는 대체로 모든 사람을 즐겁게 해준다. 9유형 아이들도 사람들과 금방 친해지기 때문에 인기가 많다. 둘은 친척 모임이든, 가족 모임이든, 사교 모임이든 함께 행복하다. 둘 다 물질적인 편안함을 즐기고, 다른 사람들에게 나눌 줄도 안다. 하지만 둘의 동기는 다르다. 3유형 부모가 인상 깊고, 아름다운 집에 목표를 둔다면 9유형 아이는 안정적이고 편안하게 쉴 수 있는 환경을 선호한다.

 3유형 부모는 9유형 아이의 수용력 덕분에 판단 받는다는 두려움 없이 편하게 마음을 열 수 있다. 3유형 부모는 다른 사람보다 더 빛나길 바라지만, 9유형 아이는 "왕관을 쓰려는 자 그 무게를 견뎌라!"라는 말을 엄중히 생각한다. 빛나는 자리에 있을수록 공격에 더 취약해지는 것을 걱정한다. 3유형 부모는 9유형 아이에게 자기 계발의 모범을 보여준다. 9유형 아이가 어렵다고 생각하는 것을 가르쳐주며 아이의 자신감을 키워준다.

9유형 아이는 편안함을 선호하기 때문에 방향성을 잃기도 한다. 3유형 부모는 아이가 방향을 찾아서 집중할 수 있도록 이끌어주고 동기를 부여한다. 9유형 아이는 3유형 부모가 목표를 설정하고 달성하는 것을 보면서 도움을 받는다.

두 유형이 스트레스 받을 때

두 유형 모두 편안함과 안정감을 원한다. 3유형 부모는 아이와의 이상적인 관계에 대해 칭찬과 동경을 받고 싶어 한다. 9유형 아이는 평화를 깨는 갈등 상황을 즐기지 않기 때문에 심하게 화가 나는 경우를 제외하고는 여간해서 표현하지 않는다. 9유형 아이는 부모와 떨어지는 것을 두려워하기 때문에 부모를 화나게 할 만한 일을 하려 하지 않는다. 만약 그런 상황이 생기면 저절로 해결되기를 바란다.

3유형 부모 역시 집에서 싸움이 일어나는 것을 원치 않는다. 사람들이 좋게 보지 않을 것이기 때문이다. 관계가 나빠졌다는 것을 인정하고 싶지 않기 때문에 3유형 부모 역시 힘들어도 말하지 않고 침묵을 지킨다. 결과적으로 문제는 점점 악화할 것이다. 3유형 부모가 모든 일을 긍정적으로 해석할수록 9유형 아이는 수동공격적으로 점점 완고해진다. "오, 그거요? 별거 아니네요! 성난 사춘기 호르몬 때문에 그렇다면서요!"라고 말하며 속으로 분노한다.

9유형 아이는 부모가 자기 말을 들어주지 않는다고 느낄 때 입을 꾹 다물고 고집을 부린다. 3유형 부모는 9유형 아이가 일을 미루는 것에 대해 어찌할 바를 모르면서 좌절할 수 있다. "그냥 빨리 하지 못해!"라고 소리 질러도

9유형 아이는 꿈쩍하지 않는다. 아이는 부모의 억압이 자율성을 침해한다고 생각할 수 있다. 3유형 부모는 관계가 악화될 것이라는 두려움을 느끼면서 불안과 분노를 표출하지만 결국에는 적대적인 침묵으로 이어질 수 있다.

15장
4유형 부모와 아이 조합

4유형 부모와 1유형 아이	
부모 : 감정중심	아이 : 본능중심
이완과 긴장의 방향으로 연결되어 있어서 겉으로는 달라 보여도 많은 성격적 특성들을 공유한다.	

두 유형의 기본 관계

이완과 긴장의 방향으로 연결되어 있어서 4유형 부모의 어두운 면이 1유형 아이에게 나타날 수 있다(38쪽 참조). 둘은 건강할 때 서로를 잘 이해할 수 있다. 그러나 건강하지 않을 때는 자신의 보고 싶지 않은 모습을 상대에게서 보게 된다. 4유형의 창조성, 독창성, 표현력, 관습에 사로잡히지 않은 자유로움 이면에는 1유형의 건강하지 않은 모습이 숨어 있다. 4유형이 건강하지 않으면 강박적으로 완벽을 추구하며 자기를 억제하고 관습적, 통제적, 비판적으로 행동하는 경향을 보인다.

4유형 부모는 1유형 아이가 표현을 더 많이 하고 정서적으로 따뜻할 수 있도록 돕는다. 또한 아이가 상상하고 창조할 수 있도록 격려하며, 삶을 더 깊은 차원에서 경험하도록 안내한다.

아이의 인간관계가 깨지거나, 친한 친구에게 괴롭힘을 당하거나, 거부당하는 트라우마를 경험할 때 4유형 부모는 훌륭한 지지자가 된다. 아이들은 부모가 고통을 함께하면서 진심으로 귀 기울이고 있다고 느낀다. 4유형 부모는 1유형 아이가 감정을 더 잘 느끼고 표현할 수 있게 돕는다. 또한 자연스럽게 마음을 표현하고 순간을 즐기는 능력을 보여준다. 4유형 부모가 "오늘 제대로 한번 즐겨볼까?"라고 말하면 1유형 아이는 "주말도 아닌데 정말 놀아도 될까요?"라며 걱정스러운 표정을 지을 수 있다.

4유형 부모와 1유형 아이는 서로와 이상을 공유하고 더 나은 세상을 만들고 싶어 한다. 아름다움이나 자연에 대화를 나누고 한 팀으로 일하는 것을 즐긴다. "산책하는 동안 주변 쓰레기를 줍는 것은 어때?"라고 부모가 제안하면 아이는 기꺼이 동참한다.

1유형 아이는 4유형 부모가 체계와 규율의 이점을 경험할 수 있게 해준다. 만약 부모의 직업이 예술가라면, 더 나은 운영관리를 통해 경력을 향상해 줄 수 있을 것이다. 1유형 아이는 4유형 부모가 비이성적으로 행동하는 순간에도 논리적인 시각으로 균형을 찾아준다. "엄마, 이런데다 돈을 써도 되나요?"라고 아이가 물으면 4유형 부모도 한발 물러나 생각을 할 수 있다.

두 유형이 스트레스 받을 때

스트레스 받은 4유형 부모는 침울하고 의기소침해져서 세상과 담을 쌓고 자기 세계에 틀어박힌다. 물론 아이도 외면한다. 안정적인 1유형 아이는 4유형 부모가 갑자기 멀어지면 혼란스럽다. 일관성이 중요한 1유형 아이는 4유형 부모를 심판한다. 순식간에 '완벽한 부모'가 '잘못된 사람'이 된다. 상처받은 아이에게 1유형의 비판적인 면이 더 강하게 드러난다. 부모가 이상적으로 생각했던 아이의 모습이 점차 사라진다.

두 사람이 멀어지기 시작하면 서로에 대한 비난이 난무한다. 상대가 기대에 미치지 못한다고 생각하기 때문이다. 4유형 부모는 "이렇게 매정하고 냉정한 아이라니!"라고 끊임없이 폭발한다. 반면 1유형 아이는 "나는 아빠가 아직도 감정을 통제하는 방법을 모른다는 게 믿기지 않아! 어른 맞아?"라고 비난한다.

1유형 아이는 스트레스 받을수록 비판적이며 독선적이고 완강해진다. 반면, 4유형 부모는 지나치게 감정적이고, 우울하고, 자기중심적으로 행동한다. 아이가 부모의 결점에 집중할수록 부모 역시 아이의 결점을 느낀다. 갈등이 심화될수록 점점 불편한 상황에 빠질 수밖에 없다.

4유형 부모와 2유형 아이	
부모 : 감정중심	아이 : 감정중심
이완과 긴장의 방향으로 연결되어 있어서 겉으로는 달라 보여도 많은 성격적 특성들을 공유한다.	

두 유형의 기본 관계

4유형 부모와 2유형 아이는 돌보는 것을 좋아한다. 이들은 서로가 연결된 것처럼 친밀하고 편안한 기분을 즐긴다. 4유형 부모는 내면의 감정에 집중하는데 2유형 아이는 외향적이고 활동적이다. 둘은 사람들을 배려하고 세상을 더 사랑스러운 곳으로 만들고 싶어 한다. 4유형 부모는 다른 사람에 대한 배려가 넘치는 2유형 아이에게 자기가 필요한 것을 가져도 된다는 것을 알려준다. 그리고 때에 따라서 남보다 자신의 기분을 먼저 살피는 것도 괜찮다는 것을 몸소 보여준다.

둘은 서로에게 자신에 대해 이야기하는 것을 좋아한다. 특히 4유형 부모는 다른 사람들이 자기를 이해하지 못한다고 생각하기 때문에 아이가 자신을 이해해주는 것을 좋아한다. 2유형 아이는 부모가 자기를 중요하게 대해주는 것을 좋아하며 부모와 함께하는 프로젝트를 즐긴다. 2유형 아이와 4유형 부모는 자신을 표현할 수 있는 편안한 환경에서 더 친해진다.

2유형 아이는 4유형 부모가 행동하도록 영감을 준다. 두 사람 모두 창의적인 공예품 등을 만드는 것을 즐긴다. 부모는 아이의 애정 어린 도움과 배려에 감동하고 아이는 잘 돌봐주고 경청해 주는 부모에게 감사한다.

두 유형이 스트레스 받을 때

스트레스 받은 4유형 부모는 육아에서 벗어나고 싶어 한다. 2유형 아이는 구원자처럼 행동하면서 부모를 돌봐야 한다는 의무감을 느낀다. 부모 자식 관계가 아니라면 괜찮은 관계다. 그러나 관계에서 벗어나고자 하는 쪽이 부모이기 때문에 문제가 생긴다.

4유형 부모는 2유형 아이의 욕구에 부담감을 느낀다. 부모를 기쁘게 해주기 위해 노력하는 2유형 아이가 진실한 모습을 보이지 않는다고 생각한다. 4유형 부모는 "우리 아이는 깊이와 진정성이 없어요. 자기가 아닌 다른 사람이 되려고 너무 열심히 노력해요."라고 느낀다. 반면 2유형 아이는 "엄마의 방식은 엄마의 요구에 집중되어 있어요. 엄마는 내 방식에 대해서 전혀 관심이 없어요."라고 생각한다.

2유형 아이가 커가면서 친구를 많이 사귈수록 4유형 부모는 버림받은 기분을 느낄 수 있다. 2유형 아이의 인기를 원망하고 의심하기도 한다. "왜 아이가 나를 좋아하지 않지?"라며 좌절한다. 아이가 의도하지 않은 부모의 좌절에 아이도 무력감을 느낀다. 자신이 부모를 기쁘게 해줄 방법은 없다는 생각이 든다. 둘 중 어떤 쪽도 상대방의 감정적인 요구를 만족시키지 못한다. 부모와 아이 모두 친밀감을 느끼고 필요한 사람이 되기를 원한다. 만약 서로에게 원하는 것을 얻지 못하면 다른 배우자(부모)의 관심을 위해 경쟁한다. 2유형 아이는 "아빠가 가장 좋아하는 사람은 엄마가 아닌 나야."라며 엄마를 이기려 할 수 있다.

스트레스받은 4유형 부모는 아이 때문에 우울해진 것이 아니라는 것을 알려줘야 한다. 부모가 힘들어하거나 우울해하면 대부분 아이는 자신 때문이라고 생각하기 때문이다. 더구나, 부모의 사랑과 인정을 갈구하는 2유형 아이는 더 상처받을 수 있다. 아이에게 친구나 치료사가 되어 달라고 보채지 말라. 부모는 아이를 돌보는 양육자다. 반대의 관계가 형성되지 않도록 주의하라.

4유형 부모와 3유형 아이

부모 : 감정중심	아이 : 감정중심

두 유형의 기본 관계

4유형 부모는 3유형 아이를 닮고 싶은 아름답고 신비롭고 이국적인 창조물이라고 느낄 것이다. 아이의 능률, 야망 그리고 삶에 대한 실용적인 접근은 4유형 부모에게 영감의 원천이 된다. 둘 사이의 접근법은 다르지만, 세상을 더 좋은 곳으로 만들고 싶은 열망으로 연결되어 있다.

4유형 부모의 개성은 3유형 아이의 성취욕과 유사하지만, 개성은 내부로 향하고 성취욕은 외부로 향한다. 4유형 부모는 감정과 연결되어 있지만, 3유형 아이는 고통스러운 감정을 지연하거나 부정하는 경향이 있다. 4유형 부모는 아이들이 자신의 감정을 진실하게 표현할 수 있도록 도울 수 있다. 부모가 경청해 주면 3유형 아이는 내적인 아름다움을 발견할 수 있게 된다.

둘 다 외부의 인정을 원한다. 3유형 아이는 성취를 인정받고 싶어 하고 4유형 부모는 특별함을 인정받고 싶어 한다. 아이는 부모의 창의성과 예술적 감각을 좋아할 것이다. 외모 가꾸는 것을 좋아하는 것은 이들의 공통점이다. 4유형 부모는 멋져 보이기 위해서 잘 꾸미는데 아이는 이런 부모를 좋아하며 자랑스러워한다. 4유형 부모는 3유형 아이에게 세상의 아름다움을 즐길 수 있는 법을 알려준다. 멋진 음악, 아름다운 노을을 보며 하는 산책, 정성껏 요리된 아침 식사와 같은 것들은 3유형 아이에게 소중한 삶의 원동력이 될 것이다.

두 유형이 스트레스 받을 때

4유형 부모는 3유형 아이가 감정을 감추는 것을 이해하기 어렵다. 4유형 부모는 표현력이 풍부하며 감정에 충실하지만 3유형 아이는 속내를 좀처럼 드러내지 않는다. 따라서 부모는 아이가 피상적이고 진실하지 못하다고 느끼고, 아이 역시 부모가 진실하지 못하고 허세스럽다고 생각한다. 결과적으로 둘 다 서로를 진실하지 않다고 생각하며 경멸하기 시작한다. 아이는 때때로 부모의 감정에 압도당한다고 느끼기도 한다. 아이는 부모가 자신의 성취를 인정해 주기를 갈망하지만, 부모는 일부러 칭찬에 인색하게 군다. 아이가 성취에만 몰두하면 깊은 관계를 원하는 부모는 실망한다. 그럴수록 아이는 부모를 무시하고 부모는 더 매달리게 된다. 결과적으로 서로의 이미지를 훼손하는 악순환에 빠진다. 아이의 성취를 부러워하고 경쟁의식이 생기기 시작하면 4유형 부모가 스트레스를 받고 있다는 경고 신호다.

4유형 부모와 4유형 아이

| 부모 : 감정중심 | 아이 : 감정중심 |

두 유형의 기본 관계

부모 자식이 같은 유형이라는 것은 깊은 이해와 연결의 기회를 제공해준다. 건강할 때 둘은 서로 깊이 이해하고 연결되어 있으며 좋은 친구가 될 수 있다.

이들은 서로에게 솔직할 수 있다. 4유형의 친밀감은 서로를 동등하게 수용하는 관계를 형성해준다. 영혼의 단짝을 갖고 싶은 부모의 열망은 아이를 통해 충족되는 것처럼 느껴진다. "저와 아이는 전생에 연인이었나 봐요. 우리는 서로에게 완벽해요." 세상은 4유형 부모를 이해하지 못하지만 4유형 아이는 부모를 이해한다. 다른 부모-아이 관계는 공허하지만, 자신들의 관계는 깊고 풍부하고 느낄 수도 있다.

학교 학예회나 할로윈 파티같이 창의성이 필요한 일이 있을 때 둘은 환상의 팀을 이룬다. 둘 다 평범하게 보이는 것을 원하지 않고 개성을 존중한다. 서로가 충분히 탐험하도록 허용해준다.

이들은 아름다움과 예술, 더 나은 세상을 만들기 위한 투쟁, 옷을 잘 입되 개성 있게 입는 것, 창조적이고 독특한 것을 좋아한다. 서로의 감정적인 변덕도 있는 그대로 수용한다. 하지만 "우리는 남과 다르다."라고 생각하며 "세상에 맞서는 의식"을 가질 수 있다. 이들만큼 서로를 깊이 있게 이해할 수 있는 사람은 없다. 둘은 서로의 감정에 민감하다. 4유형 부모와 아이는 싸우고 소리 지른 다음 곧바로 용서하고 화해할 수 있으며 서로의 약점을 유머로 만들 수 있다.

두 유형이 스트레스 받을 때

4유형이 스트레스를 받으면 걱정이 생긴다. 4유형 부모는 "내 아이와 나의 관계가 정말 좋은 것일까? 수진이 엄마가 나보다 아이와 훨씬 친밀한 것 같아. 내 아이가 더 특별하면 얼마나 좋아. 그러면 우리 사이가 더 좋을 텐데."라며 하지 않아도 될 걱정을 한다. 4유형 아이도 "우리 엄마 옷 입는 방식은 정말 지루해. 엄마가 수진이 엄마 같았으면…."라며 속상해한다.

두 사람은 자신의 부족함이나 결핍을 상대에게 찾아서 비난한다. 4유형 부모는 "나의 완벽한 아이에게 무슨 일이 일어난 것일까?"라고 느낀다. 아이는 "우리 엄마 맞아? 옛날 엄마는 도대체 어디 간 거야? 우리 엄마는 좋은 엄마가 아니야. 재미라도 있어야지."라고 불평하며 멀어진다. 서로에게서 버림받은 것 같은 두려움을 느낀다.

4유형 부모는 우울해지면 부모 역할을 무거운 짐처럼 여긴다. 스트레스를 받은 4유형은 자기 자신에게만 집중하려 한다. 두 사람 다 구원자를 원하지만, 서로를 구해줄 수는 없다. 다른 배우자(부모)가 두 사람을 동시에 구원하길 기대하지만 쉽지 않다.

4유형 부모가 아이에게 관심을 주지 않으면, 4유형 아이는 버림받았다고 느낀다. 두 사람 모두 지나치게 예민해져서 서로를 맹렬히 비난한다. 서로에게 상처 주는 말을 하고 상처는 곪는다. 아이가 다가오면 부모는 물러나고 아이가 물러서면 부모가 다가가는 악순환의 관계는 반복된다.

4유형 부모와 5유형 아이	
부모 : 감정중심	아이 : 사고중심

> 두 유형의 기본 관계

　민감하고 감정중심인 4유형 부모와 지적이고 사고중심의 5유형 아이의 조합이다. 두 유형은 날개 관계이기(35쪽 참조) 때문에 유사점이 많을 수 있다. 이 두 유형은 에니어그램에서 가장 내향적인 유형이다. 4유형 부모는 아이의 학부모회에 참가하는 것을 꺼릴 수 있다. 둘 다 사회에서 '비주류'라고 생각하기 때문에 서로에게 위안이 될 수 있다.

　둘 다 피상적인 잡담을 좋아하지 않는다. 4유형 부모는 감정을 추구하고 5유형 아이는 지식을 원한다. 하지만 둘은 "아빠! 엔진이 어떻게 작동하죠?"와 같은 질문을 통해 교감한다. 4유형 부모의 창조성과 미적 재능, 감정에 대한 개방성은 5유형 아이의 지적인 본성을 만나 균형을 잡는다. 또한 5유형 아이가 감정과 연결될 수 있도록 도와서 더 긍정적인 삶으로 이끈다.

　5유형 아이는 새로운 아이디어를 도출하기 위해 서로 다른 개념을 결합하기 좋아한다. 예를 들어, 어려서 새둥지 관찰을 좋아하던 5유형 아이가 커서 독특한 건축가가 될 수 있다. 4유형 부모는 아이를 보며 내재 되어 있던 호기심과 탐구 정신을 발견하고 삶을 더 탐험하게 된다. 이처럼 두 유형은 서로에게 영감을 준다. 4유형 부모는 세상을 다르게 보는 5유형 아이의 능력을 좋아한다.

　부모는 아이가 흥미 있어 하는 일에 시간을 보낼 수 있도록 기꺼이 허락한다. 둘이 나누는 유머는 어둡고 기이할 수 있으며, 괴상한 말장난도 좋아한다. 두 사람은 삶의 신비와 죽음과 같은 어두운 면을 깊게 탐구하는 것을 두려워하지 않는다. 4유형 부모는 자신이 남들과 다르다고 생각하고 5유형 아이는 남들이 괴짜로 본다. 둘은 서로의 기발함을 수용하고 즐기는 사회의 '아웃 사이더' 조합이다.

두 유형이 스트레스 받을 때

4유형 부모는 깊은 관계를 원하고 5유형 아이는 자신만의 공간을 중시하며 뒤로 물러서려고 한다. 특히 사춘기 5유형의 분리에 대한 갈망은 4유형 부모에게 유기 불안을 불러일으킨다. "너는 어떻게 그렇게 냉담할 수 있니? 분석하지 말고 그냥 한번 느껴봐!"라고 4유형 부모가 요구할수록 5유형 아이는 "들어오지 마시오!"라는 경고를 보내고 혼자만의 동굴로 도망간다. 아이는 4유형 부모가 지나치게 개입하고 에너지를 고갈시킨다고 생각할 수 있다. "나 좀 혼자 내버려 둬!"라고 생각하며 등을 돌린다. 이럴수록 4유형 부모는 고통스럽다. 아이와의 단절은 감정적으로 힘들다. 스트레스받은 4유형 부모는 아이를 밀어낼 수 있는데, 정작 아이가 등을 돌리면 돌아오기를 갈구한다. 이들의 정서적 관계만 보면 아이가 더 어른 같다. 감정적인 4유형 부모보다 5유형 아이가 더 이성적이기 때문이다.

4유형 부모와 6유형 아이	
부모 : 감정중심	아이 : 사고중심

두 유형의 기본 관계

두 사람은 모두 인정이 많고 공감 능력이 뛰어나며 직관적이고 감성적이다. 둘 다 감정적으로 섬세해서 서로의 말을 깊이 경청할 수 있다. 4유형 부모는 6유형 아이를 소울 메이트처럼 느낀다. 6유형 아이는 4유형 부모를 이해하는 몇 안 되는 사람 중의 하나이다. 6유형 아이는 4유형 부모가 슬플 때 이해심을 보여주는데 이는 부모의 자아감을 향상시킨다. 아이는 결정적 순간에 부모의 도움을 받을 수 있고 부모는 아이의 충성심을 누릴 수 있다. "적어도 내 아이는 절대 나를 버리지 않아!"라는 믿음이 자리 잡는다.

4유형과 6유형은 혼동하기 쉽다. 둘은 많은 유사한 특성들을 공유한다. 자기 의견을 말하는 것을 두려워하고, 사회적 상호작용에서 안전하지 못하다고 느끼고, 무모할 수 있다. 또한 권위에 대항하려 하고, 자기 확신이 부족하고, 작은 문제를 더 크게 만들기도 한다. 둘 다 매우 창의적이지만 4유형 부모가 조금 더 독창적일 수 있다. 4유형 부모가 자신의 창의성을 혼자 표현하는 것을 좋아한다면 6유형 아이는 많은 사람 앞에서 드러내는 것을 좋아한다.

4유형 부모는 특별해지고 싶은 열망이 있지만 6유형 아이는 안전과 보안을 원한다. 부모는 감정중심이고 아이는 사고중심이다. 부모는 친밀한 관계를 갈망하지만 아이는 불편한 감정에 속박당할까 두려워한다. 6유형 아이는 "혹시 잘못되는 것은 아닐까? 이런 위험을 어떻게 다루지?"에 집중한다. 그러나 4유형 부모는 "내 삶에 없는 것이 무엇이지? 다른 사람의 삶이 왜 더 나아 보이지?"에 집중한다. 부모는 아이가 감정과 더 깊게 연결하는 법을 가르쳐 주고 아이는 현실적이고, 근면하고, 꾸준한 관계를 유지하는 법을 보여준다.

두 유형이 스트레스 받을 때

스트레스를 받을 때 두 유형은 우울감과 불운하다는 느낌, 미래에 대한 두려움을 가지고 있다. 둘 다 자신이 약자이기 때문의 어디에도 소속되어 있지 않다고 생각한다. 그나마 4유형 부모는 세상을 감당할 준비가 더 되어 있는 사람이다.

4유형 부모는 아이가 자신을 비난한다고 느낄 때 모든 것이 무너져 내린다. 아이가 사사건건 자신과 반대 견해를 보이면 예민해질 수 있다. 그렇게 되면 4유형 부모는 아이에 무관심하게 굴게 된다. 그러면 어떤 사람도 믿지 못하는 6유형 아이는 극도로 불안해진다. 아이가 불안을 이기기 위해 침실문을 쾅 닫고 들어가면 부모는 버려졌다고 느낀다. "너랑 함께 노력한들 그게 무슨 소용이니?"라고 생각하며 허무주의에 빠지기도 한다.

둘은 죄의식, 열등감, 공격성 같은 부정적 감정을 서로에게 돌려서 피하려 한다. 거부당하기 전에 거부하는 게 더 낫다고 생각하고 서로 거부하고 거부당한다. 아이는 "아빠는 한 번도 나를 위한 적이 없어."라며 부모를 비난한다. 서로를 탓하고 상처를 주면서 가까웠던 관계가 점점 멀어진다. 아이는 부모를 지루하고 보수적으로 느낀다. 스트레스받은 4유형 부모는 감정적 행동과 불같은 성질로 인해 더 아이보다 더 아이 같아진다.

4유형 부모와 7유형 아이	
부모 : 감정중심	아이 : 사고중심

두 유형의 기본 관계

　반대되는 특성을 가졌기에 서로에게서 배우는 역동적인 한 쌍이다. 4유형 부모의 풍부한 감정과 7유형 아이의 민첩한 사고력의 조합이다. 7유형의 낙천주의와 4유형의 비관주의가 균형을 맞춘다. 7유형 아이는 4유형 부모를 부지런하게 만들고, 세상 밖의 즐거운 것들을 경험하게 하고, 새로운 도전에 자신감을 느끼게 한다. 두 사람 모두 자발적이며 유머가 많고 재미있게 즐기는 법을 안다.

　서로 개성이 다름에도 불구하고 많은 공통된 흥밋거리를 가지고 있다. 특히 7유형 아이는 나이가 들수록 4유형 부모가 좋아하는 패션과 예술, 훌륭한 식사 혹은 영화를 함께 즐기기 시작한다. 4유형 부모는 7유형 아이가 감정을 살필 수 있도록 힘을 준다. 아이가 고통이나 실패를 경험하면 도망치지 않게 도와줄 것이다.

　수다스러운 7유형 아이와의 대화는 4유형 부모를 즐겁게 한다. 아이는 부모의 관심을 집중적으로 받는 것을 즐긴다. 4유형 부모가 지루한 사람이 되는 것을 두려워한다면, 7유형 아이는 지루해지는 것이 두렵다. 달라야 한다는 부모의 욕구와 아이의 필요가 만나 일상적인 삶의 단조로움에서 벗어날 수 있다. 4유형 부모가 내면세계에 집중한다면, 7유형 아이는 외부 세계에 집중한다. 두 사람의 서로 다른 방식이 이들에게 균형을 가져다준다.

두 유형이 스트레스 받을 때

　스트레스를 받으면 둘의 매력이 사라질 수 있다. 4유형 부모는 7유형 아이에게 감정적 깊이와 진정성이 부족하다고 느낀다. 아이의 지나친 에너지는 부모를 점점 지치게 한다. "잠시라도 조용히 앉아 있을 수 없겠니?", "한 시간만이라도 좀 조용히 해. 글을 쓰는 데 집중할 수 있게 평화를 줘."라며 아이의 에너지를 꺾는다.

서로 관심을 끌려고 어쩔 줄 몰라 하지만 성공적이지 않다. 한때 호기심의 원천이라고 생각했던 아이의 즐거운 에너지는 힘을 잃고, 부모에 대해 무감각하고 무심해진다. 7유형 아이는 더 자극적이고 더 재미있는 것을 찾으려 한다. 이럴수록 4유형 부모는 감정의 안식처인 자기만의 세계로 물러난다.

4유형 부모는 다른 사람들의 성취를 부러워하기 시작한다. "왜 다른 사람들은 나를 알아주지 않는 걸까? 개는 뭐가 그리 특별할까?"라며 골똘히 고민하게 된다. 7유형 아이는 4유형 부모가 하는 것도 없으면서 분노와 좌절감을 키우고 있다고 느낀다. 4유형 부모는 점점 비판으로 변하며 두 사람은 앙숙 관계가 된다. 어느 쪽도 비판을 잘 받아들이지 못한다. 4유형 부모는 문제에 대해서 논의해보려 하지만 7유형 아이는 현실 도피적인 활동으로 사라진다. 감정의 골을 해결하기 점점 어려워진다.

4유형 부모와 8유형 아이

부모 : 감정중심	아이 : 본능중심

두 유형의 기본 관계

본능중심의 격렬한 아이와 감정중심 부모는 강렬하고 흥미진진한 부모의 결합이다. 이들은 지루할 틈이 없다. 8유형 아이는 불 속이라도 함께 들어가고 싶어 하고, 4유형 부모는 아이로 인해 온전히 살아있는 강렬한 느낌을 얻는다. 아이의 대담한 에너지에 부모는 전율을 느끼고 서로를 강렬하게 서로를 자극한다. 둘 다 자기의 의견을 주저 없이 말한다. 4유형 부모는 강하고 열정적인 견해를 가지고 있다. 4유형 부모가 집안에 틀어박혀 정서적인 세상 속에 있을 때, 8유형 아이는 바깥세상을 지배한다. 아이는 성장하면서 부모의 보호자이자 지지자가 되어줄 것이다. 아이는 "엄마, 제가 엄마를 돌볼게요."라고 의젓하게 말한다. 서로 의지하면서 서열이 정리된다.

  4유형 부모의 미학적 사랑과 8유형 아이의 직설적이고 강하고 거친 태도가 융화된다. 8유형 아이들은 4유형 부모가 부족하다고 느끼는 강하고 용감한 자신감을 보여준다. 반면에 4유형 부모는 8유형 아이에게 창조적이고, 감수성이 풍부하고, 교양 있고 세련된 모습을 보여준다. 두 사람은 서로의 능력에 감탄하며 놀라워한다. 부모의 감정적인 깊이와 창조성은 아이의 강한 결단력과 결합하여 시너지를 낸다.

두 유형이 스트레스 받을 때

  스트레스받은 4유형에게서 나타나는 우울증은 억압된 공격성이라고도 한다. 4유형의 슬픔과 8유형의 분노는 물과 불처럼 서로에게 상처가 되는 관계이다. 8유형 아이는 4유형 부모의 우울감을 이해하기 어렵다. 그러면서도 4유형 부모를 돌봐야 한다고 생각하기 때문에 까다로운 문제다.

  둘 다 화를 참지 않는다. 주변 사람들은 놀라서 도망갈 정도의 큰 싸움이 일어나도 금세 아무 일도 없었던 것처럼 포옹하고 화해하기도 한다. 둘 다 서로에게 대항하며 대결한다. 아이와 부모 모두 누군가에게 밀리거나 통제당하는 기분을 싫어하며 자기감정을 표현해야 살아 있다고 느낀다. 둘의 충돌이 심해지면 육탄전에 이를 정도로 감당할 수 없게 된다. 서로에게 상처받으면 복수하려 한다.

4유형 부모와 9유형 아이

부모 : 감정중심	아이 : 본능중심

두 유형의 기본 관계

서로 반대되는 특성이 많지만 조화로운 한 쌍이 될 수 있다. 두 유형 모두 개인 생활을 중시하고, 잘 들어주고, 자율성을 원하고, 공감 능력을 갖추고 있다. 접근방식은 다르지만 두 사람 모두 매우 창의적이다. 9유형 아이는 4유형 부모와 융화되어 하나가 될 수 있다. 두 사람은 사물에서 아름다움을 보고, 상대의 창조적 노력을 지지하고, 좋아하는 것들을 함께 누릴 수 있다.

4유형 부모는 감정의 세계를 탐색하고 싶어 하지만 9유형 아이는 내적 성장에 게으를 수 있다. 즉, 부모는 내적 세계를 키우지만 아이는 외부 세계에 관심을 둔다. 4유형 부모는 때때로 슬픈 감정이 편안하지만 9유형 아이는 모든 것을 낙관적으로 생각하려 한다. 부모는 열받는 상황이 생겨도 개의치 않지만, 아이는 그런 상황을 불편해하고 평화를 원한다. 둘 다 창조적인 프로젝트를 위해 집에 있는 것을 좋아하는 편이다.

9유형 아이는 4유형 부모를 전적으로 따른다. 부모는 거기에서 많은 위로를 받는다. 4유형 부모는 9유형 아이를 바깥세상으로 이끌어 삶을 더 빛나게 하고, 자기의 감정을 살펴 더 명료하게 표현할 수 있게 돕는다. 9유형 아이는 4유형 부모를 만나 훨씬 활기가 넘치고 열정적으로 살게 된다. 부모는 아이의 롤모델이 되기도 한다.

두 유형이 스트레스 받을 때

둘 다 다른 사람의 비난을 불편해하며 자아 존중감이 부족할 수 있다. 그래서 다른 사람을 탓하는 경향이 있다. 9유형 아이는 변화를 강요받으면 반응하지 않는다. 이럴 때 4유형 부모는 깊이 있는 감정과 집중력이 부족한데도 태평한 어린 영혼 때문에 짜증 날 수 있다. "아이가 나를 무시하는 건가? 그냥 멍때리고 있는 건가?"라고 생각하지만 아이는 부모가 화를 낼수록 더 입을 다문다. 부모가 "방 안에 있는 거니? 제발 나랑 대화 좀 해!"라고 소리쳐도 회피한다.

9유형 아이가 꾸준하게 관계를 맺는다면 4유형 부모는 밀고 당긴다. 그러는 과정에서 아이가 감정을 표현하지 않고 타조처럼 모래 속에 머리를 더 깊이 파묻으면 부모는 좌절한다. 4유형 부모는 아이가 반응하게 하려고 도발하고 변덕을 부린다. 9유형 아이는 끝까지 고집을 부리며 반응하지 않기 때문에 버릇없는 아이처럼 보인다. 부모의 분노는 9유형 아이의 평화를 방해한다. 반면에 4유형 부모에게는 아이가 피상적인 활동에 시간을 낭비하면서 실제적인 문제를 피하는 것처럼 보인다.

16장
5유형 부모와 아이 조합

5유형 부모와 1유형 아이	
부모 : 사고중심	아이 : 본능중심

두 유형의 기본 관계

　이들은 많은 유사점을 가지고 있다. 예를 들면 자신을 이성적이고 합리적인 안내자라고 생각하고 지적으로 흥미로운 사실관계나 연구 결과 또는 정치적 이슈 등을 즐긴다. 가끔 서로 다른 관점에 대하여 이의를 제기할 수도 있지만 5유형 부모는 대립하고 논쟁하는 것을 그다지 좋아하지 않는다. 두 유형 모두 논리적이고 사실에 근거한 접근을 선호하기에 감정에 휩싸이지 않는 편이다. 문제가 있을 때 5유형 부모는 생각하고 분석하는 데 집중한다면, 1유형 아이는 문제를 해결하기 위해 행동하는 데 시간을 더 쓴다. 두 유형 모두 모두 감정이 논리적 사고를 방해한다고 생각하기 때문에 감정을 표현할 때 더 차분해진다.

　5유형 부모는 아이의 학교에서 진행하는 프로젝트의 자문 역할을 기꺼이 한다. 아이는 현실적인 접근을 선호하지만, 부모는 아이디어나 개념에 더 매력을 느낀다. 두 사람 모두 독립적이어서 팀의 일원이 되기보다는 혼자 일하는 것을 선호한다. 5유형 부모는 아이가 많은 요구를 하지 않고 혼자서 즐겁게 잘 지내는 모습을 좋아하고, 1유형 아이 또한 부모가 간섭하지 않아서 좋아한다. 둘 다 다양한 분야에 관심이 많고, 독특한 유머 감각을 지니고 있다.

두 유형이 스트레스 받을 때

　5유형 부모는 1유형 아이의 확고한 의견이나 융통성 없는 생각에 이의를 제기하거나 논쟁하려 한다. 동의하지 않아서라기보다는 지적인 논쟁을 하기 위해서다. 5유형 부모가 자신의 뛰어난 지적 능력을 증명하려 하는 것이 논쟁의 시초가 되기도 한다. 1유형 아이는 자신들의 견해에 확신이 있지만 5유형 부모는 그렇지 않기 때문에 쉽게 견해를 바꿀 수 있다. 그러면 아이는 부모가 줏대가 없고 이성적이지 않다고 생각하게 된다.

　1유형 아이가 규칙을 만든다면 5유형 부모는 규칙을 비판한다. 아이는 규칙을 지키고 싶어 하는데 인습타파주의자인 부모는 그렇지 않다. 아이는 다른 사람들이 어떻게 생각하는지에 관심이 있지만 부모는 그런 것에 관심이 없다. 예를 들어, 5유형 부모는 격식을 갖춘 옷차림이 필요한 학부모회의에 청바지 차림으로 가거나 블라우스에 음식물 자국이 묻은 채로 돌아다닐 수 있다. 그러면 원칙주의자인 1유형 아이는 쥐구멍에 숨고 싶어질 정도로 창피해할 수 있다.

　1유형 아이가 믿는 "진리" 즉 독선적이고 확고한 신념과 5유형 부모의 진실을 부정하는 허무주의적 신념이 대비된다. 두 사람 모두 상대의 신념에 냉소적일 수 있다. 건강하지 않을 때 둘은 공격적인 토론을 한다. 1유형 아이는 올바른 것을 갈구하는데 5유형 부모는 지적인 우월감으로 아이를 흔들며 논쟁하려 한다.

5유형 부모와 2유형 아이

| 부모 : 사고중심 | 아이 : 감정중심 |

두 유형의 기본 관계

5유형과 2유형은 서로를 매력적으로 여긴다. 5유형 부모의 합리적이고 지적인 사고와 2유형 아이의 정서적이고 감성적인 접근이 균형을 이룬다. 사고중심인 5유형 부모는 "나는… 라고 생각한다."라고 말하고, 감정중심인 2유형 아이는 "나는 …하게 느껴요"라고 말한다. 부모는 감정적이지 않으려 노력하고 아이는 감정의 지배를 받는다. 건강할 때 둘은 서로 놓치거나 표현하지 못한 부분을 치유하고 메워준다.

둘은 사람들과 교류하는 데도 차이를 보인다. 5유형 부모는 혼자 있는 것을 선호하기 때문에 다른 사람들과 일부러 어울릴 필요성을 별로 느끼지 못한다. 그러나 2유형 아이는 사람들을 좋아한다. 5유형 부모는 아예 사람을 부르지 않거나 혹은 작은 모임을 선호하기 때문에 거창한 파티를 하자는 아이의 요청에 움찔한다. 2유형 아이는 많은 친구를 초대해서 시끌벅적하게 놀고 싶어 한다. 아이와의 좋은 관계를 위해서 즐거운 마음으로 견디려고 하지만 가끔은 지친다. 5유형 부모는 그저 혼자 평화롭고 조용하게 있고 싶다.

5유형 부모의 경계는 분명하고 확고하지만 2유형 아이의 경계는 느슨하다. 2유형 아이가 흥분했을 때도 5유형 부모는 차분함을 유지하면서 좋은 부모로서 해야 할 역할을 한다. 무엇보다 아이에게 문제가 발생할 때도 현명하게 경청하고 조언해 준다.

두 유형이 스트레스 받을 때

2유형 아이는 사랑받고 있다는 확신이 부족할 때 "엄마! 나 사랑하지?"라며 사랑을 확인하려 한다. 5유형 부모가 정신적인 혹은 육체적인 "동굴" 속으로 들어가면 2유형 아이는 사랑받지 못한다는 두려움이 생길 수 있다. 2유형 아이가 애교를 아무리 부려도 부모를 동굴 밖으로 빼내기는 쉽지 않다. 아이에게는 인정과 관심이 필요하지만 스트레스받은 5유형 부모는 감정을 교류하고 싶지 않다. "아빠, 우리 같이 공놀이 할래요?"라고 물으면 "지금은 안 된단다. 아빠는 지난번 찍은 곤충들의 사진을 정리해야 해서 바쁘단다."라고 대답하며 다시 동굴로 들어간다. 2유형 아이는 애교를 부리거나, 질문을 하거나, 도움을 주거나, 연기를 하거나, 재미있는 이야기를 하면서 부모의 관심을 얻으려 한다. 이때 5유형 부모는 "왜 애들은 내가 어릴 때처럼 혼자 놀지 못하는 걸까?"라고 생각하며 아이들이 자신의 소중한 시간을 방해한다고 느낀다.

2유형 아이는 다른 사람들이 어떻게 느끼는지에 관심이 많지만 5유형 부모는 다른 사람들의 생각에 관심이 없다. 심지어 경멸할 수 있다. 아이의 기분과 상관없이 "나는 다른 부모들이 어떤 옷을 입는지 관심이 없어. 나는 운동복을 입고 학부모회에 참석할 거야."라며 무관심하게 말한다. 이러한 5유형 부모와 2유형 아이는 갈등을 자주 일으킬 수 있다.

5유형 부모와 3유형 아이	
부모 : 사고중심	아이 : 감정중심

두 유형의 기본 관계

5유형 부모와 3유형 아이는 뛰어난 조합이다. 전문가가 되기 위한 5유형 부모의 지식과 열정은 3유형 아이가 목표를 달성하는 데 많은 도움을 준다. 자신만의 시간을 간절히 원하는 5유형 부모에게는 3유형 아이가 혼자서도 프로젝트나 과제에 잘 집중한다는 것이 이점이다.

5유형 부모가 3유형 아이와 지식을 탐구하거나 산책할 때 최고의 관계가 형성된다. 부모가 아이에게 선물한 시간은 아이의 성취로 돌아온다. 부모가 많은 것을 해주지 않아도 마음이 전해진다면 상관없다. 부모가 아이와 시간을 보내는 것 자체가 선물이다.

5유형 부모는 결과에 집착하지 않지만 3유형 아이는 성취하고 인정받기를 원한다. 이러한 점을 이해하고 아이에게 칭찬을 많이 해줘야 한다. 3유형 아이는 남들에게 인정받기 위한 기술과 지식을 습득하려 노력한다. 5유형 부모는 3유형 아이가 결승선을 향해 돌진하는 것보다 연구의 가치와 사물의 본질에 더 깊이 다가갈 수 있도록 가르친다. 아이는 부모가 원하는 자신감과 역량을 보여주면서도 실용적으로 접근하게 된다.

내향적이면서 지적인 5유형 부모는 외향적인 성취 지향적인 3유형 아이의 지적 성과에 영향을 주었다는 주위 사람들의 칭찬을 즐긴다. 그리고 아이가 주인공이 되었다는 것만으로도 행복을 느낀다. 3유형 아이는 유행을 따르고 멋져 보이기 위해 시간과 에너지를 투자하는 반면 5유형 부모는 외모를 신경 쓰며 최신 브랜드를 찾는 10대들을 '유행의 노예'로 여길 수 있다.

두 유형이 스트레스 받을 때

독립적이고 혼자 있는 것을 선호하는 5유형은 부모가 되는 것 자체가 도전이다. 스트레스가 많아지면 아이가 시간, 돈, 공간 등 자신의 자원을 너무 많이 소진한다고 생각한다. 3유형 아이는 파티나 게임에서 주인공이 되는 것을 매우 좋아하지만 5유형 부모는 지식을 전달하는 것이 아닌 무의미한 잡담이나 관심이 집중되는 상황을 매우 싫어한다.

5유형 부모는 자신의 시간을 확보하는 것이 중요하다. 그래서 인기가 많은 3유형 아이를 파티나 과외 활동에 데려다 줄 때, 엄청나게 침해당하고 있다고 느낄 수 있다. 만약 육아의 무거운 책임을 배우자와 분담할 수 없다면 불만은 점점 커질 것이다. 5유형 부모는 다른 가족이 함께 캠핑하러 가자는 제안이나 학부모회에 참석하는 것을 거절할 수 있다. 이러한 행동 때문에 아이는 부모가 자기에게 관심이 없다고 느낄 수 있다.

5유형 부모는 3유형 아이가 목적을 이루기 위해 가장 빠른 길을 선택할 때 화를 낸다. 부모가 화를 내면 아이는 위축될 수 있다. 두 유형 모두 직접적인 감정싸움을 피하려는 경향이 있어서 마음에 상처를 주는 날카로운 유머나 빈정거림으로 에둘러서 표현하기도 한다. 이때 5유형 부모는 비난하지 않는 척하면서 지식을 이용해서 아이를 무시하기도 한다. 반면 3유형 아이는 과제나 친구들과 활동을 통해 바쁘게 지내며 부모에게 무심한 척한다.

5유형 부모와 4유형 아이

부모 : 사고중심	아이 : 감정중심

두 유형의 기본 관계

이들은 흥미롭고, 강렬하며, 특이한 조합이다. 5유형 부모는 다른 사람들에게 괴짜로 보이지만 4유형 아이는 스스로 다른 사람과 구별되는 특별한 존재가 되기를 원한다. 두 사람 다 아웃사이더라고 느끼며 내향적이다. 4유형 아이는 5유형 부모가 신비롭고 불가사의한 것을 두려움 없이 탐험하며 독자적인 길을 가는 것을 흥미롭게 생각한다.

두 유형 모두 자기만의 세상 속에서 행복을 느끼며, 재치 있는 말장난이나 기이한 농담을 즐긴다. 서로의 특이한 행동을 너그럽게 봐준다. 둘 다 독창적이고 상상력이 풍부하지만, 사물에 대한 접근 방식은 다르다. 5유형 부모는 프로젝트를 시작하기 전에 관찰하고, 조사하며 곰곰이 생각하는 반면 4유형 아이는 즉흥적으로 행동한다. 이런 차이점은 서로에게 영감을 주며 서로의 부족한 점에 관한 대화를 가능하게 한다.

4유형 아이는 지나칠 정도로 감성적인데 5유형 부모는 매우 냉정하면서 지적이다. 부모는 이런 감성적인 아이를 호기심 가득한 눈으로 바라볼 수도 있다. 4유형 아이는 "나는 우리 가족 구성원이 아닌 것 같은 느낌이 들어요."라고 이야기할 수도 있다. 아이는 "이렇게 감성적인 것이 정상적일까?"에 대해 고민할 수 있다. 둘은 감정과 사고라는 매우 다른 세계관을 가지고 있다. 너무도 다르므로 날개의 조합을 알면 서로를 이해하는 데 도움이 된다(날개는 35쪽 참조).

두 유형이 스트레스 받을 때

아이는 부모가 자신의 감정을 제대로 공감해 주지 못한다고 느낄 때 좌절한다. 이때 갈등이 일어나는데 아이는 부모가 할 수 없거나 줄 수 없는 것들을 요구하기도 한다.

4유형 아이는 5유형 부모가 혼자만의 시간을 필요하다고 말하면 자신의 요구를 거절한다고 생각하고 쉽게 포기할 수 있다. 부모는 아이가 감정 기복이 심하고 요구가 많다고 생각하고 아이는 부모가 공감력이 부족하고 자기 말을 잘 들어주지 않는다고 느낄 수 있다. 지적인 사고를 하는 5유형 부모는 감정을 조절하지 못해서 고삐 풀린 듯이 구는 아이가 유치하게 느껴질 수 있다. 부모가 "침착하게 정신 좀 차려!"라고 말하면 아이는 소외당하는 느낌을 받는다.

5유형 부모는 아무리 피해도 자신을 계속 따라다니는 아이가 방해된다고 느끼기 시작한다. 그럴수록 아이는 부모의 관심을 얻으려고 일부러 더 괴롭힐 수 있다. 4유형 아이의 감정과 5유형 부모의 사고가 충돌할 수 있다는 사실을 알아차리기만 해도 평화를 유지하는 데 도움이 될 것이다.

5유형 부모와 5유형 아이

부모 : 사고중심	아이 : 사고중심

두 유형의 기본 관계

부모와 아이는 다양한 관심사를 함께 탐구하면서 즐거운 호기심으로 하나가 된다. 둘 다 사생활과 독립적인 것을 중요하게 생각하기 때문에 서로의 공간을 침범하지 않으면서 안전을 느낀다. 서로의 생각을 자극해 주고 지적인 사고를 방해하는 '감정'이 없어서 편안하다. 5유형 부모는 5유형 아이가 뛰어나게 잘할 때 매우 좋아하고, 또래 친구들을 크게 의식하지 않고 행동하는 것을 높이 평가할 것이다. 둘이 함께라면 어둡고 깊은 세계를 탐험하고 함께 나눈다. "인간 감정은 호르몬의 작용인가요?", "운석이 어떻게 공룡을 멸종시켰을까요?" 등 다양한 질문을 함께 탐색한다.

집중을 잘하고 지적인 5유형 아이는 키우기 편한 아이처럼 느껴질 수 있다. 5유형 아이와는 다양한 주제로 흥미로운 대화나 논쟁을 할 수 있다. 다른 사람들은 잘 생각하지 않는 본질을 파고드는 것을 좋아한다. "왜 사람들은 SNS에서 사생활을 보여주려 할까요?"와 같은 근본적인 질문들도 서슴없이 한다.

둘 다 대체로 비언어적 소통을 즐기기 때문에 같은 공간에서 서로 다른 일에 집중하면서도 편안한 일체감을 느낀다.

두 유형이 스트레스 받을 때

만약 5유형 부모가 건강하지 않은 상태라면 아이와의 연결 고리가 끊어질 수 있다. 건강하지 않을 때 5유형은 더욱 감정을 배제하기 때문에 관계가 냉랭해진다. "저는 다른 사람들과 어울리는 것을 좋아하지 않아요. 어쩔 수 없이 학교 행사에 참여해야만 한다면 직접 참여하지 않고 구경하는 것을 좋아하지요." 아이의 학교 행사에서 반복적으로 이렇게 행동하면 아이도 냉담해진다.

5유형 부모와 아이는 서로에게 사생활이나 개인 문제를 드러내지 않으려 한다. 그렇게 하는 것이 더 편안하고 안전하다고 느끼기 때문이다. 오랜 시간 이런 상황을 방치하면 둘의 관계는 점점 더 멀어지고 끝내 무너질 수 있다. 5유형 부모는 "아이는 내 도움이 필요 없다고 했어. 그러면 오히려 더 좋아."라며 자기 최면을 건다.

아이가 성장하면서 사이가 나빠지는 또 하나의 요인은 둘 사이의 지적 논쟁이다. 둘 다 논쟁에서 이기려고 하고, 자신이 지적으로 우월하다는 것을 상대가 인정하도록 강요한다. "정말요, 아빠? 나는 그렇게 생각하지 않아요. 그리고 이 이유는….", "내가 너만 할 때는 전 과목 A를 받았다는 사실을 기억해." 상대의 이야기를 듣기보다는 자신의 우월감을 드러내는데 급급해진다.

5유형 부모와 6유형 아이

부모 : 사고중심	아이 : 사고중심

두 유형의 기본 관계

　5유형 부모는 불안과 걱정이 많은 6유형 아이가 편안하고 안전하다고 느낄 수 있도록 도와준다. 둘 다 지적인 성과물을 좋아하는 사고중심이기 때문에 철학, 정보 그리고 진실에 관한 토론을 즐긴다. 6유형은 권위에 반항하면서도 권위자를 찾는다. 뛰어난 조언자이기도 한 5유형 부모는 6유형 아이가 필요로 하는 권위자 역할을 잘 수행할 수 있다. 5유형 부모는 6유형 아이보다는 자기 확신이 강한 편이어서 아이가 부모를 믿고 의지할 수 있다. 이들은 서로 말이 필요 없는 사이다. 건강할 때는 서로의 영역을 존중한다. 부모는 친절하고 아이는 따뜻하게 배려하고 온정을 베푼다.

　6유형 아이는 검증되고 입증된 생각을 고수하는 경향이 있지만 5유형 부모는 새로운 아이디어에 대해 열린 사고를 한다. 비록 방법적인 측면에서는 다를지라도 둘 다 창의적이다. 둘 다 경제적으로 조금 부족해도 사는 데 지장이 없을 뿐 아니라, 고난과 역경을 견딜 수 있는 능력이 있다. 6유형 아이가 성장하면서 방황하더라도 다시 안전한 가족의 품으로 돌아올 때까지 5유형 부모는 언제나 참고 기다려 준다.

두 유형이 스트레스 받을 때

　6유형 아이의 불안함을 대수롭지 않게 여기거나, 걱정할 필요가 없다고 장황하게 설명하면 오히려 아이의 걱정을 더 키울 뿐이다. 아이와 지나치게 거리를 두면 믿음에 균열이 생기면서 아이는 점점 불안해하고 요구사항이 많아질 수 있다. 그렇게 되면 억지로 하는 것을 싫어하는 5유형 부모는 점점 더 벗어나고 싶어 하면서 결국에는 거부감을 가진다.

6유형 아이가 감정적으로 반응하면 5유형 부모는 따지면서 논쟁하려 든다. 유아기에는 어느 정도 감당이 되지만 커서까지 지속된다면 5유형 부모는 아이를 존중하는 마음이 점차 사라질 수도 있다. 만약 5유형 부모가 사무실이나 "자신만의 동굴"로 도망가면 6유형 아이는 "엄마/아빠가 더 이상 나를 사랑하지 않은 것은 아닌가?" 의심하기 시작한다. 아이는 자신의 불안감을 부모에게 투사한다. 동시에 아이는 우유부단해지고 어떤 일을 할 때마다 부모의 의견을 물으며 의존적으로 변한다. 부모는 점점 지쳐간다. 한때는 아이에게 흥미와 자극을 주었던 5유형 부모의 아이디어가 이제는 터무니없고 믿을 수 없는 것으로 느껴지기 시작한다.

신비로운 것에 대한 5유형 부모의 관심이 6유형 아이에게는 더 많은 의심과 두려움을 일으킬 수 있다. 아이는 "아빠를 믿을 수 있을까요? 아빠는 너무 이상하거든요. 죽음이나 삶의 어두운 면에 강박적으로 집착해요."라고 말하며 불안해한다. 또 5유형 부모는 자신이 모든 것을 알고 있어야 한다고 생각한다. 그래서 아이가 모르는 것을 물으면 임시방편으로 둘러댈 수 있다. 그러면 6유형 아이는 "'모르는 것을 솔직하게 모른다고 말하지 않으면, 내가 어떻게 엄마를 믿을 수 있어요?"라며 쏘아붙인다.

5유형 부모와 7유형 아이	
부모 : 사고중심	아이 : 사고중심
이완과 긴장의 방향으로 연결되어 있어서 겉으로는 달라 보여도 많은 성격적 특성들을 공유한다.	

두 유형의 기본 관계

　5유형 부모는 현실에 기반을 둔 안정감 있는 모습으로 7유형 아이를 돕는다. 그리고 아이에게 어떻게 집중해야 하는지를 알려준다. 반면 7유형 아이는 5유형 부모가 더 외향적으로 될 수 있도록 돕는다. 둘 다 새로운 아이디어나 개념을 통해서 자극받는데 특히 7유형 아이는 5유형 부모의 관심 영역을 확장해준다.

　둘 다 독립적이기를 원하는데 7유형 아이는 다른 사람에게 의지할수록 자유가 줄어들기 때문이고 5유형 부모는 자신이 가지고 있는 제한된 자원들을 아껴야 하기 때문이다. 부모와 아이 모두 지적이고 머리 회전이 빠르다. 5유형은 괴상하고 엉뚱한 유머를 사용하는 반면 7유형 아이는 가벼운 농담을 선호한다.

　이들은 모두 '공포' 유형이다. 5유형 부모는 지식 습득을 통해 두려움을 안으로 삭인다. "내가 더 많이 알수록, 나는 더 안전해질 것이다."라고 믿는다. 반면 7유형 아이는 고통과 두려움을 외부의 활동으로 분산시킨다. 즉 많은 계획과 활동을 통해 두려움에서 도망치려 한다.

　이 둘은 서로 반대되는 것이 많다. 7유형 아이가 산만하게 행동해도 5유형 부모는 매우 집중할 것이다. "나 게임을 할래… 우와 잠깐, 나 이거 해볼래…. 아니면 저거…". 7유형 아이는 다른 사람들과 함께 어울리면서 에너지를 얻지만 5유형 부모는 내향적이어서 사교성이 부족하다. 아이는 깜짝 파티를 좋아하지만, 부모는 집안에서 많은 사람이 풍선을 흔들며 파티를 하는 것을 보면 진저리를 칠 것이다. 7유형 아이는 무엇이든 해보고 싶은 욕구가 많고 항상 그 이상을 원한다. 반면, 5유형 부모는 가지고 있는 제한된 자원을 유지하면서 자신의 욕구를 최소화하려고 한다. 아이가 수박 겉핥기로 사물을 보는 것과 다르게 부모는 깊이 있게 관찰한다. 아이는 즐거움을 따라다니지만, 부모는 지식을 찾아다닌다. 아이는 자신감이 크지만, 부모는 자신감이 부족하다. 아이는 즉흥적인 것을 좋아하지만 부모는 계획이 갑자기 바뀌거나 예상치 못한 일이 생기면 당황한다. 부모가 돈이든 물건이든 자원을 저장하려고 한다면 아이는 써서 없애버리려고 한다. 또 아이는 멋져 보이고 싶어 하지만 부모는 총명해 보이고 싶어 한다.

두 유형이 스트레스 받을 때

5유형 부모는 스트레스받을 때 뒤로 물러서서 감정적으로 거리를 둔다. 그렇게 하는 것이 더 안전하다고 느끼기 때문이다. 그러나 7유형 아이는 스트레스를 받으면 더 분주해진다. 아이와 야구 경기를 보러 가면 경기가 끝나기도 전에 서바이벌 게임을 하러 가자고 조른다. 아이를 만족시킬 방법이 없는 것처럼 보인다. 5유형 부모는 아주 적은 돈으로도 지낼 수 있다. 그들이 원하는 것은 오로지 혼자만의 시간을 보내는 것이다. 5유형 부모의 엄격한 통제와 7유형 아이의 통제 불능 행동은 서로 충돌한다. 부모는 아이가 과하게 들떠있고 원하는 것이 너무 많다고 느끼지만 아이는 부모가 지루하고 냉정하며 열정이 없다고 느낀다.

대립을 피하고 싶어 하는 7유형 아이는 논쟁을 원하는 5유형 부모와 충돌한다. 그로 인해 서로에 대한 신뢰는 사라져 버린다. 5유형인 부모는 감정적인 척

하려고 해도 속으로는 상황을 분석하고 있다. 7유형 아이는 고통에서 벗어나기 위해서는 즐거운 일로 도망칠 수밖에 없다고 생각한다. 또 그들은 화를 낼 상황에서 참으면 부모보다 우위에 있다고 느낀다.

5유형 부모와 8유형 아이	
부모 : 사고중심	아이 : 본능중심
이완과 긴장의 방향으로 연결되어 있어서 겉으로는 달라 보여도 많은 성격적 특성들을 공유한다.	

> 두 유형의 기본 관계

　5유형 부모가 가지기 쉽지 않은 것을 8유형 아이는 가지고 있다. 8유형 아이는 자신이 원하는 대로 행동하고, 직설적으로 주장하며, 위험을 감수하고, 감각적 즐거움을 추구한다. 5유형 부모는 그런 아이의 모습에 감탄하며 즐긴다. 둘 다 독립적이고 사생활을 즐기면서 경계가 분명하다. 그래서 누군가 자신들의 공간을 침범하는 것을 그다지 좋아하지 않는다. 5유형 부모의 차분하면서도 지적인 면은 8유형 아이의 강렬한 열정을 충족시킨다. 5유형 부모는 내성적이고 자기주장이 강하지 않지만, 8유형 아이는 에니어그램 유형 중에서 가장 자기주장이 강하고 싸움에서 절대 물러나지 않는 유형이다. 5유형 부모는 인색할 정도로 필요한 것을 최소화하면서 기분이 좋아진다. 반면, 8유형 아이는 배포가 크고, 원하는 것을 즉각적으로 추구하고 얻으면서 만족스러워한다. 5유형 부모는 아이에게 행동하기 전에 생각하라는 것을 가르쳐 주고 8유형 아이는 부모에게 마음에 따라 행동할 수 있도록 돕는다. 둘은 두뇌와 신체의 조합을 이루게 된다.

부모가 상대적으로 기력이 약하다면 아이는 힘이 넘친다. 아이는 자연스럽게 부모의 방패막이가 되어 주고 부모는 아이에게 신중하게 행동하도록 가르친다.

둘 다 사회성이 풍부하지 않을 수 있다. 5유형 부모는 취약함을 감추기 위하여 지적인 허세를 부리고 8유형 아이는 "받아들이든지 떠나든지!"라는 독단적인 방식으로 취약함을 감춘다. 즉, 부모가 사색가라면 아이는 행동가다. 5유형 부모는 행동하기보다는 생각하며 관찰하는 반면, 8유형 아이는 생각하기보다는 현실적으로 행동한다. 이성 관계에서도 5유형 부모는 늦게 관심을 가졌을 수 있지만 8유형 아이는 반대일 수 있다.

두 유형이 스트레스 받을 때

8유형 아이는 성장하면서 부모와의 관계에서 우위를 점하려는 경향이 있다. 5유형 부모는 집안의 규칙을 만들지만 8유형 아이는 그것을 따를 필요가 없다고 생각하면서 자신이 만든 규칙을 주장할지 모른다. 그러면서도 부모가 체념하고 아이의 뜻대로 하게 두면 부모에 대한 존경심을 잃게 될 것이다. 뒤로 물러선다는 것은 8유형 아이에게 엄청난 좌절감을 불러일으키기 때문이다. 그들은 도전적인 성향이므로 맞대응하고 싸워서 이길 대상이 필요하다.

8유형 아이는 높은 에너지를 가지고 있어서 부모를 당황스럽게 하며 심지어는 공격하는 것처럼 느껴지기도 한다. 어떨 때는 아이들이 부모를 압도해서 숨 막히는 느낌이 들 수도 있다. 이때 5유형 부모는 입을 다물거나 그 자리를 피하는 등 뒤로 물러서려 한다. 이런 부모의 반응은 아이의 분노와 공격의 빌미가 된다. 거절당하는 것에 대한 두려움을 가지고 있는 아이는 부모가 계속 같이 있기를 바라기 때문이다. 아이가 소리치고 화를 내면 부모는 불안해진다.

부모와 아이 모두 말다툼 후에 복수할 계획을 세우고 상대를 통제할 방법을 찾으려 한다. 그리고 서로에 대한 복수의 악순환이 시작된다. 5유형 부모는 더 이상 대화하지 않으려 입을 다물고 8유형 아이는 겁을 주며 위협한다. 이들은 점점 서로가 필요 없는 존재라고 생각하게 된다.

5유형 부모와 9유형 아이

부모 : 사고중심	아이 : 본능중심

두 유형의 기본 관계

9유형 아이는 느긋하고 평화로우며 수용적이고 까다롭지 않아서 다른 유형 아이들보다 육아가 수월하다. 그들은 부모와 별문제를 일으키지 않고 지낸다. 5유형 부모가 혼자 영감을 얻을 수 있는 시간이 더 많아진다는 것을 의미한다. 5유형 부모와 9유형 아이 사이에는 말이 필요 없는 경우가 많다. 아이는 부모와 하나가 되려 하므로 부모가 무엇을 원하는지 금방 알아차린다. 이 둘은 서로에게 많은 요구를 하지 않고 9유형 아이는 일찌감치 혼자서 노는 법을 배워 부모에게 기쁨을 준다. 5유형 부모는 극적이거나 감성적인 것을 싫어하지만 9유형 아이는 대체로 즐기는 편이다. 이들은 서로를 방해하지 않으려 한다. 그러므로 9유형 아이가 5유형 부모와 함께 시간을 보내고 싶어도 조르지 않는다는 게 오히려 문제가 될 수 있다.

둘 다 지적이다. 하지만 5유형 부모는 9유형보다 더 지식을 강조하고 더 깊이 파고드는 편이다. 아이가 성장할수록 아이와 지식을 나누며 대화하는 것을 즐기게 될 것이다. 9유형 아이는 많은 경우의 수를 가지고 결정을 못 하고 고민하는 반면 5유형 부모는 생각이 명확하다.

　5유형 부모는 아이가 원하는 대로 하도록 흔쾌히 허용하고 즐거운 마음으로 육아한다. 이들은 서로에게 인내심을 가지고 다정하게 대한다. 가끔 5유형 부모가 예민해질 때도 있지만 주변 사람들을 편안하게 해주는 9유형 아이는 부모의 마음을 안정시킨다.

두 유형이 스트레스 받을 때

　5유형 부모는 자기중심적인 데 반해 9유형 아이는 자기 일은 뒷전으로 미루고 다른 사람에게 집중한다. 둘 다 건강할 때는 아이가 부모에게 필요한 것을 해주고 부모는 그것을 즐겼지만, 스트레스 상황이 되면 부모는 폐소 공포증처럼 숨 막히는 답답함을 경험할 수 있다. 아이들은 부모에게 정서적으로 의존하려 하고 애정결핍을 호소하면서 부모를 기다린다. 하지만 부모는 공황 상태에 빠진다. 5유형 부모는 "도대체 아이는 나에게 얼마나 많은 것을 바라는 걸까요?", "나는 부모로서 준비가 부족한 것 같습니다."라며 자책한다. 어떤 5유형 부모에게 다음과 같은 이야기를 들은 적이 있다. "나는 가족과 떨어져 살면서 내가 만나고 싶을 때만 찾아가서 만날 수 있으면 좋겠어요. 아이가 생기면서 나의 개인 생활을 거의 가질 수 없게 되었어요!"

　5유형 부모가 동굴로 숨으면, 9유형 아이는 버림받았다고 느낄 수 있다. 마치 부모가 다른 별에 사는 것처럼 자신에게 무관심하다고 느낀다. 5유형 부모는 권위 있고 냉철한 조언자가 되고 싶어 한다. 부모와 하나가 되고 싶은 아이의 바람은 부모를 물러서게 만든다. 아이는 좌절하지만, 겉으로 잘 표현하지는 않는다.

　9유형이 5유형보다는 낫지만, 둘 다 감정을 표현하는 것에 익숙하지 않다. 5

유형 부모는 감정을 정리해서 드러내는 데까지 시간이 필요해서 오히려 냉정해진다. 반면 9유형 아이는 상처나 분노를 즐거운 척하며 감추거나 뽀로통해질 수 있다. 아이는 무감각해지고 감정을 회피하기 위해서 다른 활동에 빠져들게 된다. 둘 중 누구도 문제를 마주해서 해결하려고 하지 않기 때문에 관계는 점점 악화할 수 있다. 서로 마음을 열지 않으면 갈등은 피할 수 있지만 점점 더 멀어진다.

17장
6유형 부모와 아이 조합

6유형 부모와 1유형 아이	
부모 : 사고중심	아이 : 본능중심

두 유형의 기본 관계

두 유형 모두 완벽한 세상을 꿈꾸는데, 그들이 생각하는 완벽한 세상은 모든 사람이 규칙을 따르는 안전한 곳이다. 둘 다 세상은 위대하다고 믿기 때문에 최선을 다하고, 충실하며, 책임감이 있다. 최대한 서로를 도우며 어려움을 이겨낸다. 이 둘은 근본적 동기는 다르지만, 약자를 도우려 한다. 6유형 부모는 약자와 자신을 동일시하기 때문이며 1유형 아이는 옳은 일이기 때문이다.

둘 다 매우 다정하고, 우호적이고, 너그럽고, 동정심이 많고, 감정을 솔직하게 표현하면서도 삶을 진지하게 받아들인다. 6유형 부모의 온화하고 유쾌한 기질은 1유형 아이의 지나친 진지함을 완화한다. 6유형 부모는 다른 사람들과 함께 일할 때도 기꺼이 열심히 한다. 그래서 잡다한 집안일을 잘 도와주는 1유형 아이에게 고마워한다.

완벽함과 정직한 태도를 가진 아이를 부모는 신뢰한다. 둘 다 어디서 무엇을 하든 인정받는다.

> 두 유형이 스트레스 받을 때

　6유형 부모는 불확실하고 우유부단하고 양면적인 경향이 있지만 1유형 아이는 결단력이 있고 분명한 의견을 가지고 있다. 6유형 부모는 무엇을 어떻게 하라고 지시하는 '내면의 위원회'가 있다면 1유형 아이는 완벽하지 않다고 지적하는 '내면의 비평가'가 있다. 결과적으로 둘 다 자신에게 엄격해질 수 있다. "내가 이걸 망쳤다고?" 생각하며 자책한다.

　6유형 부모는 다른 사람들의 동기를 의심하거나 민감해질 수 있다. 1유형 아이는 감정을 잘 드러내지 않고 잘 통제하는 편이지만 가끔은 분노를 억울함으로 토로하거나, 신경질적으로 비판하거나, 좌절하기도 한다. 6유형 부모는 자신의 두려움을 아이에게 투사하면서 1유형 아이가 두려워하고 있다고 믿는다. 1유형 아이가 올바르고 정확한 절차를 고민한다면 6유형 부모는 1유형 아이보다 덜 논리적이고 덜 정돈된 경향이 있다.

　두 유형 모두 긍정적 관점보다는 부정적 관점에 초점을 맞춘다. 아이가 눈앞에 보이지 않으면 6유형 부모는 아이가 잘못된 것은 아닌가 걱정부터 한다. 1유형 아이가 일을 망치면 어쩌나 걱정하면서 망설이는 동안 자기 확신이 부족한 6유형 부모가 제대로 방향을 잡아주지 못하기 때문에 둘 다 일을 미룰 수 있다. 서로 다른 신념과 생각은 살아가면서 마찰의 원인이 될 수 있다.

　6유형 부모는 충실하면서도 일을 즐겁게 한다. 하지만 1유형 아이는 일할 때 즐거워야 한다는 관점을 불필요한 사치라고 느낄지도 모른다. 그리고 "엄마, 철 좀 들어!"라고 말하며 부모에게 핀잔을 준다. 6유형은 핀잔받거나 궁지에 몰리는 것에 대한 공포감이 있다. 걱정과 불안으로 "내가 제대로 한 거야?" "내가 실패한 건가?"라고 반문하면서 6유형 부모는 점점 더 방어적인 태도를 보인다. 1유형 아이는 "솔직히 난 엄마가 훨씬 잘하리라 기대했어."라며 부모를 평가한다. 열 살 짜리 아이가 툭 내뱉은 비판은 배우자나 직장 상사가 비판하는 것과는 차원이 다르다. 6유형 부모는 누가 어른인지 의구심이 든다. 비판은 원망을 만들어 낸다.

완벽하게 절제된 1유형의 감정은 6유형의 불안한 반응과 부딪힌다. 6유형 부모는 자신이 하는 모든 일을 완벽하지 않다고 평가하는 1유형 아이 때문에 점점 지쳐간다. 이를 해결하는 방법은 분노하고 속상해하기 전에 더 개방적인 태도로 서로에게 솔직하게 마음을 터놓는 것이다.

6유형 부모와 2유형 아이

부모 : 사고중심	아이 : 감정중심

두 유형의 기본 관계

두 유형 모두 다정하고, 사람들을 잘 보살피며, 경청한다. 이들은 책임감 있고 성실하게 사람들을 돕고 보살피면서 행복감을 느낀다. 둘 다 소속감이나 상호관계를 원하지만, 이유는 다르다. 6유형 부모는 안정감 때문이고 2유형 아이는 친밀감과 사랑 때문에 관계를 갈구한다. 많은 사람을 집으로 초대하여 파티를 열고 즐긴다. 두 유형 모두 넓고 다양한 교우관계를 갖는 경향이 있다. 6유형 부모는 2유형 아이가 친구들과 가족에게 세심하고 헌신적으로 대하는 것을 보면서 아이의 친절과 아량에 감사한 마음을 갖는다.

6유형 부모는 아이를 과잉보호할 수 있다. 하지만 이런 과잉보호는 사랑과 관심을 원하는 2유형 아이에게는 큰 문제가 되지 않는다.

6유형 부모는 미래를 의심하고 걱정하는 반면 2유형 아이들은 긍정적인 시각으로 세상을 살아간다. 2번 아이의 온화함과 상냥함은 6유형 부모를 더 밝고, 더 친절하고, 더 융통성 있고, 더 즐거운 사람으로 만들어준다.

두 유형이 스트레스 받을 때

6유형 부모는 자신을 위해 무언가를 열심히 하는 2유형 아이의 열정을 사랑스럽게 느끼면서도 한편으로는 의구심을 갖는다. 부모는 아이의 행동을 보며 "얘가 왜 이러는 거지? 나한테 원하는 게 있나? 용돈을 더 달라는 건가? 아니면 놀러 나가도 좋다는 허락을 받고 싶은 건가…?"라며 걱정한다. 6유형 부모가 이런 생각을 하는 동안 2유형 아이는 왜 부모에게 도움이 되지 못하는지 걱정한다. 6유형 부모는 2유형 아이가 친절하게 굴며 칭찬받고 싶어 하는 것이 점점 귀찮아지면서 지나치게 감정적인 아이를 불편하게 느낀다.

특히 공포대항형 6유형 부모라면 방해받고 싶지 않다고 분명히 말했는데도 관심을 요구하며 다가오는 2유형 아이가 경계를 존중하지 않는다고 생각한다. 아이의 지나치게 사랑받고 싶어 하는 욕구는 부모를 더욱 불안하게 만든다. 경계를 침범하는 아이를 보며 "어떻게 하면 내가 일, 육아, 봉사활동까지 제대로 할 수 있지?" "온전히 내 시간을 보낼 수 있는 곳은 도대체 어디야?"라고 걱정한다. 아이는 가끔 날카롭게 반응하는 부모를 어려워하면서 "내가 뭔가 잘못했나요?"라고 말할 수 있다. 그러다가 8유형 아이처럼 "지금 당장 점심 줘요!"라고 돌변하며 명령을 할 수 있다. 아이가 부모에게 더 많은 시간과 관심을 요구하면서 다가올수록 6유형 부모는 어찌할 바를 모른다. 부모는 아이의 요구를 억지로 맞춰주는 척하다가 결국에는 아이의 화를 돋우거나 아예 숨어버리려 한다.

6유형 부모와 3유형 아이	
부모 : 사고중심	아이 : 감정중심
이완과 긴장의 방향으로 연결되어 있어서 겉으로는 달라 보여도 많은 성격적 특성들을 공유한다.	

두 유형의 기본 관계

　6유형 부모의 동정심과 충성심은 3유형 아이의 낙천성과 에너지가 조화를 이룬다. 두 유형 모두 자신들이 원하는 결과를 얻을 수 있다면 두려워하지 않고 끝까지 해내는 실천가다. 3유형 아이는 6유형 부모의 숨겨진 잠재력을 일깨워 주고 6유형 부모는 배려심과 따뜻함으로 아이의 본보기가 된다. 3유형 아이는 성공하든 실패하든 부모가 자신을 지지할 것이라는 걸 알고 있다.

　내적 불안과 의심이 가득한 6유형 부모와 자기 확신에 가득 차서 두려움이 없는 3유형의 아이는 어떻게 서로에게 맞춰갈까? 이 두 유형은 사고하는 것으로 억압된 감정을 해소한다. 두 유형은 긴장과 이완의 방향에 있다(36쪽 참조).

　3유형 아이가 자신의 감정을 드러낼 수 있도록 도울 수 있는 가장 좋은 타이밍은 함께 다양한 활동을 하는 때다. 공예부터 윈드서핑까지 모든 활동이 다 포함된다. 예를 들어, 바다 한가운데서 서핑할 때 자신이 느끼는 불안한 감정을 부모에게 스스럼없이 더 많이 표현할 수 있을 것이다.

　교회나 모임의 일원으로 활동하는 것도 다른 사람을 도와주고 배려해서 얻을 수 있는 이점을 배우는 데 도움이 될 수 있다. 능력과 가치를 인정받기를 원하는 3유형 아이는 학급에서 1등 하는 것보다 이웃을 돕는 모금 행사에서 성취감을 느낄지도 모른다.

두 유형이 스트레스 받을 때

 스트레스받을 때 6유형은 불처럼 즉각적으로 반응하지만 3유형은 얼음처럼 더 냉정해지는 경향이 있다. 3유형 아이는 6유형 부모에게 없는 야망과 자신감이 있다. 6유형 부모는 내적 갈등, 열등감, 실패에 대한 두려움과 같은 숨겨진 감정들을 아이에게 투사한다. 스트레스 상황에서 두 유형은 서로 팽팽한 긴장감을 만들어 낼 수 있다. 6유형 부모는 야망을 의식적으로 억누르지만 3유형 아이는 결과에 상관없이 막무가내로 밀어붙인다. 6유형 부모는 "내가 지금 제대로 하는 건가?"라면서 목표를 확신하지 못한다. 그러나 아이는 이런 것 따위는 전혀 신경 쓰지 않는다. 6유형 부모는 아이가 넘치는 자신감으로 으스대면, 민망해하면서 "아니, 쟤는 저러면 혹평이 따라올 것을 모른단 말이야?"라고 말한다.

 두 유형 모두 너무 많이 일을 떠맡는 경향이 있고 결과적으로 스트레스를 받는다. 이럴 때 3유형 아이는 마치 로봇처럼 기계적으로 일하지만, 6유형 부모는 일을 잘 끝내고 싶어 불안해하거나 아예 일을 못 하고 주변에서 빙빙 돌기만 한다. 두 유형 모두 감정에 솔직하지 못하고 쳇바퀴를 달리는 다람쥐처럼 탈진상태가 될 때까지 목표 달성을 위해 끝까지 견뎌내려 한다.

6유형 부모와 4유형 아이

부모 : 사고중심	아이 : 감정중심

두 유형의 기본 관계

두 유형은 너무 많은 특성을 공유하기 때문에 혼동될 수 있다. 두 유형 모두 소외에 대한 두려움이 있어서 모임이나 조직에서 약자나 자신에게 스트레스를 주는 사람을 막 대할 수 있다. 둘 다 세상은 가혹한 곳이라고 여기면 권력을 불신하기도 한다. 반면에 직관적이고, 동정심이 많으며 다른 사람들의 말을 경청한다. 이러한 유사성 때문에 6유형 부모는 4유형 아이를 소울메이트로 느낄 수도 있다. 이들은 가끔 다른 사람들에게 버림받았다고 느끼기 때문에 서로를 정서적으로 지지하고 수용하면서 "나를 이해해주는 사람"이라고 느끼게 된다.

6유형 부모는 전형적인 훈육의 형태인 부성애적 접근으로 사랑을 표현한다. 6유형 부모는 아이에게 올바른 길을 안내하고 싶어 한다. 그리고 아이가 존경하고 본받고 싶은 사람이 되길 원한다. 아이의 창의적인 과제를 도와줄 때도 실현이 가능한 구체적이고 성실한 방식을 선호한다. 6유형 부모는 4유형 아이를 통해 창의성을 확장한다. 4유형 아이는 6유형 부모를 통해 자신의 감정을 살피고 내면세계를 더 깊이 파고든다. 둘은 서로를 지지하며 서로에게 영감을 준다.

6유형 부모는 "숙제 그만하고, 공원으로 놀러 가자."라는 따뜻한 말을 건네며 아이에게 유쾌하고 따뜻한 친구가 되어 준다. 4유형 아이는 6유형 부모가 스스로의 내적 욕구를 알게 해준다. 부모는 아이로 인해 자기 효능감을 향상하고, 아이는 부모의 한결같은 충실함에 감사해한다.

두 유형이 스트레스 받을 때

4유형 아이가 감정 기복이 심해지고 우울해하거나 지나치게 감정적으로 행동하기 시작하면 아이가 우울해지고 있다는 신호다. 문을 쾅쾅 닫고, 분노를 폭발시키며, 감정에 인색한 부모가 재미없고 보수적이라며 대들기도 한다. 스트레스받은 6유형 부모는 이런 아이의 행동을 확대해석해서 과잉 반응을 보이거나 아이에게 감정을 투사할 수도 있다. 아이가 삐졌다고 느껴지면 부모도 똑같이 행동해서 복수하려고 한다. 아이가 친구와 놀겠다고 나가버리면 6유형 부모는 버림받았다는 기분이 든다. "옛날 착실했던 내 아이 맞아? 믿어지지 않아!" 이런 부모의 반응에 4유형 아이 역시 버림받았다고 느낀다. "내 진짜 가족은 대체 어디 있는 거야! 엄마는 진짜 우리 엄마가 아닐지도 몰라!"라고 소리치며 부모에게 느꼈던 마음이 사라진다.

6유형 부모와 5유형 아이

부모 : 사고중심	아이 : 사고중심

두 유형의 기본 관계

둘은 서로의 학식을 존중할 줄 아는 지적인 사람들이다. 두 유형 모두 문제를 분석적으로 본다. 다만 6유형 부모는 성인이기 때문에 더 활동적인 리더 역할에 적합하다. 둘 다 감정을 표현하는 스타일은 아니지만 그나마 6유형 부모가 더 노력하는 편이다. 가끔 하는 포옹과 뽀뽀는 서로에게 필요한 존재라는 확신을 줄 수 있다. 6유형 부모의 직관적 사고와 책임감 그리고 5유형 아이의 감정에 휘둘리지 않는 침착함은 어떤 위기도 헤쳐 나갈 수 있게 해준다.

6유형 부모의 다정함과 배려심은 5유형 아이가 다른 사람의 말에 귀 기울일 줄 아는 친절한 사람이 되도록 이끈다. 6유형 부모는 매우 현실적이지만 5유형 아이는 덜 현실적이다. 아이가 어떤 특정한 분야에 지나치게 깊이 몰두하는 것이 부모에게는 공포이고 두려움일 수 있다. 5유형 아이들은 학문적인 것을 추구하지만 6유형 부모들은 아이가 기업 대표나 의사, 종교 지도자, 군인 또는 정치인과 같은 실용적인 전문가가 되기를 원한다. 6유형 부모는 집 정리나 같은 실용적인 일을 함께하고 싶어 하지만 5유형 아이는 그런 일에 흥미가 없다. 5유형 아이는 부모가 필요하지 않은 것처럼 보일 수 있지만, 자신의 영역이 방해받지 않도록 부모가 보호해주길 원한다.

두 유형이 스트레스 받을 때

5유형 아이가 자신만의 공간을 갖기 위해 부모에게서 벗어나려고 하면, 6유형 부모는 자신을 거부했다고 오해한다. 그래서 6유형 부모는 아이의 사랑을 확인하기 위해 다가간다. 이때 5유형 아이는 부모에게 더 멀어지면서 "나 혼자만의 공간이 필요해요!"라고 외칠 수 있다.

이때 6유형 부모는 성숙하지 못한 감정적 폭발을 할 수도 있다. 부모가 감정적으로 폭발했는데도 아이가 반응하지 않으면 6유형 부모는 좌절한다. 6유형 부모의 양면적인 모습은 5유형 아이에게 불안감을 심어준다.

스트레스를 받으면 서로에게 비관적으로 될 수 있다. 5유형 아이는 자기 생각과 감정을 감추고 몇몇 사람에게만 은밀하게 보여주려고 한다. 6유형 부모는 "왜 나에게 말하지 않는 거지? 무슨 위험한 일이라도 있는 것은 아닐까?"라며 걱정한다.

5유형 아이는 6유형 부모가 너무 편협하며, 관습과 규칙에 순응하며 얽매여 있다고 생각한다. 5유형 아이는 규칙에 의문을 제기하고, 새로운 방식을 만들어 나간다. "샤워는 피부가 자연스럽게 만들어 내는 지성 성분까지 다 없애기 때문에 난 더 이상 샤워를 하지 않을 거야."라며 엉뚱한 선언을 할 수 있다. 이런 '실험' 때문에 6유형 부모와 갈등을 일으키기도 한다. 두 유형 모두 권위 있는 인물을 따르면서 권위에 도전하기도 한다. 5유형 아이는 강하게 자신의 지식을 주장하고 6유형 부모는 그런 아이의 관점에 동의하지 않을 수 있다.

6유형 부모와 6유형 아이

부모 : 사고중심	아이 : 사고중심

두 유형의 기본 관계

두 유형 모두 충성스럽고, 순종적이고, 책임감이 강하다. 같은 유형이기 때문에 강력한 유대감을 형성하며 장난스러운 유머 감각을 공유한다. 서로에게 주는 지지와 충실함에 감사해한다. 아이는 "세상이 무너져도 우리 아빠는 무조건 내 편이 될 거라는 것을 알아요."라고 말하며 부모에 대한 믿음을 드러낼 수 있다. 두 사람은 서로에게 신뢰가 높다. 6유형 부모는 6유형 아이의 두려움을 잘 이해하기 때문에 아이와 함께하는 모든 순간에 최선을 다한다. 아이를 24시간 지켜주는 '안전요원'의 역할을 자처한다.

같은 유형이긴 하지만 본능 동기가 다르다면 관계가 달라지기도 한다(40~43쪽 참조). 특히 6유형 부모가 공포형인지 공포대항형인지에 따라 육아 태도가 달라진다. 또한, 성적본능 동기일 때 아이에게 더 엄격하고, 위협적일 수도 있다.

6유형은 감정을 잘 드러내는 편은 아니지만, 부모일 때는 행동력과 확고한 충성심이 있으므로 아이에 대한 걱정이나 관심을 겉으로 드러낸다. 상호 간의 신뢰를 통해 자신의 결정이 옳은지 판단하고 확인받는다.

이들은 미래지향적인 사고중심 유형(5유형, 6유형, 7유형)이다. 스포츠나 레저 여행을 계획하는 것은 부모와 아이 모두에게 좋다. 이런 활동들은 신체적으로 강하고 아름다워지고 싶은 6유형의 욕구를 충족시킨다. 부모와 아이 둘 다 창의적이며 도움이 필요한 사람을 도와야 한다는 신념이 있다. 의심이 많은 성격이지만 책임감이 강하다. 또한, 감수성이 풍부하고 친절하며 타인에 대한 연민이 있다.

두 유형이 스트레스 받을 때

스트레스를 받으면 서로의 충성심을 시험하려 할 수 있다. "내가 아이(부모)를 무시해도, 아이(부모)가 여전히 내 곁에 있을까?"라고 생각하며 전전긍긍한다. 6유형들은 "민희와 민희 엄마는 우리처럼 생각하지 않는 것 같아."라고 생각하며 남들과 다르다는 두려움 속에서 하나가 되기도 한다. 하지만 남들과 다르다는 생각은 또 다른 불안을 일으킨다.

6유형의 부모와 아이는 둘 다 반대를 위한 반대 견해를 내기도 한다. 불안과 두려움 때문에 모든 관점을 다 생각해야 하기 때문이다. 반대 견해를 이해하면 의심과 두려움을 없애는 데 도움을 주기도 하지만, 필요 이상으로 예민하게 반응하거나 불안과 의심을 상대에게 투사하게 만들기도 한다. 6유형들은 다른 사람들의 제안에 "네, 하지만…."이라고 대답하며 반대할 구실을 찾아낸다.

"치킨 리틀"이라는 에니메이션에서 치킨 리틀은 도토리가 머리 위로 떨어진 것을 두고 하늘이 무너지고 있다고 확신하고 마을을 대혼란으로 몰고 간다. 6유형은 최악의 시나리오를 예상한다. 치킨 리틀은 "하늘인가요? 아니면 달인가요? 어쨌든 엄청 안 좋은 상황인 게 틀림없어요."라며 호들갑을 떨었다. 6유형 부모와 아이는 두려움의 시너지를 낸다. "누구를 믿을 수 있을까? 누가 알고 있을까? 다음에는 무엇이 떨어질까? 태양? 달?"이라고 생각하며 우왕좌왕

하는 치킨 리틀이 두 명 있는 것이다. 둘 다 두려움 때문에 예민해지고 모든 것을 남 탓으로 돌리면서 지구 종말이 온 것처럼 행동한다. 경솔하게 투쟁하거나 도피하면서 "분명히 너한테 문제가 있어!"라며 서로를 탓하는 악순환을 만들고, 무의미하고 파괴적인 논쟁을 할 수 있다. "나는 다음에 무엇이 잘못될지 궁금해."라며 하지 않아도 되는 걱정을 계속한다. 분노가 난무하는 상황 속에서, 서로의 숨겨진 두려움과 편집증이 발동한다.

6유형 부모와 7유형 아이

부모 : 사고중심	아이 : 사고중심

두 유형의 기본 관계

7유형 아이는 삶이라는 여행에서 즐거운 장소를 찾고, 다양한 대안을 검토하고, 독창적인 아이디어를 낸다. 자동차의 액셀러레이터와 같다. 반면 6유형 부모는 모든 응급상황에 필요한 것들을 전부 챙기는 사람이다. 여행 도중에 어떤 위험이 있을지를 예측하고, 위험을 어떻게 피해야 할지 또 누가 차를 몰아야 안전할지 미리미리 준비하는 사람이기도 하다. 자동차의 브레이크 역할을 한다. 둘의 인생 여행은 서로의 강점과 약점이 균형을 이룰 때 즐겁다.

두 유형 모두 사고중심이어서 명석하고 재치 있다. 둘 다 유머 감각이 있고 유쾌한 장난을 즐긴다. 6유형 부모는 자신의 두려움을 마주하지만, 7유형 아이는 자신의 두려움을 회피하기 위해 끊임없이 움직인다. 7유형 아이가 낙관적이고 자발적이며 부지런한 것은 두렵기 때문이다. 6유형 부모가 조심스럽지만 7유형 아이는 재미있는 일에 몰두하느라 조심성이 없다. 7유형 아이의 낙천적인 성격은 6유형 부모에게도 긍정적인 영향을 미친다.

6유형 부모는 아이에게 안전한 공간을 제공한다. 부모의 충실함과 현실적이고 지속적인 지지는 아이가 꿈을 현실로 만드는 데 도움을 준다. 7유형 아이는 부모가 의무감에서 벗어나 더 즐거운 삶을 살 수 있도록 돕는다. 아이는 "자 엄마! 설거짓거리 쌓아 놓아도 아무 문제 없어. 설거지는 나중에 하고 나가서 신나게 놀자~"라고 말하며 엄마의 손을 잡아 끌어준다.

두 유형이 스트레스 받을 때

6유형 부모가 7유형 아이에게 "매주 토요일 같이 점심 먹을 수 있지?"라고 제안하면 아이는 자유를 침해당했다고 생각한다. 이런 규칙과 규율은 숨 막힌다고 생각할 수 있다.

스트레스받은 6유형 부모는 앞으로의 문제를 엄청나게 걱정하지만 7유형 아이는 부모가 걱정하는 최악의 시나리오를 듣고 싶지 않다. 6유형 부모는 "저는 작은 사업을 하고 있어요. 가족의 사업이기도 하죠. 경제가 어려워지니 앞으로 닥칠 문제에 대해 아들하고 의논하려 했지요. 그러자 아들은 방을 나가 버렸어요. 아들은 그런 골치 아픈 문제들을 듣고 싶어 하지 않았죠."라고 말 할 수 있다. 하지만 7유형 아이는 부모의 걱정 때문에 꿈을 꺾고 싶지 않다. 7유형 아이에게 그런 걱정거리는 재미없고 고루할 뿐이다.

새롭고 흥미진진한 활동을 마음껏 상상하고 싶어 하는 7유형 아이에게 현실적인 걱정만 늘어놓는다면 분노와 좌절감을 일으킬 수 있다. 7유형의 아이는 문제가 닥쳤을 때 외면하려 한다. 그러나 6유형 부모는 가능한 모든 문제점을 미리 생각해야 더 안전하다고 느낀다. 7유형의 낙천적인 성향은 6유형의 과잉보호적인 비관주의와 충돌한다. 7유형 아이는 "엄마는 너무 짜증 나. 내가 뭘

하든 다 안 된다는 거잖아! 집에만 있으라는 거야? 엄마는 세상 모든 것이 다 걱정투성이야."라고 소리칠 수 있다. 물론 6유형 부모는 "넌 정말 구제 불능이야, 너만 생각해. 나, 나, 나! 집안일을 도와준 적이 한 번도 없어. 부모가 재벌이나 되는 것처럼 용돈도 함부로 다 써 버리지! 무슨 생각으로 사는 거야 대체!"라고 반박한다.

6유형 부모와 8유형 아이	
부모 : 사고중심	아이 : 본능중심

두 유형의 기본 관계

6유형 부모는 8유형 아이가 위험에 대처하는 능력에 감탄한다. 부모의 불안한 마음을 눈치채고 영웅처럼 해결해 주려 할 때 아이에게 매료된다. 6유형 부모는 신중하고 8유형 아이는 도전적이지만 서로를 격려한다. 아이는 행동으로 소통하므로 아이가 행동하면 부모는 두려워도 같이 행동한다. 6유형 부모는 아이의 명예욕, 강함, 관대함, 카리스마, 강력한 에너지, 그리고 솔직함을 사랑한다. 8유형 아이는 6유형 부모가 가진 현실적 감각, 매력, 결단력 그리고 자신들을 지지해 주는 느낌을 즐긴다. 둘 다 충성심, 근면함과 책임감이 강하고 소외된 사람들을 돕는 것에 대한 열망이 있다. 두 유형 모두 하던 일을 미루는 한이 있어도 어려운 과제를 해결하는 것을 즐긴다.

8유형 아이가 자기 영역을 중시하고 자기방어적이기 때문에 안전한 공간을 가지고 싶어 하는 6유형 부모의 욕구와 보완적이다. 8유형 아이는 성장해 가면서 자연스럽게 결단력 있는 리더의 역할을 맡게 되고, 6유형 부모는 신뢰하는 조언자로 함께 한다.

8유형 아이는 6유형 부모가 적극적으로 행동하고 직설적으로 표현하도록 이끌어준다. 8유형 아이는 부모의 걱정을 덜어주고 부모가 권위를 가질 수 있도록 돕는다. 6유형 부모는 8유형 아이에게 뒤로 물러서는 법, 경청하는 법, 충동을 조절하는 법, 이해와 배려심을 갖는 법, 규칙을 지키는 법을 가르친다.

둘은 서로를 신뢰한다. 함께 세상에 맞서는 동지처럼 느끼며 "함께라면 헤쳐 나갈 수 있어!"라고 다짐한다. 6유형 부모가 타인에게 관심이 많다면 8유형 아이는 자신에게 관심이 많다.

두 유형이 스트레스 받을 때

8유형 아이는 6유형 부모의 끊임없는 걱정과 두려움에 짜증을 느낄 수 있다. "왜 엄마는 항상 제일 나쁜 면만 보는 거야?" 6유형 부모는 또 이렇게 느낀다. "왜 아이들은 내 걱정을 진지하게 받아들이지 않지? 세상은 너무 위험한데 말이야. 난 애들을 보호하려고 노력하고 있는 거야". 6유형 부모의 이러한 태도는 자율성을 원하는 8유형 아이에게 적개심을 불러일으킨다.

스트레스받은 6유형 부모는 특히 결정을 미루고 정면으로 부딪치는 것을 피하는데, 8유형 아이는 그런 부모를 나약하게 여겨 존경심을 잃을 수 있다. 아이의 적개심과 분노는 부모의 안전한 세계를 뒤흔들고 부모는 예민하게 반응하거나 회피한다. 신뢰는 사라지고 어느 쪽도 지지받고 있지 않다고 느낀다. 부모는 더 방어적으로 변한다. 아이도 점점 거칠게 반항하고 부모를 통제하려 든다. 아이가 "난 이제 엄마 필요 없어!"라고 소리치면 부모 역시 "이제 겨우 15살짜리가 나에게 명령하는 꼴은 못 보지."라며 저항한다.

두 유형의 큰 차이점은 싸움 후의 반응이다. 8유형 아이는 뒤끝이 별로 없다.

특히 자신이 이겼다고 느끼면 더욱 그렇다. 반면에 6유형 부모는 싸움에 대해 생각하고 또 생각한다. 부모는 "아빠가 되어서 아이에게 소리친 것은 잘못한 거겠죠?"라고 여러 차례 되물으며 걱정한다.

6유형 부모와 9유형 아이	
부모 : 사고중심	아이 : 본능중심
이완과 긴장의 방향으로 연결되어 있어서 겉으로는 달라 보여도 많은 성격적 특성들을 공유한다.	

> 두 유형의 기본 관계

둘은 좋은 관계가 될 수 있다. 서로가 서로에게 확실한 기댈 언덕이 되어 주고 자신감도 심어준다. 수용적인 9유형 아이는 불안과 걱정이 많은 6유형 부모를 안정시켜준다. 6유형의 내면에는 9유형이 가진 불안이나 걱정과 같은 골치 아픈 생각을 피하게 해주는 평화롭고 느긋한 본성이 자리한다. 두 유형은 거울을 보는 것처럼 서로를 잘 이해한다. 하지만 긴장 방향일 때는 반대의 성격이 된다.

6유형 부모는 안전함을 즐기고 9유형 아이는 안정감을 중요하게 생각한다. 두 유형 모두 선택을 확실하게 못 하는 우유부단함이 있다. 6유형 부모는 다른 사람이 대신 결정하는 것을 원하지 않으면서도 자신이 잘못된 선택을 할까 두렵고 9유형 아이는 자신의 잘못된 결정이 누군가의 반감을 사지 않을까 걱정한다. 각자 다른 이유로 "함께 잘 지내기 위해" 선택하는 경향이 있다. 6유형 부모는 여러 사람과 함께하는 것을 안전하게 느끼기 때문이며, 9유형의 아이는 불쾌감을 덜 느끼기 때문이다.

두 유형은 모두 규칙적인 일상을 즐기며, 예측할 수 없는 흥분보다는 신뢰할 수 있는 것들을 즐긴다. 그렇다고 해서 철저하게 규칙성을 추구하지는 않는다. 6유형 부모는 때때로 순종적이지 않고 반항적일 수 있으며, 9유형 아이도 자율성을 즐기며 사회적 규범을 벗어나기도 한다. 6유형 부모가 다른 사람들의 동기를 의심한다면 9유형의 아이는 다른 사람들을 의심하지 않는다. 9유형 아이는 자신과 다른 사람을 봐도 "각자 자기 방식대로 살아가는 거지 뭐!"라고 생각한다.

9유형 아이의 낙관론은 비관적 세계관을 가지고 있는 6유형 부모에게 희망을 준다. 6유형 부모에게 신뢰는 노력해야 할 문제지만 9유형 아이는 천성적으로 잘 믿고 믿음을 준다. 6유형 부모의 예민한 성격은 9유형 아이의 관대하고 태평한 성격을 만나 균형을 이룬다. 두 유형 모두 자신을 특별하다고 생각하지 않는데, 매우 중요한 것을 이뤄냈을 때조차도 의미를 두지 않은 편이다.

두 유형이 스트레스 받을 때

두 유형 모두 자신들의 감정이나 문제를 다루는 데 능숙하지 않다. 9유형 아이는 대결하는 것을 싫어하기 때문에 침묵하고 6유형 부모는 자신의 기분을 말하면 관계가 불안하게 될까 봐 말하지 않는다. 둘 다 말하기 전에 상대방이 먼저 알아봐 주기를 바란다.

그래서 두 유형 모두 갑자기 격렬하게 화를 낼 수 있다. 9유형 아이가 부모와 동화되면 부모는 아이가 진심으로 원하는 것이 무엇인지 확실하게 알기 어려울 수 있다. 아이가 표현하는 것은 부모가 원하는 것일 수 있기 때문이다. 두 유형은 모두 자신의 필요에 더 집중하는 방법을 배워야 한다.

9유형 아이의 소극적인 태도는 6유형 부모에게 짜증을 유발할 수 있다. 9유형 아이의 침묵에 6유형 부모는 "얘가 지금 내 말을 제대로 듣고 있는 건가? 얘는 지금 위험을 깨닫지 못하는 건가?"라고 생각하며 걱정한다. 6유형 부모의 의심과 두려움은 9유형 아이의 부드럽고 여유로운 세계를 괴롭히는 걸림돌이 된다. 아이를 계속 밀어붙이면 아이는 더 완강하게 거부하고 수동공격적으로 문제를 회피할 수 있다. 그로 인해 6유형 부모는 더 화를 내고 더 불안해한다. 결국 참다못해 "지금까지 그냥 앉아 있었던 거야? 왜 엄마 말을 진지하게 받아들이지 않는 거야?"라며 분노를 터뜨리게 된다.

18장
7유형 부모와 아이 조합

7유형 부모와 1유형 아이	
부모 : 사고중심	아이 : 본능중심
이완과 긴장의 방향으로 연결되어 있어서 겉으로는 달라 보여도 많은 성격적 특성들을 공유한다.	

두 유형의 기본 관계

두 유형은 서로 반대되는 특성을 많이 가졌기에 상호 성장과 발전을 가져올 수 있는 관계이다. 7유형 부모는 큰 그림을 보지만 1유형 아이는 세심하고 섬세하다. 부모는 즉흥적이지만 아이는 침착하다. 부모는 위험을 감수하지만 아이는 위험을 피하려 한다. 부모는 혼돈에서 쾌감을 느끼지만 아이는 질서를 좋아한다. 부모는 재미와 모험을 원하지만 아이는 완벽을 추구한다. 그러나 모든 7유형 안에는 질서를 추구하는 1유형이 있고, 1유형 안에는 재미와 자발성을 원하는 7유형이 공존하고 있다.

7유형 부모는 아이에게 인생은 의무나 책임 그리고 이상을 알게 해준다. 부모는 아이가 더 자유롭고, 덜 엄격하도록 허용하고 아이는 부모가 집중할 수 있도록 돕는다. 7유형 부모가 보름도 되기 전에 월급을 다 쓴다면 1유형 아이는 한 달 예산을 신중하게 세워 용돈을 쓸 것이다. 7유형 부모가 대형 과자 한

봉지를 단번에 먹어 치운다면 1유형 아이는 하루에 얼마만큼 먹어야 1주일을 버틸지 계산한다. 두 사람 모두 아이디어가 많고 수다스러울 수 있다. 7유형 부모는 이야기를 더 흥미롭게 만들기 위해 진실을 과장하여 꾸미지만 1유형 아이는 100% 정확한 것이 중요하다.

두 유형이 스트레스 받을 때

7유형 부모는 자유를 제한하는 것을 싫어하지만 1유형 아이는 그렇지 않다. 자유분방한 7유형 부모가 규칙을 철저히 지키는 아이와 살면 충돌이 일어날 수도 있다.

7유형 부모가 산만해지고 규율이 없어지면 아이는 어른인 양 부모를 질책할 수 있다. 아이는 "언제쯤 어른이 되실 거예요? 제발 부모 노릇 좀 하세요!"라며 부모가 자기중심적이고, 방임적이며, 무책임하다고 비난할지도 모른다. 7유형 부모가 "제발 좀 즐겁게 살아!"라고 말하면서 문제를 피하려 하면 아이는 오히려 더 비판적이고 고집스러워진다.

1유형 아이에게 7유형 부모의 즐거움에 대한 욕구는 잘못되고 이기적인 것으로 보인다. 이럴수록 7유형 부모는 더 자유롭게 즐거운 일을 향해 달린다. 경직된 1유형 아이를 보면서 "이렇게 재미없는 아이가 어디서 나왔지?"라고 의아해한다.

스트레스받은 부모와 아이 모두 비판을 잘 받아들이지 않는다. 1유형 아이가 화를 억누르며 분을 삭인다면 7유형 부모는 맞서서 따지면서 분을 푼다. 7유형 부모는 부적절한 유머나 나쁜 행동으로 아이에게 일부러 충격을 주려 할 수 있다. 7유형 부모는 1유형 아이의 골칫거리가 된다. 특히 남 앞에 있는 자리에 대해서 "아빠는 학부모회에 오지 않는 편이 낫겠어요."라고 말하며 선을 그을 수 있다.

7유형 부모와 2유형 아이

부모 : 사고중심	아이 : 감정중심

두 유형의 기본 관계

두 유형 모두 사교적이고, 친절하고, 활동적이며, 매력적이어서 같은 유형처럼 보이기도 한다. 둘 다 행복을 추구하고 에너지 레벨이 높다. 전반적으로 낙관적이고, 어떤 상황에서도 좋은 면을 보며 특히 맛있는 음식을 좋아한다. 어떤 일이든 함께 더 활기차고, 재미있고, 따뜻하게 해나간다.

7유형 부모는 자신이 관심 있는 것을 즐기지만, 2유형 아이는 부모를 행복하게 해주고 싶어 한다. 아이는 "나는 우리 엄마가 친구들과 파티할 때 옆에서 도와드렸어요."라며 뿌듯하게 이야기할 수 있다. 2유형 아이는 다른 사람들에게 관심이 많고 7유형 부모는 자신에 대해 말하길 더 좋아한다.

7유형 부모는 즐거운 일들을 제안하면서 아이에게 긍정적인 자극을 준다. 부모가 "깜짝 파티를 열자! 아니, 잠깐! 공원에 가서 보물찾기하는 건 어때? 아니면 새로 생긴 햄버거 가게에 가 볼까?"라며 제안을 하면 2유형 아이는 기꺼이 함께한다.

둘 다 남의 실수에 관대하다. 특히 7유형 부모는 2유형 아이에게 받는 것도 주는 것만큼 좋다는 것을 가르친다.

두 유형이 스트레스 받을 때

2유형 아이는 부모와 거리가 멀어졌다는 느낌을 받으면 부모에게 더 매달릴 수 있다. 7유형은 누군가가 지나치게 관심을 요구하면 숨이 막힌다. 그래서 2유형 아이가 매달리면 매달릴수록 자유를 구속당한다고 느낀다. 부모의 막중한 책임은 7유형에게 버거울 수 있다. 만약 7유형 부모가 배우자와 책임을 나눌 수 없는 상황이라면 아이가 자기를 궁지로 몰고 있다는 느낌을 강하게 받는다.

2유형 아이는 이전의 친밀감을 유지하기 위해 할 수 있는 모든 것을 한다. 다른 것에 정신 팔린 7유형 부모에게 "아빠, 제발 한 번만이라도 아빠 말고 다른 사람도 생각해 주시면 안 돼요?"라고 애원하듯 말할 수 있다. 하지만 스트레스 받은 7유형 부모는 육아에서 성취감을 느끼지 못하고 아이가 자신을 조종하고 있다고 느낀다. 아이의 충족되지 않은 욕구로 인해 부모는 유쾌하지 않은 죄책감을 느끼게 된다.

스트레스받은 2유형 아이는 이제 더 이상 부모의 헌신적인 친구이자 열렬한 청중이 아니다. 2유형 아이는 막 재밌어지기 시작한 파티에서 "몸이 좋지 않아서 집에 가고 싶어."라고 말하면서 부모의 즐거운 시간을 방해한다. 이때 7유형 부모는 아이가 자신이 마땅히 누릴 기쁨을 막는 브레이크라고 느껴진다.

7유형 부모와 3유형 아이

부모 : 사고중심	아이 : 감정중심

두 유형의 기본 관계

이 활기차고 카리스마 넘치는 2인조가 들어오면 누구나 주목할 것이다. 7유형 부모와 3유형 아이가 함께라면 어디든 파티다! 자의식이 강한 3유형 아이는 7유형 부모의 타고난 즉흥성 덕분에 긴장이 풀린다. 둘 다 "할 수 있다!"라는 활기찬 에너지를 가지고 있다.

7유형 부모는 다양한 선택권을 원하고 3유형 아이는 목표를 원한다. 이런 욕구는 둘을 계속 움직이게 한다. 지루하고 싶지 않은 7유형 부모에게 3유형 아이는 다양한 즐길거리와 자극을 제공한다. 그러나 둘 다 자신의 인생에 집중하기 때문에 둘이 함께 보내는 시간이 많지 않을 수도 있다. 이들에게 시간은 쏜살같이 지나간다. 둘 다 가벼운 만남을 즐기고, 부정적인 문제들을 피하려는 경향이 있다.

3유형 아이가 혼자서도 잘 논다는 것은 7유형 부모에게 고마운 일이다. 아이를 따로 훈련하지 않아도 부모는 자신만의 시간을 확보할 수 있다. 둘 다 여행과 모험을 즐기고 뼛속까지 느껴지는 위험도 환영한다. 3유형 아이는 자기 계발을 위해, 7유형 부모는 흥미로운 삶을 위해 새로운 아이디어와 취미를 탐험한다. 둘 다 자존감이 높고 바라는 것을 거침없이 요구한다.

두 유형이 스트레스 받을 때

둘 다 주목받는 것을 즐기고, 자신의 이야기를 잘 들어주기를 바라는데 이것이 갈등의 원인이 될 수 있다.

스트레스 받은 7유형 부모는 실패를 피하려 한다. 그래서 무엇인가 잘못되었을 때 '성공을 위한 반걸음 후퇴'라며 자기 최면을 건다. 반면 3유형 아이는 다른 일에 매달리면서 실패를 인정하지 않으려 한다. 두 가지 방법 모두 건강하지 않다. 7유형 부모는 긍정적이어야 한다는 생각에 사로잡혀 아이가 처한 곤경을 인정하지 않거나 심지어 알아채지도 못할 수 있다. "친구들과 몇 번 담배를 피운다고 중독자가 되는 건 아니지. 걔는 단지 조금 스트레스를 받고 있을 뿐이야."라며 눈앞에 있는 문제를 축소하려 한다.

3유형 아이는 즐거워 보이는 것을 선택하는 반면, 7유형 부모는 자신이 즐거운 것을 선택한다. 둘 다 다른 사람들에게 좋은 인상을 주고 싶어 해서 진실해 보이지 않을 수 있다. 부모와 아이 모두 욕구를 위해 진실을 숨길 수 있다. 7유형 부모는 처음에 아이 키우는 것을 재미있다고 생각할 수 있지만 현실의 벽에 부딪힐 수 있다. 자유를 제한하는 육아 때문에 7유형의 좌절감은 점점 더 커지고 배우자에게 책임을 떠넘기기 위해 궁리할 수 있다. 3유형 아이가 관심을 원하면 원할수록 7유형 부모의 불안도 더욱 높아진다. 부모는 생각 없이 아이에게 상처 주는 말을 하고는 자신이 더 흥미 있어 하는 것으로 도망쳐 버릴 수 있다.

7유형 부모와 4유형 아이

부모 : 사고중심	아이 : 감정중심

두 유형의 기본 관계

둘 다 자발적이며 자극을 즐긴다. 자신들이 찾아낸 새로운 장소, 음식 또는 경험을 즐긴다. 부적절해 보일 수 있는 유머도 함께 즐긴다. 둘 다 멋지고 개성 있는 패션 감각을 지니고 있다. 7유형 부모가 자기만족과 흥분을 추구한다면, 4유형 아이는 독특해 보이기를 원한다.

7유형 부모의 낙천성은 정체성과 관련된 우울감에 자주 빠지는 4유형 아이가 균형을 잡는 데 도움이 된다. 7유형 부모는 외향적이지만, 4유형 아이는 매우 내향적이다. 지나칠 정도로 자신감 넘치는 7유형 부모는 자신감 부족으로 혼란스러워하는 4유형 아이가 더 매력적인 사람이 될 수 있도록 지지한다. 7유형 부모는 사고중심이고 4유형 아이는 감정중심이다. 아이는 혼자 있는 시간을 즐기고 피상적인 잡담을 싫어하지만, 부모는 사회적 자극을 찾고 여러 사람이 모이는 것을 즐긴다. 둘 다 강렬한 힘을 원한다. 또 창의적이고 자극적인 아이디어를 즐기기 때문에 서로를 이해하고 격려한다.

4유형 아이가 성장하면서 7유형 부모와 좋은 음식, 고급 포도주, 패션 또는 예술과 같은 것들에 대한 열정을 함께할 수 있다. 7유형 부모도 월급을 쉽게 써 버리고 4유형 아이 역시 용돈이 금방 바닥난다.

두 유형이 스트레스 받을 때

스트레스받은 7유형 부모는 자유롭게 사는 피터 팬이 되고 4유형 아이는 그런 부모를 보며 길을 잃고 헤맨다. 4유형 아이는 독특하고 특별해지기를 간절히 원하는데 부모는 그만하면 충분하다고 느낀다. 4유형 아이는 7유형 부모의 불같은 에너지 덕분에 습습한 우울에서 벗어나기도 한다. 하지만 높은 에너지 때문에 우울해하는 아이의 내면을 살피지 않고 피하기도 한다.

4유형 아이는 7유형 부모가 감정이 없다고 생각할 수 있다. 부모에게 이해받지 못하고 버려질 수 있다는 생각에 좌절하기도 한다. 4유형 아이가 엄청나게 고통스러운 감정을 느낄 때조차 7유형 부모는 피하고 싶어 한다. 4유형 아이는 부모가 "너는 왜 이렇게 늘 의기소침하니? 그냥 이겨내고 기운 차려."라고 말하면 무심하고 무관심하다고 느낄 수 있다.

아이가 감정의 수렁에 더 깊이 빠질수록 부모는 이 상황에서 벗어나고 싶어 한다. 에너지를 얻기 위해 배우자나 다른 가족 구성원들을 갈등에 끌어들일 수 있다.

스트레스를 받으면 둘 다 충동성이 올라가서 문제를 일으킬 수 있고, 서로 용서하지 않으면서 갈등이 지속되기도 한다. 부모는 아이가 항상 우울하고, 너무 많은 것을 요구하고, 자기중심적이라서 불만스럽고 아이는 부모가 대립적이고, 천박하며, 편협해서 마음에 들지 않는다.

7유형 부모와 5유형 아이	
부모 : 사고중심	아이 : 사고중심
이완과 긴장의 방향으로 연결되어 있어서 겉으로는 달라 보여도 많은 성격적 특성들을 공유한다.	

두 유형의 기본 관계

　5유형 아이는 부모의 폭넓은 지식과 아이디어를 좋아하고 7유형 부모는 아이의 호기심을 높게 평가한다. 둘 다 예리한 지성으로 빠르게 새로운 개념을 습득하지만, 정서적인 면은 덜 발달했을 수 있다. 7유형 부모가 5유형 아이와 융화되면 덜 산만해지고 더 심사숙고한다. 5유형 아이는 7유형 부모에게 창의성과 자발성, 그리고 사회성을 배우게 된다.

　하지만 둘은 많은 차이점이 있다. 7유형 부모는 모든 에니어그램 유형 중에서도 가장 외향적이지만 5유형 아이는 가장 내향적이다. 7유형 부모는 관심받는 것을 즐기지만 5유형 아이는 그렇지 않다. 아이는 "나는 더 많이 알수록, 더 안전해질 거야."라는 생각으로 지식을 습득해서 두려움을 내면화한다. 7유형 부모는 미래에 할 일들을 쉬지 않고 계획해서 두려움을 회피한다. 7유형 부모는 아이가 사교적이지 않으면 아이를 잘못 키웠다고 생각할 수 있다. 아이가 친구가 별로 없고 혼자 있고 싶어 하는 것을 이해하기 어렵다. "혼자서는 행복할 수 없어, 그렇지?"라고 달래려 하지만 잘 안될 수 있다. 하지만 외향적인 7

유형의 본성 깊은 곳에는 내향적이고 차분한 5유형이 있다.

둘 다 독립성을 중시한다. 7유형 부모는 긍정적이지만, 5유형 아이는 삶의 어두운 면을 보는 경향이 있다. 7유형 부모에게 멋진 밤이란 즐거운 모임을 의미하지만, 5유형 아이에게는 혼자서 컴퓨터 게임을 하거나 다큐멘터리나 공상과학 영화를 보는 것을 뜻한다. 둘이 함께 시간을 보내기 위해서는 타협이 필요하다.

7유형 부모는 세상이 풍요롭다고 생각하지만 5유형 아이는 자원이 충분하지 않다고 느낀다. 그래서 7유형 부모는 자신이 가진 것에 관대하지만, 5유형 아이는 가진 것을 움켜쥐고 욕구를 최소화하려 한다. 7유형 부모는 5유형 아이가 위험을 감수하고 세상으로 나오도록 격려하고, 5유형 아이는 7유형 부모가 집중력을 유지하고 자제하도록 돕는다. 5유형 아이는 갑작스럽게 계획이 변경되는 것을 좋아하지 않지만, 7유형 부모는 더 흥미로운 선택지가 생기면 쉽게 계획을 바꿀 수 있다.

두 유형이 스트레스 받을 때

둘은 스트레스를 받으면 까다로운 조합일 수 있다. 만약 5유형 아이가 조용한 독서를 계획하고 있는데 7유형 부모가 많은 친구와 함께 집에 오면 아이는 침실로 도피할 것이다. 혼자 있고 싶어 하는 아이를 보면서 부모는 당황할 것이다. 부모가 "왜 더 즐기지 않아? 젊잖아! 한창 즐길 때야."라고 말하며 5유형 아이에게 참여를 강요하는 것은 좋지 않은 생각이다.

아이는 부모를 오지랖 넓고 통제 불능인 존재로 느끼고, 피상적이고 천박하다고 생각한다. "아빠(엄마)는 아무것도 몰라요."라고 말하며 부모를 외면할 수 있다. 부모는 아이가 세상 쓸데없는 연구에 인생을 낭비하는 것으로 볼 수 있다. "정신 차려. 더 이상 미루지 말고 돈 벌 생각을 해!"라고 소리치지만 아이는 듣지 않는다.

　7유형 부모는 관심받는 것을 즐기기 때문에 5유형 아이가 자신의 이야기를 경청해 주기를 원할 것이다. 하지만 아이는 방문에 '방해 금지'를 붙여 놓고 나오지 않고 부모는 더욱 좌절하면서 분노가 폭발한다. "도대체 뭐가 문제야?" 소리치지만 아이는 대화하고 싶지 않을 수 있다.

7유형 부모와 6유형 아이

부모 : 사고중심	아이 : 사고중심

두 유형의 기본 관계

　둘은 서로의 균형을 맞춰주는 훌륭한 짝이다. 7유형 부모가 외적인 활동을 통해 두려움에서 벗어나려 하고, 6유형 아이는 잠재적인 위험을 살피며 걱정한다. 7유형 부모는 위험을 감수하면서 분출되는 아드레날린을 즐기지만, 6유형 아이는 매우 조심스럽다. 부모는 즉시 행동으로 옮기려 하고 아이는 걱정으로 머뭇거린다. 아이는 "제가 과학이 아닌 수학을 선택한 것이 옳은 결정이었나요?"라는 질문을 자주 하며 자존감이 낮고 자기 능력을 의심하지만, 부모는 자신감이 넘친다.

　두 사람은 농담을 즐기고 유머 감각이 좋다. 7유형 부모가 관심받는 것을 즐기며 6유형 아이는 훌륭한 청중이 되어 준다. 6유형 아이는 충성스럽고, 책임감 있고, 열심히 일하고 7유형 부모는 기쁨, 장난기, 흥분, 활기를 제공한다. 삶을 즐기는 7유형 부모는 "오늘 수업 빼먹고 즐겁게 하루를 보내는 것은 어때?"

라고 제안한다.

한편, 아이가 공포대항형 6유형일 때는 고착된 두려움을 떨치기 위해 두렵지 않다는 것을 증명하려 한다. 이런 아이는 부모와 함께 래프팅이나 산악 하이킹과 같은 모험을 하려 할 것이다.

두 유형이 스트레스 받을 때

7유형 부모가 인생을 낙관적으로 보기 때문에, 6유형 아이는 부모가 자신의 두려움을 인정해 주지 않는다고 생각하고 좌절할 수 있다. 부모의 잔은 반이나 차 있고, 아이의 잔은 반이나 비었다. 만약 부모가 아이에게 걱정하지 말라고 강요하면, 아이는 부모를 믿을 수 없는 사람으로 생각할 것이다. "이게 진짜 문제라는 걸 모르시겠어요? 무슨 일이든 일어날 거예요."라고 아이가 말하면 부모는 이렇게 답할 것이다. "왜 항상 최악의 시나리오를 보는 거야? 너는 걱정도 팔자구나." 두 유형은 같은 공포형이기 때문에 6유형 아이가 표현하는 두려움은 7유형 부모의 무의식적이고 억압된 두려움일 수 있다.

때때로 부모는 아이의 보수적이고 이성적인 관점이 자유를 침해한다고 느낄 수 있다. 부모가 "그냥 눈 딱 감고 즐겨! 신뢰하는 법을 배워."라고 말하면 사춘기 6유형은 부모를 현실적이지 못하고, 유치하고, 무책임하고, 신뢰할 수 없는 사람이라고 생각할 수 있다. 6유형 아이는 통제하길 원하고, 7유형 부모는 통제에서 벗어나기를 원한다. 아이가 부모를 통제하기 위해 꾸짖듯 잔소리하면 부모는 마음이 상할 수 있다.

7유형 부모와 7유형 아이	
부모 : 사고중심	아이 : 사고중심

두 유형의 기본 관계

7유형끼리의 만남은 역동적이다. 다른 가족 구성원들도 둘의 에너지에 긍정적 영향을 받는다. 만약 가족 안에 7유형이 두 명이라면, 지칠 때는 있어도 지루할 일은 없다. 둘의 외향적인 성격, 자신감, 높은 에너지, 추진력, 긍정성, 자발성으로 인해 브레이크 없는 즐거움이 가득하다. 둘은 세상에 있는 모든 것을 지금 당장 원한다!

이들의 집은 동네에서 가장 멋진 곳일 가능성이 크다. 둘은 경험해 보지 않은 새로운 것을 좋아한다. 부모의 획기적이고 새로운 아이디어는 아이에게 영감을 준다. 둘은 기쁨과 넉넉함이 가득한 카리스마 있는 한 팀이다. 둘 다 본인도 타인도 행복하게 한다. 건강할 때 둘은 서로에게 민감하고, 감사할 줄 알며, 눈앞의 기쁨을 잘 찾아낸다.

7유형 아이는 자유를 원하는 부모의 욕구를 이해한다. 둘은 함께 계획하고, 창조하고, 탐구한다. 둘은 더 충실한 삶을 살아갈 수 있도록 서로를 자극한다. 아이는 부모가 규칙과 제한이 많지 않아서 좋아할 것이다.

두 유형이 스트레스 받을 때

두 사람에게 실패는 문제가 되지 않는다. "문제? 무슨 문제?"라며 문제를 외면한다. 둘 다 관심받기를 원해서 가족끼리 대화할 때도 상대가 받을 관심을 가로채려 할 수 있다.

부모는 아이가 어렸을 때 육아에 많은 시간과 에너지를 쏟아 부어야 한다. 함께 할 수 있는 활동이 많지 않기 때문에 7유형 부모에게는 답답할 수 있다. 7유형 부모는 얼른 아이와 함께 재미있는 일을 하고 싶어서 조급해질 수 있다. 친구들과 새로 생긴 식당에 가지 못하고 집에서 아이를 돌보는 것은 별로 즐거운 일이 아니다. 게다가 기저귀나 갈아야 하는 자기 모습도 멋지지 않다. 다른 사람들은 모두 즐겁게 사는 것만 같은 좌절감을 느낀다. 7유형 부모는 겨우 육아를 지속한다. "나는 육아가 뿌듯할 줄 알았어."라고 한숨을 쉬며 답답하다고 생각할 수 있다. 인생에 활기를 불어넣기 위해 스포츠나 게임 같은 다른 활동들로 탈출하고 싶어 한다.

둘 다 충동적으로 아드레날린을 증가시키는 활동에 참여할 수도 있다. 7유형 부모가 자기 삶이 너무 뻔하다고 느끼면 배우자를 비난할지도 모른다. 스트레스받은 7유형은 분노하게 되고, 점점 더 이기적이고 자기중심적인 사람이 된다. "네 경기 보러 가려 했는데, 차가 막혀서 못 갔어."라며 분위기를 해치는 핑계를 대기도 한다.

7유형 부모와 8유형 아이

부모 : 사고중심	아이 : 본능중심

두 유형의 기본 관계

둘 다 재미있는 활동을 즐기고, 원하는 것은 열정적으로 가지려 한다. 두 유형 모두 자신들이 필요한 것은 가져야 직성이 풀린다. 둘 다 실용적이고 외부 세계에 관심이 많다. 삶에 대한 애착과 그에 걸맞은 에너지를 가지고 있으므로 모험을 즐기고 새로운 것에 설렌다. 둘이 함께라면 인생은 즐거운 여행이다.

둘 다 의견을 드러내는 것을 주저하지 않는다. 자신이 우주의 중심이기 때문에 공격적으로 의견을 주장한다. 서로 생각이 다르면 큰 싸움이 일어날 수 있다. 다만 7유형 부모는 표현 방식이 더 세련되었고, 8유형 아이는 더 거칠고 억센 경향이 있다.

둘 다 훌륭한 사업가 기질이 있다. 재정 상황과 상관없이 타인을 후하게 대접한다. 7유형 부모는 집에서 모임을 해도 요리사를 부르거나 최고급 요리를 준비하고 싶을 수 있다. 8유형 아이는 친구들에게 과자와 음료를 사주느라 용돈을 다 써버릴 수 있다. 7유형 부모는 자신이 한 일을 떠벌이며 사람들을 즐겁게 해준다. 8유형 아이는 책임을 다하기 위해 최선을 다한다.

둘 다 권위자의 통제를 싫어하고 자유가 제한되거나 줄어드는 것을 좋아하지 않는다. 한계를 뛰어넘는 것을 두려워하지 않으며, 자기 뜻대로 행동한다. 7유형 부모는 주로 자신의 필요에 초점을 맞추지만, 8유형 아이는 자신보다 약하다고 생각하는 가까운 사람들을 보호하고 돌보려 한다.

두 유형이 스트레스 받을 때

스트레스를 받으면 둘 다 자기중심적이고 이기적이다. 가족이라는 태양계에는 오직 하나의 태양만 있어야 하므로 갈등은 불가피하다. 8유형 아이는 7유형 부모보다 직설적이고 솔직해서 부모가 빙빙 돌려 말한다고 비난할 수 있다. 부모가 합리화를 통해 자신을 정당화하려고 하면 아이는 직감적으로 이를 꿰뚫어 본다. 둘의 강한 의지는 서로 충돌한다. 서로의 통제를 거부하며 "정말로 나를 통제할 수 있다고 생각해?"라고 비웃는다. 부모가 강하게 통제하면 아이는 더 저항하려 한다.

이들이 가진 에너지는 서로를 공격하는 데 쓰일 수 있다. 8유형 아이에게는 리더가 되는 것이 본성이기 때문에 아이는 부모에게 계속 도전할 것이다. 부모가 통제하려 하면 아이는 무시한다. 두 사람 모두 우위를 유지하기 위해 모욕하고, 비웃고, 조롱한다. 둘 사이의 갈등은 점차 심화하여 언어폭력이 신체 폭력으로 이어질 수도 있다.

7유형 부모와 9유형 아이	
부모 : 사고중심	아이 : 본능중심

두 유형의 기본 관계

두 유형은 낙관적이고 긍정적이다. 7유형 부모는 아이가 다양한 과외 활동이나 경험을 할 수 있도록 격려할 것이다. 9유형 아이에게는 편안한 일상이 익숙하지만 7유형 부모는 아이의 세상을 뒤흔들고 싶어 할 것이다. 그런 자극이야말로 아이를 성장시킨다고 믿기 때문이다. 9유형 아이는 부모의 노력을 달가워하지는 않지만 그만큼 아이의 시야는 넓어질 수 있다. 7유형 부모는 "네가 바라는 것은 무엇이든 할 수 있어!"라며 아이를 격려한다. 둘 다 넓은 시야를 가져서 다양한 취미와 친구들이 있다.

7유형 부모는 다른 유형의 부모보다 아이에게 더 많은 자유를 허락한다. 아이들은 자유롭게 탐색할 수 있는 혜택을 받게 된다. 둘 다 유머 감각이 있고, 농담을 즐기며 긍정적이다. 7유형 부모가 활기차고, 적극적이고, 자신감이 가득하다면 9유형 아이는 편안하고, 꾸준하고, 온화하고, 수용적이다. 9유형 아이는 부모의 요구를 쉽게 받아들이므로 7유형 부모의 끊임없는 활동에 대한 욕구가 아이를 지치게 하지 않도록 조심해야 한다.

두 유형이 스트레스 받을 때

9유형 아이는 감정을 직접적으로 표현하기보다 곱씹고, 7유형 부모는 불편한 감정을 피한다. 둘 다 자기 내면에 집중하는 데 많은 시간을 보내지 않는다. 부모는 긍정적인 부분에만 초점을 맞추면서 문제나 실패를 빠르게 얼버무리고 넘어간다. 그 결과, 갈등은 피할 수 있지만 문제는 점점 악화할 수 있다.

더 좋은 일이 생길 경우를 대비해서 선택권을 열어두는 7유형 부모는 원하는 것이 무엇인지 혼란스러워하는 9유형 아이와 충돌한다. 9유형 아이에게는 선택도 결정도 어렵다. 7유형 부모는 자신이 하고 싶은 일에 관심을 집중하고 9유형 아이는 부모가 원하는 대로 따를 것이다. 9유형 아이가 부모와 융화되어 있다면, 아이의 선택이 부모의 욕구라는 것을 부모도 아이도 모르는 경우가 많다.

9유형 아이가 평범한 일상을 즐기는 동안에도 7유형 부모는 탐험을 즐기고 싶어 한다. 이때 7유형 부모는 아이가 자신을 제약한다고 느끼기 시작한다. 이런 상황은 7유형을 짜증 나게 한다. 재미있고 새로운 자극을 즐기던 아이가 그립지만 둘 다 문제를 논의해서 해결하는 것에는 능하지 않다. 특히 7유형 부모는 모든 문제를 긍정적으로 생각한다. 하지만 스트레스받은 7유형은 1유형의 비판적인 특성을 표출하고(38쪽 참조) 9유형에게도 날개인 1유형의 특성이 나타난다 (35쪽 참조). 둘 다 비판적으로 변하면서 서로를 비난하고 책임을 떠넘기려 한다. 7유형 부모의 분노는 9유형 아이의 무기력, 고집, 우유부단함을 부채질한다. 두 사람 모두 불안정한 관계 속에서 불안해진다. 부모는 후회할만한 말들을 쏟기도 하는데 아이는 너무 위축되어서 부모의 말이 잘 들리지도 않는다.

19장
8유형 부모와 아이 조합

8유형 부모와 1유형 아이	
부모 : 본능중심	아이 : 본능중심

두 유형의 기본 관계

두 사람은 언뜻 보면 매우 달라 보이지만 많은 공통점을 가지고 있다. 두 유형 모두 정의, 공정함, 명예를 중시하고, 약한 사람들을 보호해야 한다고 믿는다. 둘 다 세상을 더 나은 곳으로 만들어야 한다는 소명 의식이 있다. 1유형 아이가 이상을 꿈꾼다면 8유형 부모는 실행한다. 8유형은 진리를 지키면서 사랑하는 사람들과 자신이 속한 공동체를 지키기 위해 싸울 것이다. 그것이 이들이 태어난 이유이다.

8유형은 규칙을 만들지만 남이 만든 규칙은 잘 지키지 않는다. 1유형도 규칙을 만드는데 자신도 남들도 모두 그 규칙을 지켜야 한다고 주장한다. 8유형 부모는 1유형 아이에게 "수업을 빼먹고, 나와 함께 서핑하러 가자!"라고 제안할 수 있다. 자신이 만든 규칙이 아니기 때문에 지키지 않아도 된다고 믿기 때문이다.

8유형 부모가 큰 그림을 본다면 1유형 아이는 세부적인 것에 집중한다. 8유형 부모가 자신을 거칠다고 여길 때 1유형 아이는 자신을 착하다고 생각한다.

1유형 아이는 경직되어 있고 법을 준수한다. 8유형은 사회에 대항하면서 내 멋대로의 자유로움을 즐긴다. 1유형 아이는 분노를 억누르고 싶어 하지만 8유형 부모는 화를 내는 데 아무런 문제가 없을 것이다. 두 유형 모두 목적의식을 가지고 열심히 일하지만, 일이 끝났을 때 취하는 행동은 다르다. 일이 끝나면 8유형 부모는 열심히 놀지만 1유형 아이는 곧바로 다른 일을 하려 한다.

8유형은 강건하고 현실적이고, 1유형은 이상적이고 비현실적이다. 둘 다 의지가 강하고 정의롭다. 1유형은 어렸을 때도 자제력을 발휘하고 8유형은 왕성한 열정을 가지고 살아간다.

두 유형이 스트레스 받을 때

두 사람 모두 주도권을 잡으려 할 때 충돌이 일어난다. 두 유형은 통제권을 갖는 방식이 다르다. 1유형 아이는 다른 사람들의 본보기가 되는 냉정하고 통제된 방식을 선호하고 8유형 부모는 타고난 권위 의식을 가지고 "야! 잔말 말고 하라면 해!"라고 소리친다.

옳고 그름이 명확한 1유형 아이가 통제권을 가지려고 강하게 밀어붙이면 8유형 부모는 되받아친다. 하지만 아이가 자기주장을 굽히지 않으면 8유형 부모는 오히려 아이를 인정한다.

1유형 아이는 경솔하고 거만한 8유형 부모를 부끄럽게 여기고 학교나 사교 모임에 오지 못하게 할 수도 있다. "엄마, 제발 그렇게 행동하지 마세요."라고 말리지만 8유형 부모는 잘 듣지 않는다. 둘이 부딪히면 좋게 끝나는 법은 없지만 아이는 멈추지 않고 부모를 비판한다.

1유형들은 분노를 억누른다. 8유형 부모가 공격하는 것처럼 보이면 1유형 아이는 앙갚음할 기회가 왔다고 느낀다. 아이가 반항할수록 부모는 더 세게 받아친다. 친구와 함께 있을 때 이런 일이 일어나면 사춘기 1유형은 엄청난 수치심을 느낄 수 있다.

8유형 부모는 1유형 아이가 융통성이 없고 독선적이라고 여긴다. 부모는 아이에게 "조금만 더 쉽게 살아! 내가 네 나이였을 때는 인생을 즐기면서 놀았어!"라고 말한다. 때때로 서로에게 분노를 표현하는 것은 강하게 연결되어 있다고 느끼는 방식이기도 하다.

8유형 부모와 2유형 아이

부모 : 본능중심	아이 : 감정중심
이완과 긴장의 방향으로 연결되어 있어서 겉으로는 달라 보여도 많은 성격적 특성들을 공유한다.	

두 유형의 기본 관계

이 조합은 "불"과 "물"의 만남이다. 8유형은 관심을 요구하는 반면, 2유형은 관심을 끌기 위해 양보하고 부탁한다. 8유형 부모는 훈육과 지도를 하고 아이는 기꺼이 따른다. 특히 아이가 부모를 인정한다면 안정적인 관계다. 8유형 부모는 2유형 아이가 세상의 중심이 되는 것을 좋아하고 관심을 즐긴다. 아이가 세상의 중심이 되는 것은 부모에게 기분 좋은 일이다. 아이가 부모를 도우면 아이는 부모의 강력한 지원과 보호를 받는다.

2유형은 8유형의 내면에 숨겨진 모습이다. 부드럽고, 연약하고, 상처받기 쉬운 감춰진 그림자이다. 건강할 때의 8유형과 2유형은 둘 다 부드럽고, 관대하고, 따뜻하다. 2유형 아이는 "아빠의 작은 공주" 또는 "엄마의 꼬마 도우미"가

되어 부모의 마음을 녹이고 이겨 먹기도 한다.

　둘은 친근한 언어적 농담과 신체적 애정 표현을 즐긴다. 강력한 8유형 부모는 2유형의 건강한 모습을 닮을 때 더 사랑스러워지고, 부드러운 2유형 아이는 8유형의 자신감을 느낀다. 그들은 "죽고 못 사는" 사이여서 싸워도 금방 화해하고 뒤끝도 없다는 것을 서로 알고 있다. 이들의 끈끈한 관계는 다른 부모에게 위협적으로 느껴질 수 있다. 부모의 지원을 받는 2유형 아이는 다른 사람들을 조건 없이 보살피려 한다.

두 유형이 스트레스 받을 때

　8유형은 직설적이지만 2유형은 욕구와 문제를 감추는 경향이 있다. 8유형 부모는 아이가 자신을 조종하고 있다고 느끼며 자신의 의도를 왜곡해서 받아들인다고 생각한다. 심지어 자신이 하지 않았거나 의도하지 않은 것 때문에 비난받는다고 생각하며 불만이 쌓인다.

　둘 다 서로를 지배하고 싶어 하지만 8유형 부모가 더 강렬한 지배욕을 보인다. 2유형 아이, 특히 딸은 목적을 위해 부모에게 애교를 부릴 수 있다. 애교는 얼핏 사랑의 표현 같지만, 조종의 또 다른 형태일 때도 많다.

　2유형 아이는 부모를 돕고 싶어 하고 8유형 부모는 아이가 자신을 돕기를 원한다. 그러나 8유형 부모가 강해지면 둘의 사랑스러운 관계는 깨지고 신뢰가 무너진다. 부모에게 이상적으로 보였던 아이는 나약하고, 진실하지 못하고, 멋대로 굴고, 조종하려는 것처럼 보인다. 부모는 자율성이 사라져 답답함을 느끼고 서로에 대한 반감이 커진다.

8유형 부모와 3유형 아이

부모 : 본능중심	아이 : 감정중심

두 유형의 기본 관계

둘은 많은 공통점이 있는데, 목적을 달성하기 위해 열심히 일하는 것, 불의에 당당히 맞서는 것, 카리스마 있고 관심의 중심에 서면 더 빛나는 것 등이다. 8유형 부모와 3유형 아이는 인생의 무대에 함께 발을 들여놓고 원하는 것을 얻는다. 또한 서로의 성과를 존경하게 된다.

둘 다 자신감과 성취감이 넘치며 다른 사람에게 대항하거나 상대하는 것을 어려워하지 않는다. 8유형 부모는 3유형 아이가 스스로 일어섰을 때 존중해준다. 둘은 비슷한 점이 많지만 3유형은 다른 사람들에게 기쁨과 감동을 주고 싶어 하고 8유형은 자신을 즐겁게 하는 데 집중한다.

부모와 아이 모두 경쟁적인 경향이 있다. 하지만, 둘의 경쟁심은 다른 사람들에게 집중되어 있어서 유대감의 원천이 된다. 8유형 부모는 3유형 아이의 성취를 보면서 자부심을 느낀다. 다른 사람들에게 "역시 우리 딸이야! 기회가 오자마자 잡았어!"라고 자랑스럽게 말한다. 스스로 설 수 있는 아이를 키우는 것은 기분이 좋다. 8유형 부모에게 3유형 아이는 성공을 위해 노력하는 완벽한 학생이다.

8유형 부모는 자연스러운 리더고 3유형 아이는 필요에 따라 리더가 될 수 있다. 두 유형 모두 실패가 닥쳐도 훌훌 털어내고 새로운 방향으로 빠르게 방향을 전환한다. 3유형 아이가 자신의 힘으로 성공을 이뤘다고 주장하면 8유형 부모는 기꺼이 지지해 준다. 하지만 속으로는 아이의 성취가 자신의 노력 때문이라고 믿는다. 물론 8유형 부모는 3유형 아이의 성과를 자랑스럽게 생각하지만, 아이의 외적인 성공과 상관없이 존재 자체로 사랑한다.

두 유형이 스트레스 받을 때

3유형 아이가 지나치게 학업에 매달리거나 스트레스를 받으면 성취를 포장하거나, 거짓된 이미지를 제시하거나, 실패를 은폐해서 진실하지 못할 수 있다. 이렇게 되면 8유형 부모는 아이를 믿을 수 없게 된다. 8유형에게는 신뢰가 중요하기 때문에 아이를 지지하는 대신 경쟁하게 된다. 유치하게도 "너는 능력이 없어! 나는 서른 살에 연봉이 2억도 넘었어."라고 소리치며 아이를 기죽이려고 할 수 있다.

스트레스받은 8유형 부모는 3유형 아이를 더 통제하려 하고 일일이 간섭한다. "아이가 정말로 도서관에 있을까? 내가 가서 확인해 봐야겠어." 8유형 부모는 점점 아이를 자신의 소유물로 보게 된다. 강압적으로 지시하며 "봐! 내 말대로 됐잖아. 이제 알겠어?", "제대로 하지 않으려면 나가!"와 같은 소리를 서슴없이 한다. 이런 대화가 친구들 앞에서 이루어진다면 3유형 아이는 모욕감을 느낀다. 아이가 화가 나서 "아빠는 나를 모욕했어요! 내가 하는 것은 무엇이든지 성에 안 차잖아요!"라고 소리치면, 부모는 "넌 내게 거짓말을 했어!"라고 맞받아친다. 스트레스받은 8유형은 아이를 통제하려 한다. 통제권을 잃고 싶지 않은 3유형 아이 역시 "아빠가 아무것도 내 맘대로 못 하게 꽁꽁 묶어 뒀는데 내가 무엇을 할 수 있죠? 난 내 삶을 원해요!"라며 반항한다.

둘 다 감정에 관해 대화하거나 약점을 보이려고 하지 않아서 갈등은 점점 심화한다.

8유형 부모와 4유형 아이

| 부모 : 본능중심 | 아이 : 감정중심 |

두 유형의 기본 관계

대담하고 용감한 8유형 부모에게 4유형 아이는 이국적이고 연약한 생명체처럼 느껴질 수 있다. 4유형 아이는 8유형 부모를 존경하는 보호자로 생각한다. 선천적으로 우아하며 교양 있고 창의적인 4유형 아이는 자신감 넘치고 왁자지껄한 8유형 부모가 신기하다. 그런 부모에게서 어떻게 자신같이 섬세하고 지적인 아이가 나왔는지 궁금해할 수 있다.

4유형은 자신만의 환상의 세계로 빠지는 것을 즐기는 자기성찰적인 사람이다. 8유형은 세상의 모든 도전을 다 받아들이려 한다. 둘 다 사회적 규범을 잘 따르려 하지 않기 때문에 오히려 좋은 팀이 된다. 둘 다 "우리는 우리 방식대로 할 것이다. 우리는 다른 사람이 어떻게 생각하든 상관하지 않는다."라고 생각한다. 8유형 부모는 행동하고 4유형 아이는 느낀다. 두 사람은 서로를 통해 배울 수 있다. 분노가 많은 8유형 부모와 느낌이나 감정과 깊이 연결된 4유형 아이의 조합이다.

8유형 부모가 타인의 동기에 익숙하다면 4유형 아이는 자신에게 익숙하다. 아이는 부모에게 보호받고 있다고 느끼고, 부모는 아이를 보며 신비한 존재를 키워야 하는 강렬한 도전 의식을 갖는다. 이 둘은 안정적인 관계는 아니지만, 오히려 반대이기에 서로를 더 동경하고 좋아한다. 아이는 "적어도 우리 아빠는 지루하지 않아!"라고 말한다. 이 관계는 특히 아이가 사춘기일 때는 심하게 불안정하다. 하지만 그때도 서로를 깊이 사랑한다.

이 불과 물의 역동적인 관계에서 아이는 강렬한 경험을 선사하고 부모는 기꺼이 즐긴다. 둘 다 상대방의 반응을 원한다. 아이가 심술을 부리며 부모의 화를 돋우고 둘 다 여기에서 에너지를 느낀다.

8유형 부모는 직설적이어서 4유형 아이는 부모의 감정을 크게 느낀다. 아이는 "진정성이 있어. 우리 아빠가 말했다면 진짜야!"라며 부모를 신뢰한다. 단단한 8유형 부모는 마음이 요동치는 4유형 아이에게 든든한 반석과 같다. 아이가 감정의 파도로 변덕을 부려도 8유형 부모는 꿋꿋하게 한자리에 서 있다. 8유형 부모는 변화무쌍한 4유형 아이의 상태에 맞춰 함께 춤을 추며 걷는다. 8유형 부모는 4유형 아이의 역동성을 이해한다.

두 유형이 스트레스 받을 때

둘 다 스트레스받으면 신경증적이지만 겉으로는 달라 보인다. 8유형은 화를 밖으로 분출하지만 4유형은 억압된 공격성 때문에 우울증에 취약해진다. 8유형은 불이고 4유형은 물이다. 8유형은 강한 의지를 4유형은 독특한 개성을 표현하고 싶어 한다. 이러한 상충 되는 요구들이 때때로 충돌할 가능성이 크다. 둘 중 누구도 다른 사람에게 조종당하고 싶어 하지 않는다. 만약 8유형 부모가 4유형 아이를 소유물처럼 다룬다면 아이는 격렬하게 반응할 것이다. 이들의 관계는 규칙적인 싸움으로 규정되기도 한다. 싸움이 격해지면 다른 가족 구성원들을 싸움에 끌어들이려 할 수 있다. 아이는 "누나는 내 편이야? 아냐?"라고 물으며 자신의 편을 만들려고 노력한다. 이 둘에게는 싸우는 것 자체가 흥미롭고 강렬하게 살아가는 방법이다. 둘의 감정적인 폭풍은 말다툼, 분노, 행동, 복수, 그리고 휴전에 이르는 악순환을 만들 수 있다. 갈등은 점차 심화하여 둘 다 악순환에서 빠져나오기 어려워진다.

8유형 부모와 5유형 아이	
부모 : 본능중심	아이 : 사고중심
이완과 긴장의 방향으로 연결되어 있어서 겉으로는 달라 보여도 많은 성격적 특성들을 공유한다.	

두 유형의 기본 관계

매우 다른 성격의 조합으로 서로를 보완해준다. 둘은 서로에게 숨겨진 욕망이자 감추어진 이면이다. 8유형 부모는 내성적이고 지적인 5유형 아이를 보호하려고 한다. 5유형 아이는 8유형 부모의 자신감, 능력, 그리고 권위를 존경한다.

부모와 아이 둘 다 다른 방식으로 반사회적일 수 있다. 둘 다 확고한 경계가 있고 독립적이지만 5유형은 사고중심이고 8유형은 본능중심이다.

8유형은 사람들과의 관계를 원하고 5유형은 분리되어 혼자 있기를 원한다. 8유형 부모는 학구적인 취미를 가진 5유형 아이를 이해하기 어려울 수 있다. 부모는 "밖으로 나가서 공놀이라도 좀 해!"라며 아이를 부추긴다. 둘은 서로의 강점을 배우게 된다. 5유형 아이는 자기 신체에 더 관심을 두고 세상 밖으로 나오는 법을 부모에게 배운다. 8유형 부모는 자기성찰을 하고 행동하기 전에 생각해야 하는 법을 아이에게 배운다. 5유형 아이는 부모의 강렬함과 솔직함에 감탄하고, 8유형 부모는 아이의 호기심에 감탄한다.

5유형 아이는 덜 의존하고 필요와 욕구를 줄이려고 노력하고 8유형 부모는 모든 것이 충족되기를 열망한다. 둘의 조합은 "적을수록 좋다(5유형)"와 "많으면 좋다(8유형)"가 충돌한다. 하지만 둘 다 다른 사람에게 의지하고 싶어 하지 않는다.

두 유형이 스트레스 받을 때

5유형과 8유형은 자기중심적이며, 자신의 필요가 우선이다. 5유형이 가장 내향적이며 후퇴하는 유형이라면 8유형은 가장 공격적이고 진취적인 유형이다. 이것은 아이가 부모의 강력한 존재감을 두려워하고 불안해할 수 있다는 것을 의미한다. 8유형은 자신들이 얼마나 큰 영향력을 행사하는지 잘 알지 못한다.

5유형 아이는 결론에 도달하기 전에 심사숙고하는 반면, 8유형 부모는 즉각적이며 즉시 답을 원한다. 8유형 부모는 눈앞의 일에 에너지를 쏟아부을 수 있는데, 이것은 5유형 아이의 정신을 고갈시킬 수 있다.

부모라면 아이를 위해서 뒤로 물러날 줄 알아야 한다. 하지만 스트레스 받은 8유형은 눈앞의 일에 반응하지 않는 것이 어렵다. 게다가 5유형 아이가 꿈쩍하지 않고 비협조적으로 굴면 물러나려는 마음은 짜증으로 변할 수 있다. 아이가 "싫어, 아무것도 안 할 거야!"라고 말하면 부모는 "너와 함께 있는 것이 너무 짜증 나! 더 이상 신경 안 쓸 테니 네 맘대로 해!"라며 맞받아칠 수 있다.

스트레스 받은 5유형 아이는 뒤로 후퇴하면서 더욱 비밀스럽고 내향적으로 변하고 8유형 부모는 더 공격적으로 행동한다. 5유형은 논쟁하려 하고 8유형은 싸우려 하므로 다툼이 자주 일어날 수 있다. 논쟁의 속도가 빨라질수록 5유형 아이는 겁에 질려 압도당할 수 있다. 5유형 아이가 직접 맞서지 않고 물러서면 8유형 부모는 아이가 겁쟁이라고 여긴다.

아이는 무심해지면 부모는 아이의 의견을 거부하고 벌하려 한다. 아이의 요청에 "대학원! 어림도 없어. 공부하는 데 내 돈을 낭비하게 두지 않을 거다. 직장이나 구해!"라고 강경하게 대응할 수 있다. 8유형들은 자신을 무심하게 대하는 사람에게는 복수하고 싶어 한다. 5유형 아이는 더욱 냉소적으로 반응한다. "뭐라고요? 그럼 안 하면 되죠! 공부해 봐야 결국은 잘난 아빠 같은 사람이 될 테니까요!" 둘은 쫓고 도망가는 악순환의 관계에 갇히게 된다.

8유형 부모와 6유형 아이	
부모 : 본능중심	아이 : 사고중심

두 유형의 기본 관계

8유형 부모는 6유형 아이가 원하고 필요로 하는 힘과 안전을 제공한다. 불안한 아이는 보호받는 느낌을 좋아하며 안정적인 부모와 강한 유대감을 형성한다. 8유형 부모는 아이의 따뜻함, 장난기, 그리고 부모에 대한 전적인 신뢰와 존경을 즐긴다. 두 사람 모두 신뢰를 중시해서 서로에게 믿음을 주며 의지한다. 8유형 부모가 "함께라면 헤쳐 나갈 수 있어."라고 아이를 격려하면 6유형 아이는 충성한다. 부모는 아이의 용맹한 보호자가 되고 아이는 위험하고 제멋대로인 세상에서 부모의 가장 강력한 동맹이 된다.

두 유형 모두 책임감이 강하고 맡은 일을 열심히 하며 최선을 다해 일을 완수한다. 둘 다 두려움을 극복하고 용기 있는 영웅이 될 수 있다. 6유형 아이는 섬세하므로 8유형 부모가 가진 부드럽고 연약한 면을 끌어낼 수 있다. 부모는 아이의 유머와 창의력 덕에 긴장을 풀고 삶을 더 즐길 수 있게 된다.

6유형 아이는 결정을 내리지 못해 전전긍긍하며 자신감이 부족할 수 있다. 이럴 때 8유형 부모는 아이가 더 단호하고 주도적인 사람이 되도록 이끈다. 두 사람 모두 반항에 대한 욕구가 있다. 6유형은 권위 있는 인물에게 대항하고 8유형은 세상에 대항한다.

두 유형이 스트레스 받을 때

스트레스받은 6유형 아이는 예민하고 방어적이며 8유형 부모는 거칠고 뻔뻔하다. 구석에 몰린 개처럼 서로 공격하거나 격렬하게 방어한다. 이럴 때일수록 8유형 부모는 완벽하게 지배하려 하고 6유형은 지배당하지 않으려고 더 강하게 저항한다. 특히 공포대항형인 6유형은 공포를 거스르기 위해 강력하게 대항한다. 둘은 서로의 주위를 돌면서 약점을 찾으려 한다. 겁에 가득 찬 공포형 6유형은 겉으로는 "하나도 안 무서워."라고 말하면서 항복하는 개처럼 무기력하게 누워버릴 수 있다. 스트레스를 받으면 9유형처럼 수동공격적이고 완고해질 수 있다.

　8유형 부모는 아이를 굴복시키려 하지 말고 아이에게도 필요와 욕구가 있다는 것을 받아들여야 한다. 또한 8유형 부모가 약점으로 인식하는 조심스러움 같은 것들이 오히려 삶의 강점이 될 수 있다는 것도 알아야 한다.

　6유형 아이에게는 안전이 중요하기 때문에 위협받으면 방어적으로 될 수 있다. 8유형 부모는 나약해지는 것을 두려워하기 때문에 아이를 무시할 수 있다. 싸우지 않고 달아나는 6유형 아이에게 "너는 왜 싸우지도 못하는 거야?"라고 몰아세우기도 한다. 이렇게 되면 서로를 신뢰할 수 없게 되고 관계에는 금이 간다.

8유형 부모와 7유형 아이

부모 : 본능중심	아이 : 사고중심

두 유형의 기본 관계

　적극적이고 활기차며 모험심이 강하고 독립적인 한 쌍으로 인생을 최대한 만끽한다. 둘 다 규칙을 달가워하지 않고, 어떤 식으로든 통제되거나 제한받는 것을 원하지 않고 즉각적인 만족감을 즐긴다. 둘 중 누군가가 충동적으로 "제대로 만든 맛있는 햄버거를 먹으러 가자, 지금 당장!" 제안하면 기꺼이 함께 행동한다.

7유형 아이가 행사를 계획하면 8유형은 기꺼이 자금을 댄다. 아이는 떠들썩한 친교 활동을 좋아한다. 7유형 아이가 과장된 이야기를 반복하면서 무대 중앙에 선다면 8유형 부모는 존재만으로 리더라는 것을 드러낸다. 언젠가 학교 스포츠 경기가 끝난 후 아이들에게 간식을 사주는 8유형 부모를 본 적 있다. 그들은 아이와 아이 친구만이 아니라 팀 전체를 챙긴다. 7유형 아이는 이런 부모의 영향력과 에너지를 좋아한다.

두 사람 모두 자발적이어서 아이디어가 떠오르면 즉시 행동한다. 8유형 부모는 아이가 아이디어와 재치가 넘치고 남들보다 빨리 행동하는 것에 자부심을 느낀다. 둘 다 책상에 묶여서 윗사람의 견제를 받는 직업보다는 자율성이 보장되는 일을 하고 싶어 한다. 아이와 부모 모두 기꺼이 위험을 감수하려 한다.

7유형 아이는 부모가 좋아하는 흥분, 유쾌한 유머, 재미를 제공해주고 8유형 부모는 아이의 노력을 지지하고 격려한다. 8유형 부모는 상황이나 사람을 파악할 때 조용해질 수 있지만, 7유형은 어떤 모임에서도 수다를 떨며 활기를 불어넣는다. 두 유형 모두 자신이 세상의 기준이기 때문에 강한 의견을 가지고 있다. 그래서 둘 관계에는 의견 충돌이 잦을 수 있다. 8유형이 조금 더 강하긴 하지만 7유형 아이도 고집이 있어서 둘 다 절대 지지 않으려 할 것이다.

두 유형이 스트레스 받을 때

두 유형은 긴장과 이완 지점(37~40쪽 참조)으로 5유형의 성격적 특성을 공유하기 때문에 문제가 생겼을 때 감정을 분리한다. 둘 다 감정에 능숙하지 않다. 7유형 아이는 활동을 통해 고통스러운 감정에서 도망가고 8유형 부모는 상처를 인정하지 않고 정면 대응한다. 두 유형 모두 극도로 호전적일 수 있다.

상대가 자유나 선택권을 제한하려 한다면 갈등이 일어난다. 부모는 "내 인생에 아이만 없었더라면!"이라고 생각한다. 아이는 "엄마가 내 상사라도 돼?"라며 맞받아친다. 8유형 부모는 스트레스를 많이 받을수록 더욱 통제하려 들기 때문에 아이의 독립성을 제한하게 된다. 7유형 아이가 저항하면 부모는 "내 방식대로 안 하려면 당장 나가! 넌 어린애일 뿐이야. 용돈 없이 어디 한번 살아봐!"라고 협박한다.

8유형 부모가 아이를 통제하려고 할수록 7유형 아이는 해방구를 찾으려 할 것이다. 스트레스받으면 둘 다 완전히 자기중심적이고, 이기적이며, 상대방을 무시한다. 8유형 부모는 다른 사람이 자신의 소유물인 양 멋대로 대한다. 아이의 방식을 무시하고 자신의 방법을 밀고 나가려 해서 큰 싸움이 벌어지기도 한다. 7유형 아이도 고집이 세지만 8유형 부모가 대개는 우세하다. 잘못하다가는 폭력이 행사될 수 있으므로 배우자는 이들의 갈등을 중재해야 한다.

8유형 부모와 8유형 아이	
부모 : 본능중심	아이 : 본능중심

두 유형의 기본 관계

둘 다 의지가 강하고, 대립을 두려워하지 않고, 폭발하기 쉬워서 불안한 관계가 될 수 있다. 그러나 건강할 때는 역동적인 조합이다.

둘이 걸어가면 모두가 주목할 것이다. 두 사람의 에너지와 활력이 공간을 가득 채운다. 8유형은 그동안 자신의 넘치는 에너지를 충족시켜주는 사람이 없어서 좌절했을 것이다. 하지만 이제 에너지 넘치는 아이가 옆에 있다. 8유형이 강한 것에 맞서면서 자극받기도 하고 경계를 늦추고 더 부드럽고 취약한 면을 보여주는 계기가 되기도 한다. "와우! 드디어 적수를 만났어!"라는 생각이 들게 하는 불과 불의 만남이다.

함께라면 모든 것을 통제할 수 있다는 믿음이 생긴다. 아이가 잘못된 행동을 하더라도 부모는 울타리가 되어 준다. 함께 사업을 하기로 했다면 제국을 건설하고 서로를 강력하게 지원할 수 있다. "우리가 가족을 다 먹여 살릴 수 있어!"라며 자신만만하게 실행한다.

의견 불일치가 생기면 즉시 해결하고 빠르게 다음으로 넘어간다. 마치 세상을 호령하는 사령관과 용감한 부관처럼 상호 존중한다. 둘 다 발로 뛰는 행동가다. 8유형은 자신의 영역이 필요하므로 집에 각자의 공간이 있으면 도움이 된다. 8유형 아이는 그들의 방을 자신의 영역이라 생각한다. 8유형 부모는 아이의 공간을 존중한다. 서로의 영역을 침범하지 않을 것이라는 믿음이 있어서 편안하다.

두 유형이 스트레스 받을 때

아이가 어렸을 때 8유형 부모는 아이의 지나친 경쟁심이나 허세를 웃어넘기거나 자랑스럽게 생각할 수 있다. 그러나 아이가 성장하면 똑같은 행동도 신뢰를 심각하게 파괴하는 행위로 받아들인다. 아이의 도발에 "너는 나를 배신했어. 세상 누구도 날 배신할 수 없지. 절대 그냥 넘어갈 수 없다!"라며 분노할 수 있다.

스트레스받은 8유형들은 통제권을 두고 싸운다. 부모와 아이도 싸우기 시작한다. 한때 즐거웠던 자전거 타기가 어느새 치열한 경쟁이 된다. 둘 다 서로를 통제하려 하고 물러서지 않는다.

갈등이 심화하면 관계를 굳건하게 했던 것들이 전쟁의 무기가 된다. 한 예로, 8유형 부모와 8유형 아이가 함께 사업을 시작하여 큰돈을 벌었는데 그때까지는 순조로웠다. 그런데 계모가 사업에 끼어들게 되었고 분쟁이 일어나 고등법원까지 갔다. 아들이 승소하자 아버지는 실패를 인정하지 않고 재빨리 사업을 청산해서 아들에게 주어야 할 돈까지 모두 새 아내에게 넘겼다. 아들은 결국 모든 것을 잃었고, 아버지 역시 사업도 돈도 자식도 잃게 되었다. 승리자가 없는 실패한 전쟁이었다. 더구나 둘이 화해할 가능성은 영원히 사라졌다.

8유형 부모는 지배력을 유지하기 위해 할 수 있는 모든 것을 할 것이고, 8유형 아이는 자신의 영역을 지키고 통제권을 방어하기 위해 할 수 있는 모든 것을 할 것이다. 둘은 끊임없는 싸움으로 기진맥진하게 된다.

8유형 부모와 9유형 아이

부모 : 본능중심	아이 : 본능중심

두 유형의 기본 관계

실제 성별과 관계없이 8유형은 보호하는 남성성을 지니고 9유형은 양육하는 여성성을 지닌다. 그들은 서로에게 "부모"가 된다. 9유형 아이가 가족의 평화를 중재한다면 8유형 부모는 평화를 방해할 수 있다.

8유형 부모는 수용적이며, 차분하고, 느긋한 9유형 아이에게 흥분과 활력을 가져다준다. 9유형 아이는 부모에게 자신감, 결단력, 활기를 받는다. 8유형 부모와 9유형 아이가 융화되어 하나가 되면 더욱 강한 느낌이 든다. 8유형 부모는 수용적인 9유형 아이와 함께하면서 경계를 낮추고 내면의 부드러운 면이 드러낸다. 함께 도전하면 두려움이 없어진다.

두 유형은 어떤 면에서 정반대이다. 둘 다 분노 유형이지만, 8유형은 세상에 분노를 쏟아내고 9유형은 평화가 깨질까 두려워 대결을 피한다. 이들은 모두 행동이 앞서는 본능중심으로 불같은 유형이지만 9유형 아이의 수동적인 접근은 8유형 부모의 불을 끄는 물이 된다.

8유형 부모는 강하게 주장하며 책임을 떠맡으려 한다. 9유형 아이는 자신을 보호하는 강력한 리더의 존재에 감탄하며 끌린다. "우리 아빠는 회사에서 최고로 높은 사람이야. 하고 싶은 건 뭐든지 다 할 수 있어."라며 부모를 자랑스럽게 여긴다. 아이는 부모의 지지를 기대하고, 부모 역시 아이의 존경심을 즐긴다.

8유형 부모는 가식적이지 않다. 9유형 아이는 느긋하고 편안해 보이지만 강하게 밀어붙이면, 특히 8유형 날개(35쪽 참조)가 강한 9유형 아이면 부모와 맞서 저항하고 투쟁 의지를 보일 수도 있다.

두 유형이 스트레스 받을 때

스트레스받은 9유형 아이는 4유형이나 5유형처럼 후퇴하는 경향이 있고, 8유형 부모는 3유형과 7유형처럼 맞서는 경향을 보인다. 8유형 부모는 공격적으로 대립한다. 9유형 아이는 8유형 부모가 통제하거나 멋대로 하려 하면 분개하거나, 움츠러들어서 영혼 없이 기계처럼 소통하려 한다. 이러한 상황은 마치 허공에 대고 싸우는 것과 같아 8유형 부모를 더욱 화나게 한다.

8유형 부모는 분노를 표현하지만, 9유형 아이는 평화를 원하기 때문에 화를 억누르고 표현하지 않는다. 이것은 공개적으로 싸우기를 원하는 8유형을 좌절시킨다. 이럴수록 8유형 부모는 더 공격적으로 통제하려 하고 9유형 아이는 수동공격적으로 저항한다. 8유형 부모는 분노를 직접적으로 전달하지만 9유형 아이는 애매하게 표현한다. 두 사람 모두 서로를 비난하며 탓한다. 아이는 "아빠(엄마)만 아니었다면…."라고 말하며 한때 영웅이었던 부모에게 분개한다.

20장
9유형 부모와 아이 조합

9유형 부모와 1유형 아이	
부모 : 본능중심	아이 : 본능중심

두 유형의 기본 관계

　서로 날개이기에 상호보완적인 관계로 발전한다. 9유형 부모는 1유형 아이에게 질서와 일을 바르게 처리할 필요성에 대해 배운다. 부모와 아이 모두 다른 사람에게 더 주의를 기울이는 경향이 있다. 부모는 육아를 잘하기 위해, 아이는 더 높은 목표를 달성하기 위해 상대에게 관심을 집중한다. 1유형 아이는 9유형 부모의 수용적인 성격 덕분에 자신에게 덜 가혹해진다. 부모가 "너는 있는 그대로 이미 훌륭하단다."라고 말해주면 아이는 안도할 수 있다.

　두 유형 모두 이상주의자이다. 9유형 부모가 더 나은 세상을 만드는 법을 상상하는 동안, 1유형 아이는 그것을 실현하기 위해 더욱 노력하고 행동한다.

　아이가 "우리 오늘 무엇을 할까요?"라고 물으면 9유형 부모는 모든 경우의 수를 고려하느라 갈팡질팡한다. 반면, 1유형 아이는 잘못된 선택에 대한 염려 때문에 결정을 미룬다. 물론, 최종 선택은 부모의 몫이다. 하지만, 아이가 크면서 1유형 아이가 결정을 내리고 9유형 부모는 그 결정을 받아들이는 경우가 많다.

둘 다 평범한 일상과 가족 간의 상호작용을 즐기고, 변하지 않고 일관적인 것들에 편안함을 느낀다. 함께 시간을 보낼 때, 아이는 자신이 올바른 방법이라고 믿는 것을 부모에게 강요할 것이다. 아이가 "엄마, 종이를 이렇게 잘라야 해요."라고 말하면 부모는 대체로 수용해준다.

두 유형이 스트레스 받을 때

9유형 부모와 1유형 아이는 모두 분노를 가진 본능중심에 속한다. 분노의 이유는 각자 다르다. 양측 모두 공개적으로 싸움하거나 분노를 표현하는 것을 즐기지 않는다. 9유형 부모는 평화를 유지하고 싶어 하고, 1유형 아이는 예의 바르고 "올바른" 방법을 고수하고자 한다.

둘 다 상처받으면 곰곰이 생각하다가 갑자기 폭발할 수 있다. 이때, 두 유형 모두 물러나서 움츠러드는 경향을 보인다. 9유형 부모는 삐지거나 뿌루퉁해 있고, 1유형 아이는 억울해하거나 분해서 씩씩거린다.

옳고 그름을 이해하는 과정에서 충돌할 수 있다. 9유형 부모는 "걔가 옳았을지도 몰라."라며 1유형 아이의 비판을 쉽게 수용한다. 그러나 1유형 아이에게 비판은 자신이 완벽하지 않다는 것을 의미하기 때문에 쉽게 받아들이지 못한다. 1유형 아이에게는 문제의 해결 방법을 쉽게 찾지 못하는 9유형 부모의 무기력함이 무능하고 나약해 보일 수 있다. 이런 상황에서 9유형 부모는 마치 아무 일도 없는 것처럼 행동하며 회피하기도 한다.

9유형 부모와 2유형 아이

부모 : 본능중심	아이 : 감정중심

두 유형의 기본 관계

두 유형 모두 좋은 조력자, 훌륭한 양육자이며, 다른 사람을 배려하는 유형이다. 9유형은 유희를 즐기고 주변 사람들이 여유 있고 편안하기를 원한다. 9유형 부모는 관계를 중시하는 아이의 욕구를 지지한다. 2유형 아이는 부모에게 필요한 존재가 되고 싶고, 9유형 부모는 아이에게 꾸준한 사랑과 넉넉함을 제공한다. 9유형 부모는 도우려는 2유형 아이의 욕구를 흐뭇하게 생각한다. 이런 부모의 반응은 아이가 중요한 존재로 인정받는다고 느끼게 한다.

두 유형 모두 낙관적이며, 감정적으로 불편한 문제를 회피한다. 2유형 아이는 "꼬마 조력자"의 역할을 맡으면서 부모의 욕구에 귀 기울인다. 9유형 부모는 아이와 어우러져 사는 것을 삶의 목적으로 삼는다. 이때, 부모는 아이와 융화되어 하나가 되고 자신을 잃을 수 있다. 두 유형 모두 애정이 넘치고 감각적인 것들을 즐긴다. 집을 꾸미거나, 친구들이나 가족을 위해 요리하거나, 선물을 만드는 것 등의 활동을 즐긴다. 또한, 사랑스러운 반려동물이 있는 따뜻하고 편안한 환경을 좋아할 수 있다. 둘은 동료처럼 함께 지낼 때 행복을 느낀다.

두 유형이 스트레스 받을 때

일반적으로 둘은 잘 충돌하지 않는다. 하지만 스트레스받은 9유형 부모는 평화가 깨어질까 두려워 훈육하지 않으려 한다. 2유형 아이는 "나쁜" 아이가 되고 싶지 않아서 사랑받고자 하는 열망을 표현하지 않는다. 2유형 아이가 스트레스를 받으면 8유형처럼 군림하려 한다. "엄마는 일하는 방법을 잘 몰라. 내가 엄마를 도와주어야만 해."라고 말하며, 어른인 양 자기 뜻대로 하려 한다. 이때 아이가 자신의 '선행'에 대해 부모에게 충분한 감사와 인정을 받지 못했다고 느끼면 사랑받지 못했다는 생각에 상처받는다. 9유형 부모가 무심하게 굴면 2유형 아이는 거부당했다고 느낀다. "아빠는 나에게 아무 관심도 없는 것 같아!"라며 속상해 할 수 있다.

2유형 아이는 부모에게 반응을 강요한다. 아이가 지나치게 관심을 요구하면 9유형 부모는 자율성을 위협받고 있다고 느끼고 점점 더 멀어지려 할 수 있다.

9유형 부모는 아이와 충분한 시간을 보내기 위해 노력해야 하고, 2유형 아이도 부모가 혼자 있을 시간이 필요하다는 것을 이해해야 한다. 함께 공존하기 위해서는 서로의 선을 지키도록 노력하는 것이 중요하다. 부모는 자신과 아이의 욕구 사이에서 균형을 찾기 위해 노력해야만 한다. "엄마가 머리를 자르고 와서 함께 쿠키를 만들 수 있을 거야. 재미있겠지? 조금만 기다려 줘."와 같이 말하는 것은 관계에 도움이 된다.

9유형 부모와 3유형 아이

부모 : 본능중심	아이 : 본능중심
이완과 긴장의 방향으로 연결되어 있어서 겉으로는 달라 보여도 많은 성격적 특성들을 공유한다.	

> **두 유형의 기본 관계**

9유형 부모는 3유형 아이가 자신의 분야에서 영웅이 될 수 있도록 안전한 발판을 제공한다. 두 사람 모두 낙관적이며, 삶의 안락함을 즐긴다. 둘 다 열심히 노력하는 사람을 높이 평가한다. 3유형 아이는 스스로 성취하려는 동기가 강하기 때문에 부모가 숙제 지도를 하지 않아도 잘 해낼 확률이 높다. 9유형 부모는 아이를 편안하게 잘 돌보는 능력이 있어서 자립적인 아이가 성장할 수 있는 이상적인 배경이다. 부모는 경쟁적이지 않으며 자신의 시간이나 돈을 희생하더라도 아이의 성공에 필요하다면 기꺼이 지원한다.

9유형 부모가 이완방향인 3유형으로 이동할 때(38쪽 참조), 자신의 요구를 표현하고, 자신감이 높아지며, 자신에게 중요한 것들에 집중할 수 있다. 3유형 아이는 9유형 부모에게 협업하는 능력과 여유로워지는 법, 그리고 일과 관련 없는 취미를 즐기는 능력을 배운다.

3유형 아이는 9유형 부모의 수용력 덕분에 자신을 소중한 존재로 인정할 수 있게 된다. 아이는 있는 그대로 받아들여 주는 부모와 함께 있는 가정에서 진정한 자신이 될 수 있다. 이는 외적으로 성공한 이미지를 갖고 싶어 조바심을 내는 3유형 아이에게는 축복이다.

9유형 부모는 아이에게 칭찬을 많이 하는데, 칭찬받기를 원하는 3유형 아이에게 특히 긍정적이다. 아이가 실패를 경험해도 "자, 또 다른 기회가 있어. 원한다면 다시 시도해 볼 수 있어. 너는 충분히 능력이 있어."라고 말해준다. 3유형 아이는 관심받는 것을 즐기기 때문에 "엄마, 제 연극을 보러 오세요!"라고 말하고, 9유형 부모는 기꺼이 참석한다.

두 유형이 스트레스 받을 때

　3유형 아이는 감정중심이지만 자신의 감정과 닿기 위해 고군분투한다. 하지만 스트레스받은 9유형 부모는 주의력이 부족하고 감정적으로 후퇴한다. 아이는 부모가 자신에게 관심도 없고 돌보지도 않는다고 생각할 수 있다. 반면, 부모는 아이가 너무 까다롭다고 느낄 수 있다. 9유형 부모가 지나치게 자유방임적이어서 3유형 아이가 제멋대로 행동하는 것처럼 보일 수도 있다.

　또 9유형 부모는 아이의 헌신적인 후원자로 자아실현은 미루고 아이의 성공에만 매달릴 수 있다. 부모는 자신이 성취할 수 없었던 많은 부분을 아이가 성취하고 있다고 느끼며, 아이를 통해서 대리 인생을 살아가게 되는 것이다.

　3유형 아이는 기본적으로 부지런하지만, 건강하지 않으면 활력이 떨어져 9유형 부모를 피곤하게 만든다. 또한 9유형 부모는 갈등을 회피하는 경향이 있지만 3유형 아이는 대립을 피하지 않는다. 3유형 아이는 남을 헐뜯는 것을 싫어하는 편이 아니어서 종종 다른 아이들과 다투는 것을 볼 수 있다. 따라서 부모는 건강한 관계를 유지하기 위해 더 단호할 필요가 있다.

　스트레스 받은 9유형 부모에게는 3유형 아이의 건강하지 못한 성향이 나타난다. 9유형 부모 안에는 관심과 인정을 갈구하면서 과시하려는 3유형의 아이가 있다. 헌신적인 9유형 부모의 이면에는 어떤 대가를 치르더라도 성공하려는 야망과 열망이 있다. 9유형 부모가 이완되어 있다면 자기 내면에 있는 3유형 아이의 모습을 인정할 것이고, 이완되어 있지 않다면 자신과 아이를 모두 거부할 수 있다.

9유형 부모와 4유형 아이

부모 : 본능중심	아이 : 감정중심

두 유형의 기본 관계

　9유형 부모와 4유형 아이 모두 물러서는 경향이 있어서 홀로 시간을 보내거나 같은 공간에 있으면서도 각자 행동하기를 원한다. 4유형 아이는 버림받는 것을 두려워하는데, 9유형 부모는 언제나 곁에 있을 거라는 확신과 위안을 줄 수 있다. 부모는 민감한 4유형 아이에게 잘 맞는 훌륭한 경청자다. 아이는 감정에 민감해서 부모가 상처나 분노를 숨기고 있다고 느끼면 "무슨 일이야, 엄마?"라고 다정하게 물으며 위로한다.

　이 조합의 큰 장점 중 하나는 두 사람 모두 창의적이라는 점이다. 부모는 아이의 창의성을 이해하고, 예술에 대한 사랑을 행복한 마음으로 지지할 것이다. 9유형은 훌륭한 이야기꾼이라서 아이만을 위한 재미있는 이야기 만들어 들려주기도 한다. 이때 4유형 아이는 스스로 특별하다고 느끼고, 9유형 부모에게 감사함을 느낀다.

　두 사람 모두 인정받고 드러나기를 원하며 친밀감에 대한 욕망이나 필요성을 함께 느끼는 것을 감사하게 생각한다. 4유형이 이해를 요구하면 9유형은 편하게 받아준다. 사춘기 4유형이 마음속 문제를 상의하기 위해 부모의 침대에 파고들면, 부모는 아이가 마음을 터놓을 수 있도록 따뜻한 공간을 제공해준다. 둘은 대체로 서로를 깊이 이해하고 상호 공감하며 위로해 준다.

> **두 유형이 스트레스 받을 때**

4유형 아이는 스트레스받으면 감정이 폭발하면서 매우 까다로워질 수 있다. 그러나 9유형은 스트레스받을수록 후퇴하며 외면한다. 듣지도 보지도 못한 척 하는 9유형 부모의 반응에 아이는 좌절감을 느낀다. 4유형 아이는 "엄마는 나를 사랑하지 않아!"라고 곱씹으며 울분을 토하고 불평할 것이다.

아이는 부모의 느긋한 분위기가 지루하다고 느낄 수 있다. 4유형 아이는 다양한 표현을 통해 삶을 강렬하게 즐긴다. 이런 반응들은 4유형 아이에게 지극히 건강한 것이다. 4유형 아이는 "지훈이 아빠가 우리 아빠라면 좋겠어."라면서 더 세련되고 재미있어 보이는 부모를 둔 다른 아이를 부러워할 수도 있다.

9유형 부모는 개인적인 요구를 거의 하지 않기 때문에 "이렇게 해주세요!"라고 외치는 아이가 영악하고 버릇없게 보일 수 있다. 그러나, 아이는 부모를 밀어내려고 일부러 그럴 수 있다. 어느 날은 열렬히 달라붙었다가 어느 날은 별 이유 없이 거부하는 4유형 아이의 변덕은 침착한 9유형 부모에게 혼란스러운 일이다. 그러나 9유형 부모가 인내심과 관용으로 아이를 대하면, 이 관계는 어떤 어려움도 헤쳐 나갈 수 있게 된다.

9유형 부모와 5유형 아이

부모 : 본능중심	아이 : 사고중심

> **두 유형의 기본 관계**

낙관적인 9유형 부모는 비관적인 5유형 아이와 균형을 잘 이룬다. 5유형 아이는 느긋한 9유형 부모보다 덜 낙관적이며 더 초조하다. 9유형 부모의 넉넉한 수용력은 진지한 5유형 아이에게 편안함과 위안을 준다. 부모의 따뜻함과 경청하는 능력은 아이가 마음을 열어 감정을 드러내고 소통하는 데 도움이 된다. 두 사람 모두 어려움을 극복하는 데 도움이 되는 뛰어난 유머 감각을 갖고 있다.

부모의 마음에서 우러나오는 자연스러운 격려는 아이가 틀에서 벗어날 수 있도록 해준다. 두 유형 모두 타인에게 관심을 받는 것보다 주변인이 되는 것을 선호한다. 만약 부모가 컴퓨터 수리나 분해와 같은 일에 몰두하여도 아이는 흥미롭게 지켜볼 것이다. 두 사람 모두 혼자만의 시간을 즐기며 서로에게 많은 것을 요구하지 않는다. 둘은 각자의 공간을 즐긴다. 특히 5유형 아이는 성장하면서 자신의 인생과 활동에 집중하기를 원한다. 두 사람 모두 서로를 침범하지 않고 각자의 행복을 추구하는 상대방에게 감사해한다. 이럴 때 두 사람은 말하지 않아도 편안함을 느끼는 완벽한 의사소통을 경험한다.

두 유형이 스트레스 받을 때

사춘기 5유형은 머리카락이 "자가 세척" 된다며 머리를 감고 싶어 하지 않거나, 다른 사람들의 눈길을 끄는 거미를 수집하거나, 만화책 전집을 소장하는 것처럼 독특한 습관이나 취미를 가지기도 한다. 9유형 부모는 인내심을 발휘하면서 기꺼이 아이의 생각을 들으려 할 것이다. 하지만 아이가 자신만의 세계에 빠질수록 부모는 소외감을 느낀다. 이때, 9유형 부모는 존재 이유를 잃어버린 것처럼 깊은 상처를 받는다. 그래서 9유형 부모는 아이에게 모든 관심을 기울이려 하지 말고 스스로 삶의 목적을 찾아 행동해야 한다.

5유형 아이는 지나친 기대감을 부담스러워하기 때문에 부모의 "유용한 제안"을 귀담아듣지 않는다. 자신을 지적으로 우월한 사람으로 믿는 5유형 아이는 "아빠는 아무것도 모르잖아요!"라며 덜 똑똑하게 느껴지는 부모를 비판할 수 있다. 5유형 아이는 9유형 부모가 앙갚음하는 성격이 아니라는 것을 알기 때문에 부모에게 쉽게 도전한다. 그러나 두 사람 모두 갈등을 싫어하기에 이런 상태가 계속되면 부모는 아이에게 무관심해지고 아이는 정서적으로 소외감을 느껴 서로 멀어질 수 있다. 둘 사이에 갈등이 심화되면 겉으로는 괜찮아 보일 수 있지만 내면에는 적대감이 흐른다.

9유형 부모와 6유형 아이

부모 : 본능중심	아이 : 사고중심
이완과 긴장의 방향으로 연결되어 있어서 겉으로는 달라 보여도 많은 성격적 특성들을 공유한다.	

두 유형의 기본 관계

두 사람은 서로를 잘 '받아들인다'. 6유형은 건강한 9유형의 영향을 받아서 더 즐겁고 편안해지며 덜 예민하게 반응한다. 9유형은 건강한 6유형의 영향을 받아서 의견을 더 잘 말하고 무시당하는 것에 대한 두려움이 줄어든다. 이 쌍방향 움직임은 서로를 이해하는 데 도움이 된다. 두 사람 모두 안정적인 일상, 가정의 안전함, 그리고 안락함을 즐긴다. 6유형 아이를 둔 부모는 "임찬이가 어렸을 때 어디 가는 걸 싫어했어. 일상생활이 바뀌는 것을 정말 힘들어했거든."이라고 말 할 수 있다.

9유형 부모의 평온함과 침착함은 경계심 가득한 6유형 아이에게 "적어도 엄마와 함께라면 안전해."라는 느낌을 주어 큰 도움이 된다.

6유형 아이는 기꺼이 집안일을 돕는다. 단 부모나 다른 형제들도 각자의 역할을 다하고 있을 때 한해서이다. 만약 부모나 형제가 TV 앞에서 놀면서 아이에게 무언가 시키면 6유형 아이는 말을 듣지 않을 것이다. 둘 다 혼자일 때보다 함께일 때 더 강해진다고 생각한다. 6유형 아이는 가끔 부모의 결정에 의문을 제기하고 함께 토론하려 할 것이다. 두 사람 모두 자신을 낮추는 유머를 사용하며 농담을 즐긴다.

두 유형이 스트레스 받을 때

6유형 아이에게 무언가를 강요하는 것은 반작용을 초래할 수 있다. 권위에 저항하려는 꼬마 반항아가 나타날 수 있다. 6유형도 완고한 9유형처럼 협조하지 않고 고집을 부릴 것이다. 이때 가장 좋은 방법은 스스로 하게 하는 것이다. "이 시험을 통과하지 못하면 어떻게 되려나?"라며 결과를 생각해보게 하면 6유형 아이는 스스로 동기가 부여된다.

두 사람 모두 당황스러운 문제에 대해서는 침묵할 수 있다. 이들은 상대방이 먼저 말을 걸어 문제가 무엇인지 알아내기를 원한다. 6유형 아이의 반항심은 죄책감으로 바뀔 수 있다. 두 사람 모두 안전에 위협이 되는 대립을 즐기지 않지만 가끔은 억눌린 분노가 폭발할 수 있다.

9유형 부모가 "나는 네가 화난 것이 느껴져."라고 먼저 말을 걸고 6유형 아이가 말하는 것을 들어주는 것이 가장 평화롭고 효과적인 방법이다. 부모가 항상 아이의 말에 동의해야 할 필요는 없지만, 아이가 문제를 스스로 이야기할 때 부모가 들어주면 요동치는 아이의 마음은 잔잔해질 것이다.

건강할 때 이 두 유형은 서로를 지지하지만, 스트레스 상태에서는 두 사람 모두 상대의 결정만 기다린다. 6유형 아이가 어떤 일을 해야 할지 의구심을 품고 망설인다면, 9유형 부모는 무엇을 해야 할지 확신이 서지 않아 물러서게 된다. 두 사람 모두 일을 미룬다. 아이는 "엄마도 제대로 정돈하지 않는데, 왜 내 방을 정리해야 하죠?"라며 부모의 미루는 습관을 지적할 수 있다. 약간의 의견 충돌만 있어도 둘 다 관계에서 물러선다. 이러한 성향 때문에 관계 회복을 위한 행동도 미룰 수 있다.

9유형 부모와 7유형 아이

부모 : 본능중심	아이 : 사고중심

두 유형의 기본 관계

두 유형은 모두 낙관적이며 사교 활동을 즐기고, 학교나 기타 활동에 적극적으로 참여한다. 그리고 친구들이 갑자기 방문해도 환영한다. 7유형 아이는 9유형 부모를 행동하게 하고, 더 많은 일을 해내게 하고, 안락하지만 지루한 공간에서 벗어나도록 자극한다. 새 친구들을 사귀는 것부터 새로운 스포츠나 취미를 시도하는 것에 이르기까지 7유형 아이가 주도할 것이다. 아이는 "아빠 서핑해 본 적 있어요? 나랑 같이 파도 타러 가요."라고 제안할 수 있다. 이런 방식으로 7유형 아이는 모험적이지 않은 9유형 부모를 모험의 세계로 이끈다.

9유형 부모의 뛰어난 공감력과 보살피는 육아 스타일은 7유형 아이와 잘 맞는다. 부모와 아이의 유형이 서로 바뀐 경우보다는 부모가 9유형인 것이 더 나을 수 있다. 9유형 부모는 아이가 자기 뜻을 펼칠 수 있는 안정적인 기반을 제공하기 때문이다.

9유형 부모는 요구가 많고 자기 뜻대로 하려는 7유형 아이의 즐거움을 위해 자신이 원하는 것을 기꺼이 포기할 수 있다. 9유형 부모는 부드럽고 따뜻하며 "누구의 아빠(엄마)"라고 불러도 행복하다. 7유형 아이의 재미있고, 자신감 가득하고, 활력 넘치고, 적극적인 성격은 부모로서 존재감을 느끼게 해주기 때문이다.

두 유형 모두 불편한 감정에 집착하거나 문제에 너무 깊이 빠져드는 것을 좋아하지 않는다. 그래서 둘 다 실패나 불쾌한 상황을 숨기려는 경향이 있다. 9유형 부모는 광대가 되어서라도 아이를 즐겁게 해주려 한다. 잔뜩 어지르고 아이와 한바탕 놀아주며 즐긴다. 7유형 아이는 3유형처럼 관심의 중심에 있는 걸 좋아한다. 9유형 부모는 기꺼이 아이의 열렬한 청중이 되어 준다.

두 유형이 스트레스 받을 때

9유형 부모는 산만한 7유형 아이 때문에 피곤해질 수 있다. 또한 아이의 끊임없는 요구가 자율성을 침해한다고 느낄 수도 있다. 조용한 시간을 갈구하면서 "시원아! 엄마 책 보면서 쉬고 싶어. 왜 혼자 놀려고 하지 않니?"라고 애원할지도 모른다. 평화로운 나무늘보가 활기 넘치는 어린 원숭이를 만난 것이다. 9유형 부모는 편안한 일상을 즐기지만 7유형 아이는 일상을 뒤흔들고 싶어 한다. 9유형은 가끔 폭발하는 것 외에는 거의 화를 내지 않지만, 평화가 깨지는 것에 대해서는 민감하다.

9유형 부모는 물러서려 하고 7유형 아이는 대항하려 한다. 두 사람 모두 고통을 피한다. 9유형 부모는 일에 몰두하면서 문제를 회피하여 고통을 피하고, 7유형 아이는 새로운 계획을 세우고 바쁘게 지내면서 피한다. 둘 중 어느 쪽도 부정적인 상황을 해결하고 싶어 하지 않는다. 대충 봐주는 것이 더 간편하다고 생각하지만, 내면에는 상대방에 대한 비판과 비난이 쌓여간다. 9유형 부모는 아이와 맞서는 것이 두려워 부모로서 해야 할 일을 피하려 한다. "안 된다!"라는 말을 하지 못해서 결과적으로 아이를 방임하게 될 수 있다.

주의를 끌기 위해서 7유형 아이는 더 충동적이고 위험한 일을 한다. 아주 높은 나무를 오르거나, 지나치게 빠른 속도로 자전거를 타며 부모의 속을 태울 수 있다. 부모가 반응하지 않으면 아이는 점점 더 좌절하고 불안정해진다. 7유형은 마음속 깊은 곳에서 안전함을 느끼고 싶어 하는 "공포" 유형이기 때문이다.

9유형 부모와 8유형 아이

부모 : 본능중심	아이 : 본능중심

두 유형의 기본 관계

8유형 아이가 자연스럽게 이 관계를 주도해 나갈 것이다. 8유형 아이는 자신의 욕구가 충족되어야 한다고 주장한다. 9유형 부모는 일반적으로 아이의 요구에 응하고 지지한다. 9유형 부모는 8유형 아이의 자신감, 용기 등을 좋아해서 아이와 융화되어 하나가 되는 것을 즐긴다. 9유형 부모의 안정적이면서도 보수적인 성향 덕분에 8유형 아이는 열정적으로 삶을 즐기며 살아갈 힘을 얻는다.

짙은 안개 속에서 고깃배를 발견한 대형 군함 이야기가 있다. 군함은 고깃배와 충돌할 것 같은 상황에서 방향을 선회하라고 반복적으로 명령한다. 그러나 고깃배는 항로를 바꾸기는커녕 꿈쩍도 하지 않는다. 사실은 고깃배가 아닌 등대였다. 힘이 넘치는 군함(8유형)이 요지부동인 등대(9유형)를 만난 것이다.

에너지 대 관성, 활기 대 나태의 만남이다. 빠르고 능동적으로 표현되는 '분노' 대 수동공격적으로 통제되고 억제된 '분노'의 충돌이다.

8유형 아이는 경계심을 풀고 자신의 부드러운 면을 탐험하기 어려워하는데, 비대립적이며 느긋하고 수용적인 9유형 부모와 함께라면 훨씬 쉽다. 공격받을 위험이 거의 없기 때문이다. 평화주의자 부모와 전사 아이인 셈이다. 9유형 부모는 평화를 유지하는 방법을 아이에게 가르치고, 8유형 아이는 더 주도적으로 삶을 살아가는 방법을 부모에게 가르친다.

두 유형이 스트레스 받을 때

8유형 아이는 쉽게 부모와 대립한다. 아이는 부딪히거나 대결할 때 부모가 자신의 힘을 알아주기를 바란다. 9유형 부모는 물러서는 경향이 있어 갈등 상황에서 후퇴한다. 몸은 아이 앞에 있지만 정신은 딴 데 있을 수 있다. 이럴 때 8유형 아이는 좌절감을 느끼며 "엄마는 나를 지지하지 않아요."라고 할 수 있다. 8유형 아이는 전투에 나갈 때 부모가 바로 뒤에 서 있다는 느낌을 받고 싶어 한다.

고여 있는 물 같은 9유형은 불같은 8유형 아이를 화나게 한다. 8유형 아이는 단도직입적인 대화가 필요하다. 이런 대화에 익숙하지 않은 9유형 부모는 아이에게 좌절감을 준다. 8유형 아이는 부모가 재미있는 아이디어와 신나는 계획을 망치는 사람이라고 생각한다. 8유형 아이는 "좋은 게 좋은 거지"라고 반응하거나 아예 반응하지 않는 겁쟁이 9유형 부모에게 명령하기 시작한다. 부모는 대립을 피하려고 지나치게 관대해지지만 아이는 "안돼!"라는 말을 듣기 원한다.

8유형 아이는 규칙을 무시하면서도 부모가 자신이 정한 규칙을 따르기를 기대한다. 다른 사람을 쥐고 흔들면서 공격적이고 바르지 못한 행동을 하는 아이 때문에 9유형 부모는 삶을 온전하게 즐기지 못한다.

어린아이처럼 순진한 9유형 부모는 관계에서 발생하는 문제를 책임지려 하지 않는다. "문제? 무슨 문제요?" 하며 회피하기 일쑤다. 또한 아이의 부적절한 행동을 외면하고 해결하려 하지 않을 수 있다. "아이가 조금 화가 나서 그런 거예요. 나쁜 마음은 없을 거예요."라며 아이를 두둔하는 듯 보이지만 실은 회피하는 것이다.

8유형 아이는 9유형 부모를 무능한 사람으로 볼지도 모른다. 8유형 아이는 스트레스받은 9유형 부모의 나태한 모습은 싫어한다. 8유형 아이가 더 강한 롤모델을 찾거나 다른 가족 구성원들을 싸움에 끌어들이면 집안은 전쟁터가 된다. 아이가 자신을 지나치게 지배하려 하면 9유형 부모는 돌연 완강하게 고집을 피울 수 있다. 서로를 탓하며 갈등은 악화한다.

9유형 부모와 9유형 아이

부모 : 본능중심	아이 : 본능중심

두 유형의 기본 관계

두 사람 모두 편안하고 평화로운 일상을 좋아하며 친구들과 느긋하게 여유를 즐긴다. 큰 문제는 잘 일어나지 않는다. 둘 다 서로에게 관대하고 참을성이 있다. 부모는 "수요일은 피자 먹는 날이고, 금요일에는 보드게임을 한 다음 밥 대신 햄버거와 감자튀김을 먹을 거야."라고 조곤조곤하게 말하고 아이는 받아들인다. 편안한 일상에 약간의 모험은 부모와 아이 모두를 행복하게 해준다.

의견 충돌이 있어도 서로를 쉽게 용서한다. 둘 다 창의성이 뛰어나 공예품 만들기 같은 취미를 공유하며 대화하는 즐긴다. 두 사람이 공통으로 좋아하는 조용하고 안정적인 분위기가 가정 내에 흐른다.

9유형 부모는 훌륭한 부모의 특성을 많이 갖고 있다. 이들에게는 인내, 수용, 경청 기술, 돌봄 능력과 다정함이 자연스럽다. 게다가 요구도 많지 않고, 위기가 닥쳐도 침착하다. "어제 남편이 없는데 작은아이가 칼로 발가락을 베어서 많이 다쳤어요. 지금은 괜찮아요. 제가 아이의 아픈 발가락을 얼음으로 싸매고, 잠든 큰아이를 깨워서 병원에 갔거든요. 물론 병원에서 상처를 잘 꿰맸답니다."

두 유형이 스트레스 받을 때

본능 동기와 날개에 따라 다를 수도 있지만 대체로 심각한 대립을 피하면서 행복하게 지낼 것이다. 부모와 아이 모두 각자의 필요나 욕구, 의견 등을 드러내지 않고 자연스럽게 조화를 이루려 한다. "내가 어디서부터 할까? 너는 언제 끝낼 거야?"라고 물으며 협력한다. 두 사람의 요구는 거의 비슷하기에 각자 다른 요구를 가지는 것처럼 보이지 않는다. 그러나 상대가 자신을 제대로 봐주지 않는다는 생각에 엄청난 분노를 느낄 수도 있다. 자신의 관점 없이 서로를 흉내 내기만 하면 결국 관계는 악화한다.

9유형 부모와 아이는 가족의 행복을 원하면서도 재미없는 일상에서 길을 잃을 수도 있다. 둘의 평화롭고 행복한 보트를 흔드는 것은 다른 형제자매나 배우자인 경우가 많다. 9유형은 위협받고 있다고 느끼면 새로운 제안에 대해 교묘하게 게으름을 피우며 제대로 따르려 하지 않는다.

무엇을 할지 계획하거나 결정을 내릴 때 둘 다 상대방이 주도하기를 기대한다. "친구 초대하기, 공원에 가기, TV 보기…." 등 여러 선택지 중에 결정하는 것이 어렵다. 특히 스트레스를 받았을 때는 결정을 더욱 미루고 회피한다. 상대가 언젠가 결정하기를 바라면서 망설인다. 그래야 잘못되더라도 상대를 탓할 수 있기 때문이다. 가만히 있으면 중간은 간다고 생각한다.

둘 다 상대방을 이상형이라고 생각하면서도 싸움이 나면 서로에게 분노한다. 분노를 겉으로 표현하지 않기 때문에 잘못된 것이 없어 보이지만, 속으로는 분노가 끓어올라 서로 피하려 할 수 있다.

21장
나오며

부모가 되는 것은 인생에서 가장 보람 있는 일 중 하나다. 동시에 가장 두렵고 힘들며 도전적인 일이기도 하다. 어떤 순간에는 사랑스럽고 귀여운 꼬마 천재를 껴안고 행복하다가도, 어떤 순간에는 반항기 넘쳐흐르는 녀석이 도대체 어느 별에서 왔는지 궁금해진다. 조부모들이 손주의 긍정적 특성은 "우리 집안 유전자"에서 나온 것이고, 부정적 특성은 "사돈댁 유전자"에서 나온 거라고 주장하는 것은 흔한 광경이다.

이 책은 행복한 육아를 넘어 행복한 부모에 관심을 두고 집필했다. 건강하지 못한 방식으로 육아했을 때 나타나는 강박과 잘못된 습관들을 깨달을 수 있다면 긍정적으로 변화할 수 있다. 에니어그램의 지혜는 한 걸음 물러나서 자신을 객관적으로 볼 수 있게 하고 의식적으로 변화의 길을 선택할 수 있게 안내한다. 예전에 SNS에서 갓난아이를 안고 있는 아빠의 사진이 본 적이 있다. 젊은 아빠의 티셔츠에는 '학생'이라고 쓰여 있었고 갓난아기의 티셔츠에는 '선생님'이라고 쓰여 있었다. 그 사진에는 많은 진실이 숨어 있다.

나에게는 친절하고 사려 깊은 소아과 의사 친구가 있다. 그의 아내는 최고의 양육자이기도 하다. 이보다 더 훌륭한 부모는 실험실에서 일부러 만든다 해도 불가능할 것이다. 그런데도 그들의 다섯 아이는 모두 어느 시점에선가 탈선했다. 중독, 원치 않는 임신, 폭력 등… 그의 아내는 "이제 자책은 그만하려고요. 있는 그대로 받아들이려고 해요."라고 했다.

　자식 자랑도 팔불출이지만 남의 자식 흉보는 것도 천하에 미련한 짓이다. 그러니 자신이나 다른 부모를 판단하지 마라. 이것은 육아에 결코 도움이 되지 않고 건설적이지도 않다. 완벽한 아이가 완벽한 육아 기술의 결과라고 믿다가 큰코다칠 일이 오기 마련이다. '자식에 대해서는 입바른 소리 하지 말라.'는 어른들의 말씀은 자식을 키워본 사람만이 알 수 있는 지혜다. 육아는 판단의 장이 아니다. 오히려 조건 없는 수용을 배워가는 과정이다. 나도 아이도 서로를 수용하며 건강해지는 마라톤이다. 부모라면 앞서 말한 티셔츠를 입은 아버지처럼 배우려는 열린 자세를 유지해야 한다.

　관계는 시소를 타는 것과 비슷하다. 한쪽에 있는 사람이 힘을 주면 다른 사람이 올라가듯 상호 의존적이다. 아이가 변화하기를 원한다면 부모부터 시작해야 한다. 심리 치료사인 내 친구는 네 살짜리 사내아이의 심리 상태를 알아봐 달라는 부모의 요청을 받았다. 그 아이는 부모와 함께 상담할 동안에는 귀엽고 매력적이었다. 그러나 부모가 떠나고 치료용 장난감을 가지고 놀기 시작했을 때는 완전히 다른 아이가 되었다. 아이는 30여 분 동안 방에 있는 모든 장난감, 블록, 모래를 온 사방에 던지며 난장판을 만들었다. 인형은 목이 잘려 나가고, 기차는 부서졌으며, 곰 인형의 솜은 다 뜯겨 나갔다. 세션이 끝났을 때 아이는 만족스러운 표정으로 내 친구를 향해 싱긋 웃었다. 내 친구는 걱정으로 할 말을 잃었다.

　부모가 아이를 데리러 왔을 때, 그들은 아이가 치료실에서 한 파괴행위에 소름 돋을 정도로 놀라 했다. 그들이 더 충격을 받은 것은 치료사인 내 친구가 공격적인 이 아이보다 부부에게 더 문제가 있다고 말할 때였다. 그 부부가 억지로 치료를 시작했을 때까지도 자신들의 문제가 아니라고 항의했다. 그러나 치료가 진행되면서 그들은 자신들을 치유했을 뿐 아니라 부부관계도 좋아졌고, 그 결과 공격적인 아이의 행동도 치료되었다. 그리고 오래오래 행복하게 살았다.

부모가 건강해지면 그 결과는 가장 먼저 아이에게 나타난다. 부모가 더 개방적으로 진정성을 보일수록 아이들 역시 그 길을 걷게 된다. 인간관계에 완벽은 없지만 '깊은 공감을 통한 수용'이야말로 완벽한 관계에 가장 가까운 모습이 아닐까?

의식이 깨어 있는 부모라도 때때로 육아와 관련한 문제를 마주한다. 똑같은 자식인데도 어떤 아이는 키우기 쉬운데 어떤 아이는 훨씬 힘들다. 에니어그램의 지혜가 아이에 대한 더 깊은 통찰력은 물론 더 풍부하고 의식적인 내면의 여행으로 안내하기를 바란다.

에니어그램에 대해 더 알고 싶고, 깊이 있는 공부가 필요하다면 아래의 웹사이트에 방문해 보길 권한다. 이 책에서는 아주 간단한 검사로 에니어그램 유형을 판별했지만, **한국에니어그램교육연구소 홈페이지**(www.kenneagram.com)에서 한국형 에니어그램 온라인 검사를 하면 검사 결과와 함께 제공되는 프로파일을 통해 더 많은 통찰을 얻을 수 있다. 초등학생 이상부터 검사가 가능한 아동용도 있으니 자녀의 유형을 알고 학습과 진로지도에 활용한다면 좋을 것이다.

또한 에니어그램에 대한 많은 정보와 유용한 지혜들도 얻을 수 있다. 깊이 있는 다양한 교육과 각종 상담도 진행되니 참고하면 좋을 것이다.

부 록

에니어그램 유형별 개요
아이에게 자주 들려줘야 할 말
에니어그램 유형별 선호 장난감

에니어그램 유형별 개요

1유형	2유형	3유형
양심적인 공평한 질서정연한 시간을 잘 지키는 강박적인	다정한 배려하는 애정을 표현하는 남을 돕고 싶어하는 칭찬 받기를 원하는	매력적인 목표에 집중하는 성취지향적인 적응을 잘하는 남을 의식하는

4유형	5유형	6유형
상상력이 풍부한 개성이 강한 낭만적인 미적 감각이 뛰어난 예민한	호기심이 많은 정보가 많은 논리적인 관찰력이 뛰어난 자기를 드러내지 않는	성실한 충성스러운 의무를 다하는 책임감이 강한 걱정이 많은

7유형	8유형	9유형
모험적인 정열적인 낙관적인 재미있는 산만한	결단력있는 독립적인 리더십이 있는 당당한 자기 주장이 강한	편안한 마음이 넓은 참을성 있는 수용적인 자기주장이 없는

아이에게 자주 들려줘야 할 말

우리가 자랄 때 부모나 양육자, 교사들이 쓰던 격려의 말들이 있다. 이런 말들은 더 건강한 자아를 개발할 수 있게 해주는 응원과 지지의 메시지다. 에니어그램을 잘 이해했다면 전하고자 하는 메시지의 기본 내용은 같아도 유형에 따라 다른 방식으로 접근해야 한다는 것을 알게 되었을 것이다. 돈 리소(Don Riso)와 러스 허드슨(Russ Hudson)은 '에니어그램의 지혜'에서 이를 "잃어버린 메시지"라고도 묘사했다.

아이가 이러한 메시지를 부모나 양육자에게 자주 듣는다면 타고난 두려움을 극복하는 데 도움이 된다. 간단한 메시지지만 아이에게 미치는 영향은 강력하고 심오할 수 있다.

단, 아래 메시지를 아이에게 들려줄 때 기계적으로 하지 말고 사랑하는 마음을 듬뿍 담아 눈 맞추며 말하는 것을 잊지 말라. 간단한 말 한마디로 아이의 인생을 건강하게 할 수 있다. 부모의 말 한마디가 아이의 삶을 바꿀 수 있다면 하지 않을 이유가 없다. 말은 그만큼 영향력이 크다.

1유형 : 너는 정말 좋은 아이야. 네가 하는 일은 언제나 옳아.
2유형 : 너는 충분히 사랑받을 자격이 있어. 사람들은 네가 필요해.
3유형 : 너를 있는 그대로 사랑해. 지금 이대로도 충분해.
4유형 : 네가 내 아이라 진심으로 기뻐. 너의 원래 모습 그대로 좋아.
5유형 : 네가 필요한 것이 무엇이든 괜찮아. 어떤 상황에서도 너를 사랑해.

6유형 : 안전하니 걱정하지 마. 너 자신과 가족들을 믿고 당당하게 살아도 괜찮아.

7유형 : 너를 돌보는 것이 즐거워. 너를 언제나 사랑하고 늘 네 곁에 있을 거야.

8유형 : 약하거나 부드러운 모습을 보여도 괜찮아. 열린 마음으로 너를 지지해.

9유형 : 너는 나에게 소중한 사람이야. 너는 옆에만 있어도 위안이 돼.

에니어그램 유형별 선호 장난감

아이들은 블록, 컴퓨터 게임, 자동차, 인형, 지점토 등 각기 다른 장난감에 끌릴 수 있다. 유형에 따라 즐기는 장난감이 다를 수도 있다. 아래 리스트는 일반적인 추천이다. 아이의 날개, 긴장과 이완 상태도 중요한 변수가 된다. 유형마다 다른 장난감이나 놀이를 원할 수 있고 더 적합한 것이 있다. 무엇보다 아이의 선택을 존중해주어야 한다.

1유형 : 1유형 아이는 자기개발 장난감과 책에 끌릴 수 있다. 색칠하기 책, 철자 맞추기 카드, 퍼즐 맞추기와 같이 질서 있는 장난감을 좋아한다. 1유형의 아이는 규칙을 즐기므로 보드게임이 흥미로울 수 있다. 깔끔하게 정리할 수 있는 인형의 집도 훌륭한 장난감이 된다. 금전 등록기나 교육용 책처럼 '분류'하면서 놀 수 있는 장난감도 매력적으로 느껴질 수 있다.

2유형 : 2유형 아이는 다른 아이들과 함께 놀 수 있는 장난감에 끌린다. 소꿉놀이 세트, 보석 세트, 의사 또는 간호사 세트 등 친구들과 우정을 쌓으며 역할 놀이를 할 수 있는 장난감을 선호한다. 먹이고 입힐 수 있는 아기 인형, 장난감 조랑말, 종이 인형, 인형 분장 키트 등 돌봐줘야 하는 장난감도 매력적으로 느껴질 수 있다.

3유형 : 3유형 아이는 칭찬과 부러움을 사기 위해 성취를 보여주거나 목표를 완수할 수 있는 장난감을 찾는다. 또 시계, 팔찌, 선글라스와 같이 사회적 위치를 드러내는 최신 유행 의류나 액세서리도 매력적이다. 3유형 아이는 일반적으로 무대에 서는 것을 좋아하므로 마이크, 악기, 연극 소품도 좋아한다.

4유형 : 4유형의 아이는 자신을 표현하면서 독특하게 보이는 것을 좋아한다. 다양한 역할 놀이 의상, 얼굴 페인팅 도구, 마스크 등을 통해 개성을 뽐내며 자신을 탐구하고 싶어 한다. 인어, 신비로운 생물, 요정, 공룡, 유니콘과 같은 장난감은 아이의 상상력을 채워주며, 모자이크 키트, 반짝이는 풀, 그림 세트나 악기를 통해 예술적인 자아를 표현할 수 있다. 상상의 친구 역할을 할 수 있는 장난감도 매력적이다.

5유형 : 5유형 아이는 지적 자극을 주는 장난감으로 지식을 얻으려고 한다. 무력해지는 것을 싫어하며, 혼자서도 잘 논다. 안전한 공간에 있으면 마음이 편안해진다. 새 관찰, 간단한 실험, 공룡 구별, 다양한 자동차, 재미있는 사실을 알려주는 책, 공상 과학 소설도 좋다. 조립장난감도 매력적이다. 레고, 몬스터, 로봇, 드래곤 또는 "태양계 건설" 세트도 좋아할 수 있다. 잠망경, 망원경, 현미경 등은 조금 큰 아이들에게 흥미로울 수 있으며 자연 키트, 곤충 상자 또는 개미 농장은 아이의 흥미를 유발한다. 군인 피규어, 공룡, 판타지 캐릭터, 야구 카드 등 수집할 수 있는 장난감이 좋다. 주니어 과학 도구, 내셔널 지오그래픽 장난감, 로봇, 숫자 퍼즐, 비디오 게임기 역시 매력적이다.

6유형 : 6유형의 아이는 문제를 해결하거나, 친구들과 어울리거나, 무섭지 않은 게임을 함께 하고 싶어 한다. 색칠하기 등 예측이 가능한 놀이나 수집용 피규어, 차 세트 등을 모으는 것을 좋아할 수 있다. 6유형 아이는 일반적으로 애완동물을 좋아하므로 애완동물 장난감이나 실제 애완동물이 좋을 수 있다. 로봇, 건물 또는 괴물을 직접 만들거나 조립을 할 수 있는 장난감도 선호한다. 기차 세트, 요리 세트, 인형의 집, 혹은 퍼즐처럼 작은 조각들이 모여 전체를 구성하는 장난감도 매력적이다.

7유형 : 발랄한 7유형 아이는 쉽게 지루해하므로 종류와 상관없이 새로운 장난감을 선호한다. 더 재밌게 노는 방법을 고민하고 탐구하는 것이 놀이의 일부분이다. 스윙 볼, 공놀이, 텀블링, 에어바운스, 미끄럼틀, 실내 암벽등반, 자전거, 롤러스케이트, 스케이트보드, 야영 텐트, 킥보드, 슈퍼 히어로 복장, 프리스비, 스쿠터, 장난감 칼 등 몸을 움직일 수 있게 해주는 장난감이 좋다. 지루할 틈을 주지 않는 활동들을 좋아한다. 컨트롤러로 제어할 수 있는 로봇이나 자동차 같은 장난감도 매력적이다.

8유형 : 8유형 아이는 리더십과 힘을 보여줄 수 있는 장난감을 좋아한다. 물리적 도전이 가능한 로켓이나 물총, 활과 화살 세트와 같은 액션 또는 전투 장난감을 좋아할 수 있다. 복싱, 권투, 야구처럼 경쟁적인 스포츠도 즐긴다. 7유형 아이처럼 공, 자전거, 스쿠터 또는 스케이트보드와 같이 신체 활동을 가능하게 해주는 도구들도 선호한다. 음악적 재능을 북돋워 주고 싶다면 플루트나 바이올린보다는 드럼, 트럼펫, 일렉트릭 기타처럼 소리가 웅장하고 활동적인 악기가 더 효과적일 수 있다.

9유형 : 9유형 아이는 갈등과 긴장을 유발할 수 있는 게임을 피하면서, 다른 사람들을 지지하고 도와줄 수 있는 장난감에 매력을 느낀다. 일반적으로 창의적이어서 그림 세트, 분장 의상, 스티커 세트, 점토, 악기 또는 그리기 도구를 좋아한다. 다른 사람을 잘 돌보기 때문에 껴안을 수 있는 인형, 애완 동물 돌보기 세트, 친구들과 함께 할 수 있는 요리나 티 파티 세트도 선호한다. 9유형 아이는 보드게임을 통해 건강한 경쟁심을 키울 수 있다. 퍼즐이나 거품 놀이처럼 혼자만의 평화로운 시간을 가능하게 해주는 장난감도 좋을 수 있다.

참고 문헌

Baden-Powell, Robert. Scouting for Boys. "Camp Fire Yarn-No. 4 Scout Law". 1908.

Rays, Brandon. The Journey. London: Thorsons, 1999.

Campling, Matthew. The 12-Type Enneagram. London: Watkins, 2015.

Chestnut, Beatrice, Ph.D. The Complete Enneagram. Berkeley: She Writes Press, 2013.

Ford, Debbie. The Dark Side of the Light Chasers. London: Hodder & Stoughton, 2001.

Hanh, Thich Nhat. The Heart of the Buddha's Teachings, Berkeley, CA: Broadway Books, 1998.

Hay, Louise. Heal Your Body. Cape Town, South Africa: Hay House/Paradigm Press, 1993.

Horney, Karen, M.D. Neurosis and Human Growth. New York: WW Norton & Company, 1991.

Horsley, Mary. The Enneagram for the Spirit. New York: Barron's Educational Series inc., 2005.

Johnson, Robert A. Owning Your Own Shadow. San Francisco, CA: HarperCollins, 1993.

Judith, Anodea. Eastern Body, Western Mind. Berkeley, CA: Celestial Arts, 1996.

Kamphuis, Albert. Egowise Leadership & the Nine Creating Forces of the Innovation Circle. Self-published. Netherlands: Egowise Leadership Academy, 2011.

Kornfield, Jack. A Path with a Heart. New York: Bantam, 1993.

Levine, Dr Amir and Rachel Heller. Attached. London: Pan Macmillan, 2011.

Lipton, Bruce H. The Biology of Belief, Santa Rosa, CA: Mountain of Love/Elite Books, 2005.

Lytton, Edward Bulwer. Zanoni: A Rosicrucian Tale. Whitefish, MT: Kessinger Publishing.

Maitri, Sandra. The Spiritual Dimension of the Enneagram. New York: Penguin Putnam Inc., 2001.

The Enneagram of Passions and Virtues. New York: Penguin Random House, 2009.

Millman, Dan. The Life You Were Born to Live. Novato, CA: HJ Kramer in a joint venture with New World Library, 1993.

Murphy, Joseph. The Power of Your Subconscious Mind. New York: The Penguin Group, 2008.

Myss, Caroline. Anatomy of the Spirit. London: Bantam, 1998.
   Why Peaple Don't Heal and How They Can. London, Bantam, 1998.

Naranjo, Claudio, M.D. Character and Neurosis. Nevada City. Gateways/IDHHB, Inc., 2003.
   Ennea-type Structures-Self-Analysis for the Seeker. Nevada City: Gateways/IDHHB, Inc., 1990.

Palmer Helen. The Enneagram in Love & Work, New York: Harper One, 1995.
   The Enneagram: Understanding Yourself and Others in Your Life. New York: Harper One, 1991.

Person, Carol S. Awakening the Heroes Within. New York: HarperCollins, 1991.
   The Heroes Within. New York: HarperCollins, 1998.

Riso, Don Richard and Russ Hudson. The Wisdom of the Enneagram. New York : Bantam Books, 1999.
   Understanding the Enneagram. Rev. ed. Boston, MA: Houghton Mifflin Company, 2000.

Discovering Your Personality Type. Boston, MA: Houghton Mifflin Company, 2003.

Personality Types, Boston, MA: Houghton Mifflin Company, 1996.

Shapiro, Debbic. Your Body Speaks Your Mind. London: Piatkus, 1996.

Shealy, Norman C. and Caroline Myss. The Creation of Health. Walpole, NH: Sullpoint Publishing, 1998.

Stone, Joshua David. Soul Psychology. New York: Ballantine Wellspring, 1999.

Surya Das, Lama. Awakening to the Sacred. New York: Broadway Books, 1999.

Thondup, Tukulu. The Healing Power of the Mind. Boston, MA: Shambhala Publications, 1996.

Tolle, Eckhart. The Power of Now. London: Hodder & Stoughton, 2005.

Wagner, Jerome, Ph.D. The Enneagram Spectrum of Personality Styles. Portland: Metamorphous Press, 1996.

Zuercher, Suzanne. Enneagram Spirituality. Notre Dame: IN: Ave Maria Press, 1992.

한국에니어그램교육연구소 그룹

　한국에니어그램교육연구소는 2001년 윤운성교수가 설립하였다. 표준화된 한국형에니어그램 검사지와 단계별 교육과정을 개발하여 체계적인 교육을 실시하고 있으며, 연구, 출판, 상담, 장학사업, 사회공헌 등 다양한 사업을 통해 2024년 현재 약 200,000여명의 교육생을 배출한 한국형에니어그램의 유일한 보급처며 총 본산이다. 설립목적은 한국형에니어그램을 통하여 진정한 자기를 발견하고 성장시킴으로써 개인의 행복은 물론 궁극적으로 건강한 사회를 만드는 데 있다.

기관명	설립 목적 / 연혁
한국에니어그램교육연구소 www.kenneagram.com	• 한국형에니어그램 개발 및 보급 전문기관 (2001) • 한국형에니어그램 5단계 프로그램 개발 보급 (2001) 　(20여만명 교육수료, 2023. 12월 현재) • 한국형에니어그램성격유형검사 개발 　(KEPTI, 저작권등록 C-2004-005438) • 직업능력개발원 민간자격 등록기관 (2014) • 대한민국 교육기부대상 수상 (2015) • 교육부 인증 교육기부 우수기관 (2018) • 교육부 인증 진로체험 인증기관 (2019)
한국에니어그램인성연구원 www.keec.or.kr	• 교육부 산하 비영리공익법인(1999년 설립, 이사장 윤운성) • 인성교육 및 상담을 위한 에니어그램 연구 및 개발보급 선도 • 자원봉사포털 인증기관 (행정안전부, 한국중앙자원봉사센터, 천안시자원봉사센터 2022)
청소년리더십진로센터 www.leadershipcareer.kr	• 청소년 리더십, 진로 프로그램 연구 및 전문가 양성기관 • 리더십 과정, 가족상담과정, 진로교육과정, 자기주도학습과정 등 청소년 성장 프로그램 개발 적용 • 초중고및 대학생 진로프로그램 및 특강실시 　(1,000여개기관 연계프로그램 지원)
한국에니어그램학회 www.enneagram.or.kr	• 1999 발족한 전국 규모 에니어그램 연구학회 • 에니어그램 연구 및 저역서 발간 • 매년 전국규모 연차 학술대회 개최 • 학술지'에니어그램연구'발간 • 에니어그램 지혜 탐구 - 다학문적, 융합적 접근

닥터윤심리상담발달센터 www.doctoryoun.com 	• 아동/청소년 : 언어/인지/정서치료, 놀이치료, 문제행동, 사회성향상 등 • 부부/가족 : 부부성장, 부모코칭, 부모자녀관계적응, 결혼적응 등 • 성인/직장인 : 스트레스, 대인관계, 자아성장, 경력개발, 은퇴적응 등
월간'나눔과 힐링' 월간 	• 상담, 복지, 교육에 관한 정기매거진 • 전국 10만명 회원 간 정보교류 매체 • 나눔봉사 체험현장 발굴 및 수기공모 • 나눔과 사랑 실천 운동 (취약계층 대상 나눔과 봉사실천)
도서출판 한국에니어그램교육연구소	• 에니어그램관련 도서 출판 보급 • 한국형에니어그램 교재 및 교구 출판 및 보급
도서출판 내안의 거인	• 양서 출판 • 개인출판 지원

한국형에니어그램이란?

윤운성(2001)이 개발한 한국형에니어그램 성격유형검사지(Korean Enneagram Personality Type Indicator: KEPTI)와 한국형에니어그램 5단계 프로그램을 말한다.

한국에니어그램교육연구소를 통해 독점적으로 연구 및 보급되는 가장 체계적이고 과학적인 자기관찰, 자기이해, 자기변형 프로그램이다. 표준화를 거쳐 개발된 검사지와 심리학과 기타 학문들의 연구 결과와 영성을 통합하여 개발한 단계별 교육과정은 건강한 개인의 성장과 통합적 발전에 초점을 두고 있다.

또한 '한국형에니어그램 지도자 양성'을 통해 일반강사 16,000 여명, 전문강사 1,400 여명(2023.12월 현재)이 배출되어 사회 각계각층에서 활발하게 활동하고 있다. 2023.12월 현재 교육 수강 인원은 약 200,000명이다.

※ 한국형에니어그램 단계별 교육과정

단계	단계명칭	교육목표 / 교육내용	시간	자격 부여
1단계	에니어그램 이해 '나를 찾아 떠나는 여행'	• 한국형 에니어그램 검사 • 에니어그램 성격이론 및 구조 • 유형별 특징, 날개, 분열 및 통합 개관	10시간 (매월)	한국형에니어그램 검사지 사용 자격 부여
2단계	에니어그램 탐구 '나의 길을 따라가는 여행'	• 9 유형 세부적 특징 • 날개, 분열, 통합, 성장 • 자아의식 및 행동방식(공격, 순응, 후퇴) • 미덕과 악덕에 대한 현실 착각	10시간 (매월)	소정의 절차 완료 후 한국형에니어그램 해석상담사 자격 부여
3단계	에니어그램 적용 '너와 내가 함께하는 여행'	• 하위유형 (본능동기) • 유형별 유사점 및 차이점, 성장전략 • 에니어그램과 인간관계(아동/청소년, 조직, 리더십)	10시간 (매월)	소정의 절차 완료 후 한국형에니어그램 일반강사 자격 부여
4단계	에니어그램 평가 '통합으로 가는 여행'	• 관련이론과의 비교 및 포괄성 • 의식수준 / 양육과 발달적 접근 • 에니어그램분석 / 윤운성 연구 결과 • 영화를 통한 에니어그램 분석	16시간 (년4회)	교육용 걸개 제공
4.5 (심화) 단계	심층 에니어그램 의식수준 '여기 그리고 지금'	• 본질적 접근 • 자아집착 • 부모의 양육과 아동의 초기경험 • 유형별 심층적 분석 • 유형별 체험을 통한 진정한 자기발견 • 패널의 경험 모두 나누기 • 유형별 노래명상 • 여기 그리고 지금	32시간 (년2회)	소정의 절차 완료 후 한국형에니어그램 1단계 강사 자격 부여
5단계	에니어그램 supervision '가르치며 배우는 여행'	• 에니어그램 슈퍼비전 • 전문강사 지도자 훈련 (패널 교육) • 자기관찰 훈련 • 방어기제 체험 • 영적 성장을 위한 체험	32시간 (년1회)	소정의 절차 완료 후 한국형에니어그램 전문강사 자격 부여

※ 자세한 일정과, 수강비용 그리고 기타 다양한 교육은 홈페이지 참조(www.kenneagram.com)

청소년리더십진로교육센터
www.leadershipcareer.kr

청소년리더십진로교육센터는 자기발견, 자기이해, 자기변형의 강력한 도구인 한국형에니어그램을 기반으로 청년들의 글로벌 리더십과 주도적인 진로설계 능력을 배양함은 물론 교사와 학부모에게도 학생과 자녀의 특성을 이해하여 훌륭한 리더로 성장하도록 돕는 다양한 교육 및 프로그램을 제공합니다.

비전과 사명
청소년들이 올바른 가치관을 확립하고 명확한 목표를 설정하며 삶의 주인공으로 성장할 수 있도록 안내한다.

교육목표
청소년들 핵심역량을 강화하고, 미래지향적 가치관 확립과 자기 주도적인 인생관을 확립하여 건강하게 성장할 수 있도록 지원한다.

교육프로그램

청소년리더십진로교육센터

| 청소년교육 | 부모교육 | 교사교육 | 강사양성 | 상담 |

- 한국형에니어그램을 바탕으로 한 변화 프로그램
- 행복한 청소년을 위한 청소년교육
- 자녀의 운명을 바꿀 수 있는 부모 리더십 교육
- 아이들의 잠재능력을 일깨워줄 교사교육
- 다양한 청소년프로그램을 기획하고 교육할 수 있는 청소년 지도자 교육
- 청소년들의 인성교육 및 정서 안정을 위한 상담프로그램

한국형에니어그램성격유형검사 - 청소년용

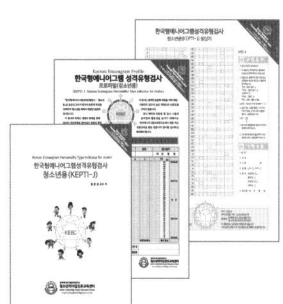

한국형에니어그램성격유형검사-청소년용(KEPTI-J)은 9가지의 성격유형에 대해 81문항으로 구성된 전국 표준화 검사다. 본 검사의 Cronbach-α는 .879, 재검사 신뢰도는 .830으로 매우 양호하다.

- 에니어그램을 통해 나를 찾고, 상대방에 대한 이해의 폭 확대
- 자신에게 맞는 리더십 스타일에 대한 이해 및 삶 속에서 행복한 리더로 성장하도록 이끔
- 본인의 성격유형에 맞는 적합한 진로방향을 제시하여 자발적인 진로설계를 하도록 안내
- 본인의 성격유형에 학습법을 제시하여 자기주도적인 학습능력과 자신감 고취

※ 본 검사는 지필검사, 온라인 및 OMR단체 검사 가능합니다.

청소년리더십진로교육센터
Junior Leadership Career Education Center

TEL. 041) 561-3165
www.leadershipcareer.kr
help@kenneagram.com

저자 및 역자 소개

저자

Ann Gadd

공인 iEQ9 인증 에니어그램 전문가, 국제 에니어그램협회 글로벌 컨퍼런스 발표자, 게슈탈트 치료사, 예술가, 워크숍 진행자, 작가 및 저널리스트이다. 에니어그램을 열렬하게 오랫동안 공부하고 있는 학생인 그녀는 초보자와 고급 학생을 위한 워크샵을 제공한다. 그녀는 '섹스와 에니어그램', '식탁으로 올라온 에니어그램', '어린이를 위한 에니어그램 아이 시리즈', '숫자로 그린 그림' 등 에니어그램과 예술을 포함한 35권의 책을 저술했다. 앤은 남아프리카 공화국 케이프타운에 살고 있다.

역자

윤운성

- 미국 멤피스대학교(Univ. of Memphis) 대학원 교육심리 및 상담 전공 (교육학박사)
- 미국 와싱톤주립대학교(Univ. of Washington) 연구 교수
- 선문대학교 상담심리학과 명예교수
- 한국에니어그램학회 회장
- 한국에니어그램교육연구소 소장
- 사단법인 한국에니어그램인성연구원 이사장
- 닥터윤 심리상담발달센터 회장
- 청소년리더십진로교육센터 소장
- 월간 나눔과 힐링 발행인
- 한국형에니어그램 5단계 교육 프로그램 개발자
- 한국형에니어그램성격유형검사(KEPTI) 개발자

구대만
- 한국외국어대 영어과 졸업 / 중고등 입시영어 25년차 베테랑강사
- 현)잇올스파르타 교무부장 & 대입명문 트리비움 합격영어 원장
- 전)종로, 정진학원, DYB 최선어학원 /
  (사)한국교육컨설턴트협의회 진로진학상담사 1급
- 한국에니어그램교육연구소 한국형에니어그램 일반강사
- (주)한국MBTI연구소 일반강사 /
  건국대 미래지식교육원 에니어그램 전문강사(3기)
- 주관심 영역 및 연구분야: Enneagram, MBTI, NLP, 사주명리학 및 점성학 등 기질 및 성격 유형을 기반으로 한 직업 상담, 멘탈 & 학습 코칭 및 명상, Mindfulness, 자아초월, 교육 상담 심리학 관련 번역

김새한별
- 중앙대학교 향장미용학 석사
- 한국에니어그램교육연구소 교육연구지원국장
- (사)한국에니어그램인성연구원 사무국장
- 한국에니어그램학회 기획운영위원장

김희정
- 온석대학원대학교 상담학 전공 (상담학박사)
- 아름다운동행 상담센터 소장
- 국제공인이마고부부치료사 (CIT) 및 국제공인 커플스워크샵 프리젠터 (WP) 한국부부상담연구소 부부치료 (이론과 실제) 교육 강사
- 한국에니어그램학회 상임이사
- 주관심 영역 및 연구 분야: 관계 치료 (자신, 커플, 부부, 부모-자녀, 인간관계) 특히 커플, 부부의 관계를 치유와 성장이라는 이름으로 디자인하는 관계치료 상담전문가
  https://blog.naver.com/khjcounseling

노서영
- 명지대학교 산업대학원 졸 MA
- CANADA CHRISTIAN COLLEGE Ph. D.
- 한국에니어그램교육연구소 전임교수
- 고은요양원 대표
- SY 컨설팅 대표
- (사)한국노인장기요양기관협회 중앙회 이사
- (사)한국노인장기요양기관협회 용인지회장
- 용인장기요양기관협회 사무총장
- 수원강남여성병원 대외협력이사
- 아봐타 마스터, MBTI 일반강사, 전문 카운슬러, 뇌교육, 가정폭력·성폭력상담사, 감수성훈련지도자, 최면전문지도사, 감정노동관리사, 솔리언또래상담지도자

류도희	• 대구가톨릭대학교 일반대학원 가정관리학 전공(가정학 박사) • 가야대학교 행정대학원 사회복지상담학과 교수 • 한국에니어그램학회 부회장 • 주관심 영역과 연구분야: 에니어그램의 심리역동을 활용한 상담 모델연구와 효과성 검증
마경희	• 갓구은 상담소 운영 • 전) 현대재단 현대동부유치원 교사 • 전) 풀잎마을 자연생태학교 운영 • 건국대학교 대학원 문학·예술심리치료학 박사과정 • 주관심 영역 및 연구분야: 문화예술심리상담, 상담코칭
문형철	• 원광대학교 한의학과 졸업, 한의사 • 침구과 전문의 • 현)아름다운요양병원 원장 • 치료적 맞춤운동, 비타미네, 영성 연구소 대표 • 한국에니어그램학회 상임이사
박진윤	• 숙명여자대학교 교육학 박사(생활지도 및 상담전공) • 사단법인 한국에니어그램인성연구원 소장 • 닥터윤심리상담발달센터 센터장 • 한국에니어그램교육교육연구소 전임교수/ 대외협력국장 • 한국에니어그램학회 홍보 및 사업위원장 • 박진윤필가족상담연구소 소장 • 선문대학교 외래교수 • 한국상담심리학회 수퍼바이저 및 상담심리사1급/부부 및 가족상담사1급 • 한국상담학회 법무위원회 이사 • NLP University (NLP Trainer Master) • 전)명지대학교 산업대학원 에니어그램상담학과 객원교수 • 전)숙명여대, 성신여대, 고려사이버대 외래교수 • 전) 경기도청소년종합상담실 상담부장 • 전) 성신여자대학교 학생생활연구소 연구원
박태호	• 한국교원대학교 초등국어교육 전공(교육학 박사) • 공주교육대학교 국어교육학과 교수 • 공주교육대학교 수업코칭연구소 소장 • 주관심 영역 및 연구분야 : 수업코칭, MBTI & Enneagram 기반 학습 코칭

배경의	• 이화여자대학교 간호학과 여성건강간호 전공 (간호학박사) • 동서대학교 바이오헬스융합대학 간호학과 교수 • 한국형에니어그램 전문강사 • 부모자녀건강학회부회장 • 주관심 연구분야 : 질적연구, 도구개발, 임산부건강증진, 갱년기여성건강, 부모자녀건강, 성격유형에 따른 인간관계, 노인건강, 간호교육 교수법
소희정	• 동덕여자대학교 대학원 통합예술치료 전공(통합예술치료학박사) • 한국영상대학교 영상연출과 겸임교수 • 한국에니어그램교육연구소 전임교수 • 한국공연예술치료협회 공동대표 • 한국상담학회 전문상담사 • 주관심 영역 및 연구분야: 예술심리치료를 기반으로 하는 교육 및 심리상담
윤여진	• 서울대학교 경영학 박사 (소비자행동 전공) • (주) 혜윰하다 대표 (브랜드 "맘미") • 한국에니어그램교육연구소 이사 겸 전임교수 • 경희대학교 겸임 교수
이장미	• 서울불교대학원대학교 통합치유학 전공 박사수료 • MBSR 국제 인증 지도자 (Brown University) • 국제 공인 가트맨 부부치료사 • 싱잉볼 테라피스트, 명상과 요가 지도자 • 청소년과 부부 상담가 • 초지통합심신치유센터 대표
이종원	• 미국 Rutgers 주립대학교 공학박사 • 국립한밭대학교 신소재공학과 교수, 공과대학 학장, 교수회장 • 국립한밭대학교 신재생에너지연구소 소장 • 대전과학기술단체총연합회 회장 • 한국형에니어그램 일반강사, 상담사 • 심리상담사 1급, 가족상담사 1급, 분노조절상담사 1급

이희성
- 대한신학대학원대학교 상담심리치료학 박사(Ph.D.)
- 청림교육컨설팅센터 대표
- (사)진로상담협회 이사
- 한국에니어그램학회 상임이사
- 한국에니어그램교육연구소 전문강사
- 주관심 영역 및 연구분야: 학생부종합전형 질적연구 및 최신 진로심리학 이론

임연기
- 공주대학교 명예교수
- 전) 공주대 사범대학 교육학과 교수
- 전) 공주대 기획처장, 교육과학연구원장
- 전) 한국교육개발원 선임연구위원
- 전) 한국교육행정학회장, 한국방과후학교학회장

장정이
- 미국 LORDLAND UNIVERSITY NLP최면치료전공 (치유학박사 과정 중)
- 더나은심리코칭연구소 대표
- 한국에니어그램학회 상임이사, 한국양성평등교육진흥원 위촉강사
- 성문화살림연구회 회장
- 주관심 영역 및 연구분야 : 에니어그램 성격유형별 외상후스트레스 장애 경험의 심리적 증상 및 NLP최면 치유적 접근

조윤주
- 창원대학교 대학원 상담심리 전공(교육학박사)
- 경남 거창 창남초등학교 교사
- 한국에니어그램 전문강사
- 거창한상담 연구소 대표
- 한상담학회 부회장/윤리위원장
- 주관심 영역 및 연구분야: 위빠사나 명상과 에니어그램의 지혜를 통합한 자기변형 프로그램/ 감수성 훈련을 기반으로 한 마음챙김 대화 명상

조주영
- 충북대학교 대학원 아동가족상담 전공(문학박사)
- 백석대학교 사회복지학부 교수
- 한국에니어그램교육연구소 연구개발국장 겸 전임교수
- 한국에니어그램인성연구원 인성연구전문교수단 단장
- 한국에니어그램학회 부회장/학술위원장
- 주관심 영역 및 연구분야: 에니어그램의 지혜를 기반으로 하는 다학제적 관점의 통합상담 및 힐링(힐다모델: 쉽고 재미있게 심신건강증진, 자가치유, 근원치유, 자연치유, 전인치유 & 영적성장지향)

주영준	• 차의과학대학교 의학박사과정(임상상담심리전공) • 연세대학교 교육학석사(평생교육경영/수학교육 전공) • (주)파로스학습코칭 대표 • 한국에니어그램학회 상임이사 • 한국코치협회 KSC, ICF PCC • 주관심 영역 및 연구분야: 에니어그램 코칭, 교사와 부모 그리고 아이를 위한 학습코칭
지미선	• 성신여자대학교 일반대학원 교육학(평생교육) 박사 • 현) 한국에니어그램교육연구소 전임교수(2005년부터 현재까지) • 현) 공익사단법인 한국에니어그램인성연구원 감사(2014부터 현재까지) • 현) 한국에니어그램리더십코칭센타 대표 • 현) 한국에니어그램학회 감사 • 주관심 영역 및 연구분야: 에니어그램 리더십, 에니어그램과 인간관계 커뮤니케이션, 에니어그램 코칭
차예랑	• 한동대학교 상담대학원 상담심리학 전공(석사) • 한국상담학회 2급 전문상담사(No. 6011) • 포근한방심리상담센터 대표 • 한국에니어그램교육연구소 일반강사 • 네이버 Expert 에니어그램 전문가 <에니어그램 과자점> • 주관심 영역 및 연구분야: 에니어그램 발달 수준, 개인상담에서의 에니어그램 적용

에니어그램 육아
말 통하는 부모, 성장하는 아이

BETTER PARENTING WITH THE ENNEARGRAM
9 TYPES OF CHILDREN & 9 TYPES OF PARENTS

발행 / 2023년 12월 31일 1판 1쇄
인쇄 / 2023년 12월 31일 1판 1쇄
저자 / Ann Gadd
역자 / 윤운성, 구대만, 김새한별, 김희정, 노서영, 류도희, 마경희, 문형철,
 박진윤, 박태호, 배경의, 소희정, 윤여진, 이장미, 이종원, 이희성, 임연기,
 장정이, 조윤주, 조주영, 주영준, 지미선, 차예랑 공역
펴낸 곳 / 한국에니어그램교육연구소

충남 천안시 서북구 검은들3길 60 리치프라자 401-403호
TEL / (041)561-3165, 566-3165, 569-3165   FAX / (041)555-3165
E-mail / help@kenneagram.com
Homepage / www.kenneagram.com

ISBN : 979-11-85115-23-8
값 / 18,800원

역자와의 협약으로 인지는 생략합니다.
파본은 교환해 드립니다

이 책에 대한 모든 권한은 한국에니어그램교육연구소에 있으므로 무단전재와 복제를 금합니다.